U0543203

21世纪儿童权利清单

❦

有权充分自由地玩耍,且可以自由发挥
有权体验独立自主
有权冒险和犯错
有权针对他人行为设立限制
有权主宰自己的身体

有权从事与其年龄相符的学习活动
有权在每天经常享受课间休息时间
有权在小学阶段不做家庭作业
有权每天在户外玩耍
有权活蹦乱跳
有权享受充足睡眠

有权投入他所生活的世界
有权接触屏幕以外的真实世界
有权学习并练习当面社交技能
有权享有安静的时光
有权了解科技产品的健康界限
有权经常受到周围人的充分关注

有权促使成人始终支持这些权利

希瑟·舒梅克"教养新理念"系列2-1

不分享也OK

培养孩子能力和同情心的29条"叛逆法则"

[美] 希瑟·舒梅克 Heather Shumaker 著　姜贵梅 译

It's OK Not to Share: and Other Renegade Rules for Raising Competent and Compassionate Kids

上海社会科学院出版社
SHANGHAI ACADEMY OF SOCIAL SCIENCES PRESS

献给我的妈妈，当然要这么做。
还要献给里克，他总是值得我信任。

赞 誉

勇敢，非传统，而且非常实用！通过科学、故事和她的"叛逆法则"，舒梅克出色地为我们揭示了，作为父母，为什么让孩子成为孩子或许是我们唯一能做的最重要的事情。

——安东尼·迪本德，《亲子打闹游戏的艺术》作者之一

从"玩具炸弹、玩具枪、扮演坏蛋都可以"到"'我恨你'并没有针对性"这些章节，单单是浏览目录中的这些小标题，我已经被深深地吸引。我看到了一个好妈妈的形象，希瑟·舒梅克——而且，只要你理解了她的逻辑，你也可以成为一个像她那样的好妈妈。

——保拉·斯宾塞，《相信你是一个好妈妈》作者

这些"叛逆法则"是对的，它们直入你的内心，让你希望自己也能这样养育孩子。读了这本书，你就知道该如何去做了，所以，千万不要让它从你的育儿书单中溜走。

——蓓姬·贝利博士，《有意识的纪律》和《爱很简单，约束很难》作者

这本书充分考虑了男孩和学龄前儿童好动的特点，可以帮助父母正确处理孩子激烈的情绪和打闹行为，书中提供了及时、冷静的方法帮助父母们应对育儿中棘手的问题。我诚恳地向大家推荐这本书。

——迈克尔·古里安，《男孩的奇迹》和《好儿子》作者

《不分享也OK》让人耳目一新。在书中，作者并未着重批判父母对孩子过多的控制，而是着重强调，父母要根据孩子内心的真正需求，实施有针对性的"叛逆法则"：给孩子更多的空间玩耍，让他们自由表达

内心的情感，给孩子自由玩耍时的选择权，对他们的行为给予理解。虽然孩子并不总是保持安静或者得体的举止，但这的确是他们健康成长所需要的——并且你的生活绝不会平淡无聊！

——劳伦斯·J. 科恩博士，《游戏力》作者，
《亲子打闹游戏的艺术》作者之一

这是父母和老师的必读书。终于，出现了这样一位作者，她摸清了儿童成长的规律，认可了育儿中实践的必要性。希瑟鼓励孩子们玩耍，并且告诉我们如何为孩子的自由玩耍创造空间，为他们提供必需的人生游戏课程。家长必须要遵守这些"叛逆法则"。最能打动我的章节包括："'我恨你'并没有针对性""让她一整天都占着那个玩具""不打不相交"等。如果你现在还没有孩子，但是已经有计划，或者你的工作就是跟孩子打交道，那么，这本书一定会是你一直希望带在身边的那一本。

——丹尼尔·霍金斯，《男孩：改变教室而不是孩子》作者

作者说明

我非常感谢很多家庭和教师分享他们把书中的观念应用到生活中的故事。本书中孩子的年龄和性别都是真实的,只是为了保护家庭隐私,名字和一些细节有所改变。

目 录
Contents

前 言

第一部分　让孩子自由玩耍

　　法则 1　不要偷走孩子玩耍的时间　　3
　　法则 2　只要没有伤害到人或物就没问题　　16
　　法则 3　孩子需要冲突　　28

第二部分　失控的情绪

　　法则 4　理解情绪，控制行为　　51
　　法则 5　让孩子去打、去踢　　61
　　法则 6　"我恨你！"并没有针对性　　71
　　法则 7　记录孩子的言行　　81
　　法则 8　允许他讨厌小宝宝　　91

第三部分　分享朋友和玩具

　　法则 9　不分享也没问题　　101
　　法则 10　让她一整天都占着那个玩具！　　116
　　法则 11　我们并不都是朋友　　124
　　法则 12　拒绝玩伴也可以　　138
　　法则 13　挂起"女孩莫入"的告示　　154
　　法则 14　坦然面对拒绝　　165

第四部分　奔跑屋：孩子、力量和行为

　　法则 15　搬走椅子，玩抓人游戏　　175

　　法则 16　给孩子力量　　184

　　法则 17　不打不相交　　196

　　法则 18　玩具炸弹、玩具枪和扮演坏人都可以　　211

　　法则 19　男孩也可以穿芭蕾舞裙　　228

第五部分　创造力、坚持和空洞的表扬

　　法则 20　画的画不一定要好看　　243

　　法则 21　画到纸外边了　　252

　　法则 22　别再说"真棒！"　　260

第六部分　难听话、好话和谎言

　　法则 23　孩子不一定非要说"对不起"　　271

　　法则 24　允许孩子说难听话　　279

　　法则 25　爱上孩子的谎言　　289

第七部分　敏感话题

　　法则 26　性教育要从学前开始　　301

　　法则 27　与死去的小鸟做朋友　　313

第八部分　现实生活中的"叛逆法则"

　　法则 28　在游乐场树立几个敌人　　327

　　法则 29　搞砸了　　337

原书附录

致　谢

前 言

本书中所提出的"叛逆法则"并不完全是我个人的育儿理念,这些想法最初源自一个规模很小但是勇于创新的幼儿园,是那里的老师们集体智慧的结晶。这个小幼儿园就坐落在俄亥俄州哥伦布市的奥伦丹吉河边。

在这个鲜为人知的角落,孩子们可以自由地搏击、摔跤,可以把胳膊染成蓝色,也可以随意爬树。他们不需要安静地坐在教室里,也不需要非得分享他们的玩具。但正是由于这种叛逆方法,这所名叫"幼儿学校"(the School for Young Children)的小幼儿园在 40 年间培养了一大批自信而又富有同情心的孩子。孩子们在这里学会了如何调解矛盾,如何创造性地解决问题。

我非常了解这一切,因为我小的时候就是在这所幼儿园里度过的。我的妈妈是"幼儿学校"的一名教师,她在那里执教近 40 年。如今,我也遵循这所学校的教育理念来抚养我的孩子。

之所以写这本书,是因为我意识到"幼儿学校"的这种教育理念在别处非常少见。单单这本书的题目——"不分享也 OK",就与我们很多根深蒂固的育儿观念背道而驰。

那么,"幼儿学校"的教育理念是如何"叛逆"的呢?

- 叛逆法则允许一个孩子可以一整天都占着一个玩具,直到她玩够了才给别人。通过这种方式来提高孩子的分享意识,而不是强迫孩子去分享。
- 当一个孩子不小心伤到别人的时候,叛逆法则鼓励孩子向对方表示同情,而不是简单地说句"对不起"。

- 不要在孩子们安安静静坐着的时候教他们学习ABC。叛逆法则建议，当孩子们在屋里嬉笑打闹的时候，老师这时应拿起一支笔，给他们即兴上一堂识字课。
- 当两个孩子开始摔跤打架的时候，不要拉开他们，叛逆法则建议给他们一个摔跤垫，甚至给他们一副拳击手套。

表面上看，这些观点有些颠倒是非，但是，它们在深层次上却又十分合理，因为所有这些做法都是以儿童的成长规律为基础的。这些观点并非是走极端，它们只是区别于传统的育儿理念而已。

当我第一次把这本书的题目告诉简·沃特斯的时候，她立刻说不行。简的教龄跟我妈妈差不多，而且还在"幼儿学校"担任了17年的主管工作。"这些理念根本就不是叛逆！"她说道，"它们一点也不叛逆或者桀骜不驯。""话虽如此，但是，它们的确不同于传统的育儿理念，"我说道。"这一点你得承认吧。"简则继续说道，"它们是良好、古老且行之有效的儿童成长法则，就用这个做你的书名吧。"

有很多育儿书籍针对孩子的营养、如厕训练等内容做了详细的阐释，而这本书的选题不同于这些常规的育儿书。叛逆法则关注的对象不是那些已经得到普遍认可的育儿知识，而是把重心放在一些有争议的育儿理念之上：早期学习、冲突、打人、踢人、"女孩莫入"、社交拒绝和玩伴排斥等。本书中的叛逆法则鼓励疯玩的游戏，直面一些棘手的育儿问题，比如撒谎、诅咒、武器游戏、性别互换游戏（想想男孩子穿裙子）、性教育和死亡等问题，书中就这些问题给出了中肯的建议。

从1969年开始，这些叛逆法则就得到了践行，而我是那一年才出生的，所以，这绝不是我个人的创新。1969年，李·罗（Lee Row）和珍妮特·斯托克（Janet Stocker）着手创办了一所新型幼儿园。这所学校制定了一系列的规则，这些规则都是以儿童的权利为基础的。这些权利包括：玩耍时不受干扰的权利、选择玩伴的权利、不分享的权利，以及获得安全感的权利。这么多年以来，很多法则都在逐步改进（比如："穿内裤"和"吃光你的午餐"），但是，有一条根本法则从未改变过其指导性的地位，那就是：只要没有伤害到人或物就没问题。

"幼儿学校"从早期幼儿教育的先驱者那里汲取了很多智慧,其教学理念主要得益于著名作家和儿童心理学家海姆·吉诺特(Haim Ginott)以及俄亥俄州幼儿教师玛丽·尼科莱森(Mary Nicholaysen)的育儿理念和实践。此外,学校的办学理念还受到了很多人的影响,包括多萝西·布瑞格斯(Dorothy Briggs),鲁道夫·德雷克斯(Rudolf Dreikurs),塞尔玛·弗雷伯格(Selma Fraiberg),艾达·勒善(Eda LeShan),薇薇安·帕雷(Vivian Paley),以及儿童节目《罗杰斯先生的邻居》的创办人弗雷德·罗杰斯(Fred Rogers)。多年以来,"幼儿学校"得到了很多朋友和教育家的帮助,比如贝武·波斯(Bev Bos),海达·撒若潘(Hedda Sharapan)。此外,随着神经学的日益发展,儿童的游戏和儿童的情绪受到研究者的重视,"幼儿学校"也从中汲取养分,不断丰富自己的教学理念。

很多人都问我,这么具有创新精神的学校,难道就没有找到一个合适的词来描述其办学理念吗?可惜的是,至今还没有找到。目前这只是一种非常特别的育儿理念,如果非要给它起个名称的话,我提议称之为"游戏学校"理念,因为这些理念主要是基于儿童的游戏,并且根植于对孩子深层的信任之中。

随着我家老大慢慢长大,他要上幼儿园了,我就想在自己家附近找一所如"幼儿学校"一般的幼儿园。我家距离哥伦布市有四百英里远,所以我不可能送孩子去母校学习,于是我就在附近寻找。但是我去的幼儿园越多,我就变得越失望。在一个又一个的教学活动安排中,小孩子们一天中的大多数时间都要安静地坐在教室里,几乎没有机会自己随意玩耍。该怎么玩由大人们规定,孩子之间有了矛盾也由大人们来解决。无论到哪个幼儿园,我发现它们的关注点都集中在阅读、写字和数数上,但是孩子们真正想做的是蹦跳、疯跑、咯咯大笑和游戏。

在寻找以玩为主的幼儿园的过程中,我又回到了哥伦布市,重新来到了"幼儿学校"。眼前的一切再一次让我感到震惊。这里的教学理念如此大胆,孩子们真的可以热烈地拥抱自己的童年。他们的每一天都在冒险和创新。这里鼓励孩子疯玩,注重培养孩子的同情心和勇气。看着眼前的这一切,亲眼看见三四岁的孩子展现出的高超社交技巧和复杂的调解能力，我震惊了，由此，我也下定决心要把这里的育儿理念分享出来。

事实上，我们所住的社区并没有一所像"幼儿学校"这样的幼儿园，但是教育理念是可以传播的。每个星期，在公园里或者学校的操场上，我都会遇见一些家长，他们渴望不一样的育儿理念。一些家长为孩子的行为感到苦恼，一些家长对学校的要求和学校对孩子的社交期望感到无奈。我们都希望孩子能够健康成长，成为一个健全的社会成员。我们都在尽力把孩子养育成为有爱心、有能力、有同情心的年轻人。然而，这需要我们集合大家的育儿智慧。

这本书分享了"幼儿学校"很多独有的理念，也可以为家庭教育提供指导。本书的受众面很广，无论你是家长、老师、祖父母或者其他照顾孩子的人，只要你眼前有一个两岁到六岁的孩子，这本书就适用。在书中，你能发现很多实用的技巧，可以应对育儿过程的一些问题，比如，当一个四岁的孩子跺着脚喊"我恨你，爸爸！"，当一个孩子挥舞着玩具剑假扮超人，当一个孩子喊"凯特不能跟我们玩"时，你该如何是好？书中有一些建议能帮助你直面这些情况，并保持冷静；此外，书中还会推荐一些方法，可以帮助你的孩子从中获取可以受益终生的人生技巧。

可以说，这本书正是时下所急需的。每天，关于校园暴力和校园欺凌的新闻报道不绝于耳。不管我们生活在哪里，孩子上什么学校，我们都希望孩子能从容应对这一切，我们都希望孩子既坚强又富有同情心，我们都希望孩子既能挺身而出对抗不公，又能心平气和地解决冲突。

这就是《不分享也OK》的精髓，也就是如何给孩子设置界限，教会他们通过合适的方式表达情感，这些都是人和人相处的基础。叛逆法则不是鼓励贪婪和粗鲁，而是恰恰相反。一个三岁的孩子，他可以维护自己的权利，给要拿走他玩具的孩子设置适当的界限。叛逆法则与当前很多流行的育儿理念有所差异，但是它的目的是希望我们在育儿过程中能更好地培养孩子的自尊心和同情心。

这些叛逆法则同时也是对破坏儿童成长节奏的一种矫正。在美国，游戏和休息时间正在受到威胁。四岁的孩子要开始学习识字读书。叛逆法则让你重新发现游戏的重要性，孩子从中会学到很多重要的人生技巧——不管是应对拒绝，表达与朋友不同的观点，处理过激情绪，或者控制自己的冲动等等。孩子通过游戏来学习这些人生技巧，而且这永远是他们最好的学习方式。

本书中的叛逆法则分享了很多有效的育儿方法。这些方法被几代人采用，经受住了时间的检验，这也是75位早期教育工作者在40年里的集体智慧结晶。很多人都像我一样，可能已经忘了那些传统游戏是个什么样。这些游戏是那么大胆，那么充满冒险，那么充满情感，那么有力量。但是为了孩子，我们不能忘记。孩子需要通过疯玩来培养自己的社交和情绪管理能力。这就是本书的主要内容，也是我写这本书的目的所在。

本书包含了29条叛逆法则，但是本质上都可以用一条法则来概括，这就是我所说的黄金叛逆法则：只要没有伤害到人或物就没问题。当你被孩子闹得焦头烂额，对自己的育儿理念产生怀疑的时候，想想这条法则。我有一个三岁和一个六岁的孩子，所以我知道时间对父母来说是多么紧张、多么珍贵。所以，为了能够帮大家尽快找到所需要的信息，本书列出了一系列容易记住的法则、其背后的原因，以及你实践这些方法时需要对孩子使用的"试试这么说"。

你并不需要赞同书中所讲到的所有法则，一些观点需要我们花时间慢慢接受，或许，你在当下还用不到其中的某些观点，但是当你的孩子慢慢长大或者另外一个不同性格的孩子来到你身边时，你可能需要再看一看这些法则。不同的家庭文化就有不同的育儿理念，我们必须尊重每个家庭自己不同的风格和价值观念。同时，我也知道，父母们有很多育儿理念可以互相分享，也可以相互学习，他们当然也会有很多收获。读了这本书，你就会发现，我所分享的并不只是我的育儿经验，而是一个早期教育团队集体的智慧和经验。

当你开始成为一个"叛逆"父母时，你要相信你并不是在孤军奋战。因为有几千个家庭都采用过这种育儿方式，把他们的孩子送到"幼儿学校"。一个妈妈曾经写道："我孩子对玩具枪和玩具炸弹超级迷恋，我要特别感谢你们教会我如何处理这个问题。作为一个纯粹而彻底的和平主义者，这对我来说是一个巨大的挑战。"另外一个父母写道："谢谢你们触碰到了杰克的灵魂，他的自我意识，他的情绪——啊，他的愤怒——他很清楚自己的问题。他会说：'我现在特别生气，我真想打你！'但是他从未这么做过，每当这一幕发生时，我内心充满感激之情。一个四岁的孩子能做到这一点是多么了不起啊！"另外一位妈妈写道："我对'幼儿学校'的爱如同我对父母为我安排的婚姻一样，我了解得越多，我就越喜欢它。"有位父亲甚至直接说："你们让我保持理性，没有对索菲的勃然大怒失去理智。"

　　有时候，写一本育儿方面的书也会让我感到尴尬，我的孩子们总是让我大伤脑筋。很多时候，我并不是一个模范妈妈，但是，即使在那个时候，我母亲和"幼儿学校"教给我的知识也会给我很大的帮助。如果没有这些，我的生活会变成什么样子？每当孩子们把我弄得晕头转向、茫然无措的时候，我就会向自己的专有热线——我的妈妈——求助。我们每个人都需要有这么一个专有热线。这本叛逆法则的书就是你的专有热线。希望它能够帮助你从一个新的视角看待孩子，带给你耳目一新的育儿理念，教给你切实可行的育儿方法，帮助你培养出一个自信而充满同情心的孩子！

第一部分
让孩子自由玩耍

永远不要让体制教育妨碍了你的学习之路。

——马克·吐温

法则 1　不要偷走孩子玩耍的时间

在我就读过的幼儿园，一副来自美国知名儿童教育家 J. C. 皮尔斯的格言高挂在墙上，这句格言引自他《神奇的孩子》一书，"孩子的每个成长阶段都是完整的。三岁不是没有完成的五岁，儿童也不是没有长大的成年人。我们永远都不是正在路上这么简单。"

本书提出了一系列"叛逆法则"（也就是与当下盛行的很多育儿理念相反的一些法则），旨在让家长了解并接受孩子的当下。我们需要把目光集中在孩子当下的交际需求和情感需求，而不应该把她当作一个未来的小学生对待。当前，孩子们如何思考、如何解决问题、如何消耗他们充沛的体力？只有认识到孩子现在所处的阶段，该阶段的特征，我们才能真正了解他们的需求，满足他们的需求，这才是真正给予他们所需要的，才真正是在为他们的未来打好基础。

不知你是否像我一样，经常会莫名地把"今天"与"明天"混淆。当我们尽心地做一些我们认为对孩子有利的事情时，经常会发生这样的情况。孩子想去踩泥坑，我们却给他们买来了识字卡片；孩子更适合在后院里玩球，我们却把他们送到了青少年足球俱乐部。幼儿教师、政策制定者和家长们联合起来，哄劝孩子学习数数、识字、写字，教他们如何找到正确答案，还要求他们安静地坐好。

然而，在童年早期（两岁到六岁），游戏才是最重要的事情。无拘无束地玩，随意地玩，按照自己的想法去玩，这才是孩子所需要的。传统的教养观念和现代神经系统科学都支持这一观点，孩子们需要大量时间来玩耍。费尽心思让孩子学习课程或者用学习代替玩耍都无法实现童年早期的价值。实际上，过早着急培养孩子的学习能力往往适得其反。

"叛逆"的原因

> 游戏是大脑发育的基石，弥足珍贵；在游戏中，孩子学会思考，进行创造性的尝试，锻炼变通能力，培养同理心，还会收获其他很多让他们受益终生的人生技能。

不幸的是，现在的家庭正走入一种自相矛盾的怪圈。一方面，科学家们日益重视自由游戏对孩子身心健康的重要性；而另一方面，学校和教育政策却背道而驰，迫切地让孩子提前学习，而陷入两难的家长，不知所措。育儿理论和育儿实践之间的鸿沟越来越大。

同时，我们还生活在一个快速发展的时代。不久前——也就是2010年之前——多数幼儿园都实施以玩为主的半日制，而如今，随着全球竞争日益激烈，"不让一个孩子掉队"的教育理念不断被宣扬，小学一年级的课程内容不知不觉地渗透到儿童早期教育阶段，全日制幼儿园已经在全美普及（只有个别儿童研究项目除外）。为了适应幼儿园日益提高的要求，三四岁的孩子已经被迫开始了早期阅读和算术训练。

所谓的"为幼儿园做准备"实际上就是"窃取孩子的玩耍时间"。

在成人的意识里，孩子为上学做准备就如同我们为工作做准备一样。我们需要认真学习，培养好的工作习惯。可事实上，良好习惯的养成需要多年的积累，我们并不能用成人的标准来要求孩子。孩子为上学而做的"准备"和我们为工作而做的准备完全是两码事。孩子为自己未来的人生和学习所做的准备应该是尽情玩耍、即兴游戏、奔跑打闹、过家家、海盗游戏、大喊大叫、声嘶力竭、哭哭闹闹……这些都是成长的一部分。在游戏中,他们收获了人生的第一份友谊(或者拒绝了一段友谊);在游戏中,他们体验各种冒险——奇思怪想、身体力行、交际尝试;在游戏中,他们扮演各种角色,给彼此讲故事;在游戏中,他们尝试疯狂的(凌乱的)艺术。他们会打架,他们也会学着解决问题。这些事情已经填满了孩子的日程——玩就行了!

时代在变迁,可是孩子并没有变,孩子的成长规律也没有变,变的只是我们成年人先入为主的观念。我们认为孩子要在儿童阶段就要为自己后面的人生做好准备,可是,从孩子成长的自然规律来看,这并不是他们在这一阶段能够完成的。就好像让一个十岁的孩子学习安全驾驶,让一个四个月的宝宝下地走路,这些都是不可能的事情。

我的导师简·沃特斯是俄亥俄州哥伦布市"幼儿学校"的资深教师,她曾经说过,"为什么非要让孩子为上学前班做好准备?这不是小孩子需要做的事情,根本不存在'准备好'这样的说法。孩子们已经准备得很好了,但那是为了当下做的准备,而不是为了未来。难道我们也要让你在30多岁的时候就为老年生活做准备吗?不,你还不需要这么做,孩子也是如此,我们应当认识并接受孩子的当下。"

取下成人的有色眼镜

> 在孩子六七岁之前,不要急于让他们学习功课,因为那是在浪费他们宝贵的时光。孩子的成长有自身的节奏,我们只需要去接受这个节奏,而不能加快它。玩球、搭积木、角色扮演……这才是孩子需要做的事情。让她在游戏中学习,让她遵循自己的节奏成长。只有给他们足够的时间去探索、去玩耍,才能让他们的身心健康成长。

一位感触颇深的父亲曾比喻过,"种庄稼不能拔苗助长",养育孩子也一样。我们可以强迫一个三岁的孩子学习数字或者一个四岁的孩子学习字母,但是如果孩子还没有准备好,那么我们就不应该这么做,除非她已经准备好——让她在适合她学习的时间开始学习。

> **"叛逆"的收获**
>
> 当大人允许孩子自由玩耍并尊重孩子成长的节奏时,孩子就能够从中领悟到很多人生道理并且开始独立思考,从而受益颇多。
>
> 我现在这样就很好。
> 父母支持并理解我。
> 等我准备好了,我可以尝试新的事情。
> 书里面都是有趣的故事,我喜欢有人读给我听。
> 我可以做我喜欢的事情,我喜欢学习新的知识!
> 生活真美好。

为何有效?

不同的孩子,成长也千差万别,特别是在小的时候,差别更大。有的孩子从一开始就喜欢运动,有的孩子从三岁开始就喜爱读书,有的孩子需要不停地喊叫蹦跳,有的孩子则会待在一个安全的地方仔细观察。孩子需要按照自己独特的节奏来成长,孩提阶段应该让孩子在所有方面——情感、社交、体能和认知能力——都得到成长的机会。

如今,大脑科学家都在强调孩子玩耍的重要性。他们发现玩耍是孩子的天性。玩耍有助于孩子锻炼社交能力,增强记忆能力,启迪情感意识,开发创造性解决问题的能力,培养灵活性,增强自控能力;玩耍还可以帮助孩子理解自己所处的世界,并且在这个世界中找到自己的位置。

美国儿科学会、诸多的医生、心理学家、神经学家都持相同观点,认为玩耍是培养孩子成长最好的方法。美国有线新闻网曾经头条发文说:"希望你家孩子能上大学吗?那就让他们玩耍!"此外,美国国家公共电台也曾经就"传统游戏培养大技能"做过专题报道。

精神专家、心理学专家以及其他领域研究者的研究表明,玩耍是孩子的必需品——缺少玩耍的孩子无法正常成长。但是父母们却对此持怀疑态度。

一天,在公园里,我听到一位妈妈在诉苦:"我真为我家孩子担心,他的书包里面没什么练习题,这样他怎么能达到学前班的要求呢?"不光是这个妈妈,很多妈妈都有同样的担忧。"他还不会写自己的名字,我是不是应该锻炼他的书写技能?""……艾希莉真让我担心,她连10以内的数都会弄混。"

我们的孩子会被落下吗?他们必须为未来全球化的现代社会做准备吗?事实上,我们根本不需要为此忧虑。在许多国家(包括文明程度高、经济发达的大部分欧洲国家),孩子们都在玩耍。在瑞典、芬兰和波兰,七岁以后的孩子才开始正规的阅读训练。为什么在七岁后开始呢?那是因为七岁被认为是孩子"理性年龄"的开始。在这个年纪,世界各国的孩子都会经历大脑发育的显著变化。儿童精神学家西奥多·夏皮罗和理查德·佩里把这种现象称之为"七岁现象"。在诸多文化中,人们认为七岁的孩子开始具备新的能力。在芬兰,孩子七岁开始上学,天主教允许七岁的孩子开始参加圣餐仪式。七岁儿童的大脑已经为正规学习做好了准备,七岁的孩子会进入一个新的思考阶段。

在记忆中,我六岁的时候只能看书中的插图。我不认识字,也不想识字。文字对我来说是很烦的一个事情。但是我到了七岁就可以独自阅读《夏洛的网》这本书,并对它爱不释手。一个真正为学习做好了准备的孩子能很快接受学校里的课程。所以,希望是有的,只是我们需要给孩子时间。

但是,孩子现在玩耍的时间远远不够。时光不可逆。对一个四岁的孩子来说,四岁仅有一次,他却在努力地满足父母的期望。不要把未来的学习任务强加于他。如果他现在可以真正玩耍——随性玩耍,有足够的空间让他奔跑、蹦跳、喊叫、跳舞、画画、摔跤以及创造性地解决问题——那么他一定会为日后的学习做好准备。当孩子在幼儿园培养起社交和情感技能,并建立起自信心,他日后的学习自然而然地就会跟上来。

偷走孩子玩耍的时间:早期学习的危害

"每次我让三岁的儿子在电视上看认读卡片,他就烦躁紧张,"一个妈妈告诉我，"每天，学习认读卡片就像一场战争。他应该坐好，好好盯着屏幕才对。"

对于七岁以下的儿童，学习卡片是对早期学习的一种测试，也是被迫学习的开始，其本质却是在偷窃孩子玩耍的时间。我们可以让孩子记住数字和字母，学习日历。如果我们很坚持的话，大多数四岁的孩子经过训练都可以认识字母，认识简单的字。但是，代价是什么呢？早期学习偷走了孩子玩耍的时间，而孩子却是在玩耍中培养起情感、社交、身体和认知能力。但是孩子的大脑现在却不得不做一些它现在根本不需要做的事情。儿童心理学家大卫·埃尔金德警示我们，"错误的教育就是在错误的时间教错误的事情。"过早开始学习会影响孩子的社交能力，孩子由此失去很多欢乐，甚至会影响到他未来的学习成绩。当一个五岁的孩子放学后磨磨蹭蹭不愿回家，还边走边喊："作业！我痛恨作业！"这是一件让人痛苦的事情，这样的孩子会认为："我讨厌学校，学习一点意思也没有。"

> 自由玩耍意味着自由选择，由孩子发起，并由孩子主导。

瑞贝卡·马尔孔博士长期进行儿童心理研究，她指出，在幼儿园进行早期学习实际上会妨碍孩子在小学阶段的学习。她发现，在幼儿园以玩为主的孩子到了小学阶段成绩反而更好一些，在学校的行为表现也好一些。另外，在学习的时候，比起那些接受过早期学习技能训练的孩子，这些孩子表现得更加有创造力和热情。等他们到了六年级，差别还是存在。研究表明，幼儿园早期学习的训练对男孩子的影响更大。这种长期研究的结论也得到了其他研究的支持。劳伦斯·施维因哈特博士对一些孩子进行了跟踪研究，从幼儿园开始一直追踪到他们20多岁，他发现，在幼儿园就开始早期学习训练的孩子在成年后还面临着情感困扰。神经学家阿黛尔·戴蒙德发现，在幼儿园期间尽情玩耍的孩子，其学习思考能力更好一些。

缺少玩耍真的会伤害孩子的成长。耶鲁大学的研究发现，那些从不疯狂玩耍的孩子更容易被学校开除。斯图亚特·布朗博士是美国国家游戏研究中心的负责人，他说，动物实验表明，那些被剥夺了游戏机会的老鼠在成年后找不到配偶,也无法跟其他老鼠融洽相处。

只要孩子花时间学习技能,认学习卡片或者其他"能让你变得更聪明"的事情,都是一种对时间的浪费,并且还有可能对孩子的成长造成伤害。让一个小孩子安安静静地坐在那里应对他们大脑还没有准备好的学习任务,这会让他们变得沮丧而且有压力。神经科学家警告道,太多的压力会破坏孩子前额叶皮质的发育,而这个区域对孩子的记忆力和学习能力至关重要。除非你的孩子主动想要读书,并且能从中获得快乐,或者他就是喜欢数字,否则不要过早训练他读书、写字或者练习数学题目。孩子在小的时候的确需要学习,但是他们的小脑袋主要是通过玩耍来学习的。

现代幼儿园

1837年,德国著名的教育家弗里德里希·福禄贝尔创建了第一所幼儿园。"Kindergarten"这个单词也是他为此创造的,这个词在德文中的意思就是"孩子们的花园"。但是,现在的幼儿园可不是什么花园了。福禄贝尔以及幼儿园的开创者们禁止在幼儿园里面教授字母和数字。创建"孩子们的花园"的宗旨就是让"七岁以下的孩子们相互为伴,尽情玩耍,而不需要学习读书、写字和做那些没用的事情"。

"你们记忆中的幼儿园是什么样子?"我问现在的一些父母。"哦,"一个父亲听到这个问题,眼睛里面立刻流露出一种梦幻般的神情,"我们也没做什么,就是玩,唱唱歌,吃点小零食,睡个午觉。"

而今日的幼儿园已经不同往昔。幼儿园里的玩具都蒙上了一层灰尘。"我们也有积木,也有儿童游戏屋,只是我们用得不多,"一个幼儿园老师告诉我,"我们没有时间玩这些东西。"幼儿园里面安排有很多系统的课程,有算术、阅读、社会知识、科学等课程,自由玩耍的时间正在被挤掉。在很多教室里面,孩子们都在做测试,每天还要写作业。一个五岁的孩子每天在幼儿园待七个小时,而且大部分时间都要安静地坐在座位上,这已经是司空见惯的事情。

由于学习已经成为幼儿园的主要活动,所以幼儿园要求孩子们在来之前就要掌握相应的社交和情绪管理能力。一个学校发给父母们的小册子，题目就是"幼儿园必备技能"。同时还发给每个孩子一个书包和一件带着孩子姓名的外套。小册子明确要求孩子能够与其他伙伴友好相处，不能欺负他人，不允许打闹和推挤。这太荒谬了。三四岁的孩子不可能已经掌握了这些技能。而所有这些能力本应该是他们在幼儿园期间需要学会的。

> 游戏是人类童年成长最好的表达形式，因为它是一个孩子灵魂最自由的表达。
> ——"幼儿园之父"弗里德里希·福禄贝尔

自由玩耍是孩子的权利

当李·罗和珍妮特·斯托克创建我儿时的幼儿园时，他们就是想为孩子创建一个"幼儿学校"，因而在建校之初，他们并没有制定一套孩子们要遵守的规则，而是在不断地思索孩子们应该享有什么样的权利。

第一点，也是最重要的一点，就是不打断孩子的游戏。"孩子们在游戏中学会了很多东西，"珍妮特告诉我，"打断他们的游戏就像有人打断你的冥想一样。我们应该尊重孩子的时间以及他们对游戏的需要。"不打断孩子的游戏已成为一种理念，并贯穿于很多叛逆法则之中，包括选择玩伴、不分享一个玩具等等。

幼儿园半天的安排不同于家庭生活的安排。日常生活中没有那么多干扰，无论是吃午餐还是睡午觉。李·罗和珍妮特·斯托克曾经列出了一个家庭生活中的叛逆法则，这是探讨孩子权利的最初的版本，内容如下。

孩子的叛逆权利 ----------------------------

孩子拥有：
  自由随意玩耍的权利。
  自行选择玩伴的权利。
  自己选择游戏道具以及游戏主题的权利。

玩的时候不被打扰的权利。

感到安全的权利。

自己的东西不被拿走（被迫分享）的权利。

随意活动并尽情支配自己身体的权利。

户外活动的权利。

充分感受并表达自己情绪的权利。

随便提问并了解周围事情的权利。

对他人行为进行限定以此来捍卫自己的权利。

被倾听，被尊重，权利应该得到成年人持续支持的权利。

按照自己独特的节奏成长，即是遵循儿童成长自然规律的权利。

当然，权利和约束是同时存在的。一个人的权利不能践踏另外一个人的权利。请参看**法则2：只要没有伤害到人或物就没问题**，这部分会告诉我们该如何设定合适的界限。

让孩子自由地玩耍

自由玩耍的形式多种多样。一个孩子可以拿着两个木棍敲敲打打，也可以爬树、画画、做鬼脸、挖沙子或者说是"我们玩过家家吧"。不管是什么样的形式，这些游戏都是自发的，孩子提出想法，孩子决定怎么玩。孩子按照自己或者玩伴的想法来玩游戏。当他们按照自己的兴趣来玩的时候，他们就是在最大限度地学习。

自由玩耍很自然地发生，不一定要局限于某种模式。当然了，有时候孩子从安排给他们的游戏中也会得到更多的乐趣，比如说棋类或者体育运动，但是这些活动不应该占据孩子过多的时间，他们有其他更好的事情去做。

自由玩耍所需不多，但是需要满足几个基本条件。

> ## 自由玩耍的要素
>
> **1. 玩耍的时间**
>
> 时间是关键。孩子需要很多自由时间来玩耍（玩积木至少要一个小时的时间）。这就意味着小孩子不应该受制于体制学习，每天都应该有几个小时不作任何安排的时间。
>
> **2. 玩耍的空间**
>
> 孩子需要在一个可以触摸、探索、不怕凌乱的空间。她可以随意喧哗吵闹，可以对自然界进行探索。你的房子不一定要很大，但是你需要提供一个空间（室内或者室外）让孩子自由玩耍。
>
> **3. 对玩耍的支持**
>
> 支持包含很多方面。反对占用玩耍时间。重新设定玩耍地点。给孩子们穿上适合玩耍的衣服（可以让他们随意活动也不怕弄脏）。让孩子与其他孩子一起玩。

自由玩耍需要大段的时间，一两个小时或者更长的时间。只有这样孩子才能真正融入游戏之中。詹姆斯·克里斯蒂博士和弗朗西斯·沃德尔博士的研究发现，游戏时间过短（少于 30 分钟）会减少游戏的复杂性和成熟度。孩子会放弃那些复杂的游戏来适应短时间玩耍的现实，但这样他们在自由玩耍中的收获会减少很多。"幼儿学校"的老师们坚信，孩子们至少需要 45 分钟的时间才能真正与其他孩子一起融入游戏。一旦孩子的游戏开始深入，45 分钟也远远不够，孩子需要更多的时间来扩展游戏，完成游戏。

伪自由玩耍

有些幼儿园虽然声称坚信自由玩耍的法则，但是却没有很好地实行。这从他们日常的安排中便可以看出。"自由玩耍"夹杂在很多安排好的课程中间，比如在小组时间和练习时间的中间会给孩子一些自由时间。我们很清楚自由玩耍并不是幼儿园真正所关注的内容。如果你到教室里面看一看，你就会发现，所谓的"自由活动"不过是老师为下节课的活动做准备时，孩子们顺便休息的时间。

有一次，我特地观摩了一个幼儿园老师的"自由活动"安排。她并没有让孩子们自由地探索，而是指定了游戏内容，并给每个孩子分配了角色。"这是一个餐馆，"她对五岁的孩子们说道，"尼克负责点餐，布丽娜端菜，谁做厨师？"其实，这样的游戏最好能给孩子们提供一个玩具厨房，让孩子们自己决定怎么来玩。

你陪一个孩子玩也可以，你提出建议也可以，这都是游戏的一部分。但是当你跟一个小孩子玩的时候，要以孩子为中心。不要自行做主。要确保在玩的时候相互沟通和让步。

试试这个——加进你的工具箱

作为成年人，我们对自由玩耍会有一些顾虑。这么长的时间，我们该怎么来对待孩子？我们迫不及待地把一些小差事、看电视和设计好的活动穿插在他们玩耍的当中。孩子们游戏的时候要动脑子，但这些事情对大人来说可能是很无聊的。我在孩子小的时候就感受过这种恐慌，一个下午是那么漫长！

其实，我们需要对孩子有信心。这就是孩子应该做的事情。当你的家人都习惯了这种自由玩耍，你就不需要过多的参与了。孩子们自己玩，或者跟小伙伴们一起玩的时候，你待在一旁就可以——这样你也可以把自己解放出来去做一些自己应该做的事情。

鼓励自由玩耍

1. 让学习变得有趣

小孩子不需要学习字母。他们需要爱上唱歌和故事。唱歌、读童谣、做手指游戏、吟诵都适合他们。反复给他们读同一个故事。把孩子的看法和感情准确地记录下来（参考**法则 7：记录孩子的言行**），并把这些表达用在他们自己的游戏中。让孩子爱上讲故事，理解文字的力量——长大后他们自然就会喜欢读书。

2. 到户外去

户外是自由玩耍的世界。去公园，或者附近的树林走一走。踢踢球，找到有沙子和水的地方让孩子们玩。

3. 选择那些开放型的玩具

纸板箱受到美国玩具名人堂的推荐。木棍和毯子也是很好的玩具。给孩子提供一些开放型的玩具，可以提升他们玩耍的想象力。一些比较好的玩具有：铃铛、手电筒、奇形怪状的帽子、旧的键盘、水桶或者篮子、积木、角色扮演的服装、毯子、黏土、橡皮泥、娃娃或者毛绒动物玩具（被品牌化的人物形象反而会限制游戏的可能性）。不要忘记沙子、水、石头、泥巴和纸盒箱。

4. 提供场所

孩子玩耍需要场所。给孩子们空间让他们尽情玩耍。可以把多余的玩具搬到别处，也可以移动家具来腾出更多的空间。如果可以，让他们在室内尽情喧闹玩耍。尽量为他们找到这样的空间。

5. 减少设定的活动

你四岁的女儿喜欢踢足球吗？九岁的她可能会更喜欢这项运动。因而，让她在公园或者后院玩球就好。让其他的孩子一起来玩。你们可以自己设计游戏，大家一起享受欢笑。对于六岁以下的孩子，如果你每个星期为她安排的固定活动超过两次，那么请把数量减为一半。

6. 寻找一个以游戏为基础的幼儿园

现在要找这样的幼儿园比较困难。如果你的孩子已经上幼儿园了，那么你到幼儿园去看一下。一个幼儿园至少四分之三的时间都应该让孩子自由玩耍，每次玩耍的时间应该在一到两个小时之间。仔细观察一下，孩子实际上有多少时间可以自由玩耍，户内和户外都算上，也看一下开放型玩耍如何进行。如果有必要，换一所幼儿园。

7. 放慢节奏

小孩子需要按照自己的节奏成长。把你的时间空出来，为人父母需要付出时间。

试试这么说

该出去玩了!

你还需要什么来搭你的船(房子、堡垒、游戏)?

我们一起读个故事吧。

避免说的话

这个数字是几?

这个字母读 B,你会说 B 吗?

你写完作业了吗?

家庭之外

"哦,我们周四不行,詹姆斯周四有小提琴课,之后是游泳课。"如果孩子的时间被安排得太满,那么她很难找到玩伴。找找那些安排不多的家庭。你可以在公园或者图书馆找到这样的孩子。

同时,父母也很难不去对自己孩子的活动与其他孩子的活动进行比较。"或许,露西也可以学小提琴了?"即使你认为自己跟孩子一起摘蒲公英玩也很好,但这么做你家孩子看起来好像已经落后于同龄人了。"你们家露西在上音乐课吗?"面对这样的问题,请礼貌而自豪地回答,"目前,我们主要就是在家玩。"

法则 2　只要没有伤害到人或物就没问题

　　自由玩耍是很随意的，但这并不意味着没有规则和界限。例如，三岁的萨曼莎喜欢假装自己是一只狗。她要求父母把她的晚饭放进一个碗里并在桌子底下喂她。接下来，她要求坐在桌子上吃"狗食"。日复一日，这个家庭就形成了这样一种吃饭方式：父母坐在椅子上吃饭，富有创意的三岁女儿坐在餐桌上发号施令。

　　自由玩耍需要限制——有来自家长的也有来自其他孩子的。

"叛逆"的原因

　　　　自由的玩耍不代表完全放任。要设立限制。

　　萨曼莎有权利按照自己的想法玩耍，有权利选择自己游戏的主题（假装自己是一只狗）。然而，她的父母也有权利去设置游戏的时间和地点。不能在饭桌上。不能在吃饭时间，饭后才是自由玩耍的时间。

　　对于孩子的玩耍，父母主要负责两件事情：（1）限制不当行为；（2）始终支持孩子的权利。这就意味着当杰米在新沙发上面跳来跳去的时候，他应该被制止。但是杰米也有权利随意走动，支配自己精力旺盛的身体。所以，杰米的游戏可以继续下去，但是需要换一个更合适的地方。同样，当佩吉用力推妹妹的时候，她应该被制止。但是如果佩吉想一个人玩的话，这是她的权利，不必带着妹妹玩。她有选择自己玩伴的权利。

孩子有权利，成年人同样也有权利。除此之外，家长有自己的理性承受限度并且有权利生活在他们喜欢的家庭氛围中。设立界限可以让大家和睦地生活在一起，并且让需求得到满足。

"叛逆"的收获

家长要知道什么该限制，什么不需要限制，这是孩子自由玩耍和家庭生活愉快的关键。只要设立合理的限制，孩子就会明白：

我大多数的游戏想法都是合理的。

一些事情不可以做——例如伤害到人或者破坏了东西。

不是我说了算，而是父母说了算。

在一些地方可以随意地玩，而一些地方不可以。

我不是唯一拥有权利的人。

我的父母会保证我的安全。

为游戏设立限制

"我从来不会因为害怕孩子受伤而不让他们奔跑，"来自"幼儿学校"的简·沃特斯说，"小孩子跑来跑去是正常的，这是他们的天性。如果他们因此受伤，他们会从中得到教训的。"

什么是孩子能玩的游戏？恰当的界限是什么？作为父母，我们总是徘徊在孩子身边，不放心他们自己玩耍。看看我们设置的那些规则，比如"不许跑"或者"不许玩棍子"，我们总想着安全问题，害怕出乱子，担心孩子会受伤，带着这样的情绪去预测潜在的问题。尽管我们可能也会和孩子一样享受游戏的过程，但是作为成年人我们总担心事情会失去控制。

摘下成人的有色眼镜

孩子们玩耍的想法通常是没有错的。不要习惯性地禁止孩子做想做的事情。可根据情况适当改变玩耍时间和地点。为他的行为设立一些限制。这些限制会让人感到安全和放心,并且会教会孩子什么是该做的。现在的问题是,限制往往不很清晰,因为我们既想有控制感,又想让孩子喜欢我们。结果是什么?我们总是在孩子玩耍方面过分严苛,而在其他行为上又缺乏对孩子的管教。是时候来改变这种状况了,我们应该在孩子的玩耍上宽松一些,但也别忘了在需要的时候设立一些限制。

与其害怕孩子受伤而不让孩子玩耍,倒不如在某些特别的方面进行限制,让他们玩耍。这包括时间、地点或者对某样东西的使用限制。比如,当孩子拿着剪刀到处跑的时候,我们不应该禁止他们使用剪刀,而是要告诉他们拿着剪刀的时候,应该放慢脚步而不能乱跑,要教会他们拿剪刀的正确姿势。如果在水泥地板上跑来跑去太过危险,那就试着让孩子们跳一跳。如果你去参观纽约西村的第三公立学校,你就会看见孩子们在走廊上蹦来蹦去。如果是在室外活动,根据实际情况设立限制(不能在人群附近丢石头),但是不要禁止游戏本身(可以向湖里扔石头)。

两岁的泰勒喜欢玩棍子。在公园里,他到处挥舞棍子,不小心打到了其他孩子。你可以对他说:"把棍子放下!"你也可以改变他玩耍的方式,教他怎么玩才行。"如果你想玩棍子,就必须离其他人远一些。过来在这里玩。"这是限制而不是禁止。

当游戏让其他人觉得不安全时,同样也需要加以限制。三岁的卡梅伦朝另外一个三岁的男孩洛根吼叫,他说自己是一只老虎,老虎就得吼叫。洛根看上去吓坏了。这种游戏可以吗?扮老虎没有问题,但是洛根不喜欢被吼叫,而且他有权利让自己感到安全。这样就应该合理地限制卡梅伦的行为:"你可以吼叫,但不能对着洛根这样做,因为他不喜欢。"洛根甚至可以自己提出这个要求(参考**法则 3:孩子需要冲突**)。

当你对孩子的行为加以限制时,要确保孩子停止之前的行为。做好拉走他们或动手让他们停下来的准备。没有必要为此感到不高兴，你只需要先问问孩子："你是自己停下来还是要我帮你停下来？"然后继续即可。

为何有效：黄金叛逆法则

经常有人到我小时候所在的幼儿园参观。来访者经常会看到孩子们正在画蓝色的树，疯狂地骑着三轮车比赛，或是在泥泞的水洼里蹚水。一些孩子拿着真正的斧子玩，一些孩子把自己的胳膊涂成绿色，还有一些孩子拿着他们的玩具剑奔跑。

有时来访者会问是不是这个幼儿园一点规矩都没有。

其实是有一个规矩的：只要不伤害到人，不弄坏东西就可以随意玩。这就是黄金叛逆法则，这个法则几乎可以适用于所有的情况。你如何判断孩子的游戏合适还是不合适？那就问问你自己：他们的游戏会不会伤害到其他人或者会不会损坏财物？答案将告知你何时该设立限制。

这里有一些例子。两岁的克洛伊将颜料洒在餐厅地板上，这些颜料滴却组成了一幅有趣的图案。她觉得很有趣，于是往地上洒了更多的颜料。或者，你的侄子和侄女来访时在你家客厅里进行摔跤比赛，吵闹声震耳欲聋，而且一旁还有一个鱼缸。

试着找一种恰当的方式让孩子们玩。洒颜料本身很有趣，可以洒出有意思的图案，孩子也应该尝试不同的艺术材料。尽管如此，克洛伊玩的方式仍然需要加以限制。要确保地上的颜料可以洗掉；或者在地上铺一张画布或者让她到外面玩，要跟她说清楚："如果你想玩洒颜料，你可以在这里玩，否则就把颜料收进盒子。"摔跤比赛也是如此。在鱼缸旁边摔跤是不可以的，并且也不能在客厅里如此吵闹。这会影响他人（告诉他们"你们这样玩太吵了"），并且极可能碰到鱼缸。如果孩子们想摔跤，要让他们知道客厅不是摔跤的地方。打发他们到外面或者到地下室去玩摔跤比赛。

在应用黄金叛逆法则"只要没有伤害到人或物就没问题"时不能拘泥于狭小的范畴。这里的"不伤害到人"还包括不能伤害他人的情感,当然也包括孩子自身(孩子不能故意伤害自己)。这里的"人"包括任何生命(也不能伤害植物或动物)。这里所说的"物"不仅仅包含我们所认为的房和车一类的"财产",也包含孩子画的画之类的东西。

黄金叛逆法则适用于众多日常行为而不仅仅是孩子的游戏。比如,你两岁的孩子在疯狂地蹦跳,他撞到了你,这不可以,因为玩的时候不能伤害到他人。孩子这样的行为违背了黄金叛逆法则。蓓姬·贝利写道,"一切规则都基于安全之上。对所有逾越安全界限的行为都应该设定规则并予以约束。"贝利是《有意识的纪律》一书的作者,也写过有关规则设置方面的书籍,她认为规则能使年少无知的孩子不受自己一时冲动的控制,从而保护自身的安全。

游戏也会变得很疯狂,但是只要不违背黄金叛逆法则就无可厚非。

设立限制不能让孩子感到羞耻

当我们纠正孩子的行为,为他们的行为设立限制时特别容易激发孩子的羞耻感。海姆·吉诺特强力倡导一个原则,那就是要在不触犯孩子的个性和人格的前提下设立限制。他认为维护孩子的颜面是很重要的,同时他也提倡,在与孩子说话的时候要保护孩子的自尊心,给予孩子应有的尊重。这样做可以保持限制的客观性,而不是掺杂个人情感于其中。我们应当清楚地告诉孩子,有问题的是你的行为而不是你这个人本身。比如,父母可以说:"我看到地板上堆着玩具和书",而不是说:"你太懒惰,而且不听话!我要告诉你多少次你才能打扫干净你的屋子!"

> 把关注点放在你不喜欢的行为上,而不是孩子身上。

吉诺特认为,如果指责不是针对个体的,而是告知性的,孩子就能接受得更好。当解释一种东西的本质用途时,要说"椅子是用来坐的,不是用来站的",或者"积木是用来玩的,而不是用来扔的"。

当三岁的本杰明向莉迪亚扔沙子时,他的这种玩耍方式就已经越界了。沙子进到眼睛里是很疼的。这时三岁的莉迪亚也可以设立限制，说："不要这样做！"（详见**法则 3：孩子需要冲突**）。如果本杰明没有停下来或者没有听见，你就要出面干预。本杰明这样的行为，需要反复给他讲明限制，直到他的行为举止恢复恰当。以下是展开说明：

1. 强调限制

"莉迪亚已经说了'住手'，你应该听她的话别这样做了。"

2. 描述行为并且制止行为

"你还不停下来。我要抓住你的手直到你停下来。"

3. 要求行动

"让我看到你已经准备好了。当你告诉我你可以住手时，我就放你走。"

4. 落实到底

"看得出来，你很难控制住自己不向别人扔沙子。所以我要带你离开沙堆，你必须在屋里玩，直到你告诉我你不再向别人扔沙子。"

如果你知道孩子大脑发育的自然规律就可以判断孩子能做什么、不能做什么，这样就可以在不激起孩子自我羞耻感的情况下设立限制。比如，你刚刚告诉你女儿不能随便抓杂货店货架上的甜点袋，转眼间她就这么干了，这并不能说明你女儿本性很差，她只是很想吃那些饼干，而且她还不能完全控制自己的冲动。

阿黛尔·法伯和伊莱恩·玛兹丽施是亲子沟通方面的专家，他们多次谈到以尊重的方式设立限制的重要性。他们建议要让孩子感受一下不遵守规则所带来的后果，而不仅仅是惩罚。不能用斥责的方式来惩罚孩子的逾规行为（"梅兰妮！我不是刚刚告诉你不要这么做吗？你是个坏女孩，你就是不听话，给我回来！"），你只需执行规矩或限制。当孩子犯规时，你可以先给他一个不让他感到羞愧的警示："啊，见鬼！你忘了这个规矩吗？记住，不要撞坏脚踏车。"如果孩子不听警示仍我行我素，就要应用另一个限制，但是不要让他感到羞耻。比如："规矩是——撞坏的脚踏车不要进到房子里。现在你玩点别的吧，晚饭后你可以再试试。"后果自身已经很有说服力了。

父母的权利及适当的方法

我小的时候，有时父母晚上不在家，我和哥哥很喜欢玩小狗游戏，还拉着我们的几个临时保姆一起玩。在玩游戏时我们会学狗叫，并且像狗一样手脚并用地到处爬。我记得每次妈妈离开前都会提醒几个十几岁的临时保姆，她们拥有一些权利。妈妈会告诉她们："记住，如果你们不想玩这个游戏，你们就可以不玩。"

成年人同样拥有权利。萨曼莎的父母不喜欢和一只"小狗"一桌吃饭，但他们不知道怎么阻止这种行为。他们三岁的女儿似乎在主导一切，她一直在发号施令并且十分执拗。他们担心如果不满足她，她就不会那么喜欢他们。

父母是孩子的第一位老师。你要告诉孩子，在我们的文化修养中，怎么做是适合的，是能被接受的。父母有权利给孩子设立限制。

小孩子经常要求控制权。三岁的孩子叫着喊着下命令，五岁的孩子公然反抗父母。但是你可能不知道，孩子们叫着喊着要的东西并不总是他们内心真正想要的。如果这个年龄段的孩子得到过多不适合他们的权力时，他们自己也会感到怀疑，没有安全感。因此，设立限制在游戏和日常生活中都非常重要。孩子不会因此不爱你。当你执行这些限制时，你在传达一个清楚的信息：父母掌控一切，并且会确保所有人的安全。

"没有约束是一件非常可怕的事情，"深受大家喜爱的儿童节目《罗杰斯先生的邻居》的创办人弗雷德·罗杰斯曾说过："当孩子不确定是否能掌控这些情绪时，不仅外面的世界会变得可怕，内心的世界、情感的世界也会变得可怕，孩子会感到恐慌。"

平衡孩子的权利和所受到的约束并不容易。在自由玩耍中，为了能让孩子轻松接受合适的约束，父母必须学会很好地平衡孩子在游戏中的权利和约束。有时，当你需要告诉孩子一些事情的时候，你可以用提问的方式让孩子回答。父母要想好问什么问题，哪些需要孩子回答，哪些不需要。比如，你的儿子可以很轻松地回答下面这个问题："你想穿绿色还是红色的T恤？"你并不关心他穿哪件T恤，你只是想让他穿上衣服。如果你不希望孩子给你一个否定的回答,就避免一些他们总是会说"不"的问题!否则的话,你就只剩两个无奈的选择:要么屈从孩子的要求,要么完全无视她的想法,做她不希望做的事情。例如,一位母亲,本来应该是她做决定的事情,她反而去询问自己两岁孩子的意见:

"莎拉可以玩我们的小推车吗?"妈妈问道。

"不能!"

"不过,你现在并没有玩小推车。莎拉,你可以玩小推车。"

让孩子拿主意的前提是要明智地选择你的问题。

试试这个——加进你的工具箱

自由玩耍中的限制

不同的游戏需要不同的限制,比我们最初的想象要复杂得多。在设立限制前,停下来想一想孩子们可能会遇到的问题。

在游戏中设立限制

1. 想办法让游戏玩下去

玩游戏没有问题,但是怎么玩、在哪里玩或者什么时间玩,却需要商量。要有明确的限制。在设立限制的过程中试着给孩子提供不同的选择。比如:"积木不是用来扔的。你想扔东西吗?这里有几个沙包。"

2. 合理对待安全问题

不要怕孩子在游戏中跌倒。把"停下来"留在真正的危险面前(繁忙的街区、湍急河流的岸边)或者隐藏的危险面前(孩子爬树时树上的枯枝、车道上的结冰)。

3. 应用黄金叛逆法则

对游戏进行检测。在玩的过程中是否真地会伤害到人或弄坏什么东西?游戏的主题可能不合你的口味,但这不是禁止游戏的原因。

> **4. 帮助孩子听取其他孩子设立的限制**
>
> 谁都可以设立限制，同伴间的约束极其重要。如果孩子开始设立限制，说明他们的权利可能受到了侵犯。当一个孩子感到不安全或者没有人理会他的话时，他就希望设立限制。
>
> **5. 限制之后再设限**
>
> 孩子很难自己停止我行我素的行为。首先要承认他们的感受，"我知道你很难立即停下来。"然后帮助孩子遵守限制，必要时把他抱走或者限制他的行为。你可能需要制定额外的限制："如果你不能控制自己，那就只能待在我身边玩，直到你能做到。"

日常生活中的限制

有一天，我带着三岁的宝贝去杂货店。在扎克更小的时候，他总是坐在手推车里，但是现在他更喜欢自己下地走路。这很好，但是在完成购物的同时，我必须保证他不会把所有的饼干都从货架上撞下来。因此，我们定下了一些限制。

"你可以坐在手推车里，也可以下地走路。但是，如果你自己走路的话，你得一直扶着手推车。"我告诉他。

"我会的！"扎克说道。

有时，扎克可以老老实实地跟着我走，有时，他却做不到。三岁的孩子还没有很好的自制力。他经常忍不住摸摸这摸摸那，或是从我身边跑开。

"看，你没有扶住手推车啊，你这是在告诉我你想要坐在车上。"

于是，我任凭扎克蛮不情愿地大喊大叫，把他放在了手推车的儿童座椅上。

"你生气了，"我对他说，"我知道你还想自己走，但是如果你要下地走路，你就必须抓住手推车。下次，我们可以再试一次。"

杂货店这件事并不值得我对他大呼小叫。通常，当我们的耐心被耗尽并且别无他法的时候我们才需要斥责孩子。在生活中设立限制时要坚定、有力。碰上真正严肃的事情时才使用你的大嗓门和气力——比如你蹒跚学步的宝贝打翻了一壶开水或是你上幼儿园的孩子在大街上乱跑。

在幼儿园阶段和随后的几年中，学会如何给孩子设立有效的限制，可以说是父母教育的核心。这里是一些建议：

在日常生活中设立限制

1. 提前给出你的期待

事先让你的孩子知道你希望他怎么做。例如："我们去图书馆的时候，说话要小声，走路要像小老鼠一样安静。"或者，"我们去的这家商店，货架上会有很多东西，但是你不可以随便去摸它们。要把手放在口袋里。"

2. 设定合理的期待值

这就要求父母更好地了解孩子的成长规律。当你的宝贝四岁时，他应该自己穿衣服吗？当你的宝贝三岁时，他可以自己打扫房间吗？我们对孩子期望值总是过低或过高。我们应该更好地了解孩子在不同的年龄阶段可以做什么不同的事情。

3. 不要对孩子大吼大叫，有目的地发火

孩子们不喜欢父母对他们大吼大叫。他们只会左耳进右耳出，并让你为此大动肝火。因此，根据事态的严重程度来控制好你对孩子的态度。不要总是没完没了地对孩子大喊大叫。该发火的时才发火（当他打了另一个孩子或是在大街上乱跑）。

4. 如果不能接受孩子的否定回答就不要征求孩子的意见

保持亲子关系中的权力平衡。可以征求孩子的意见，但要自己掌握决定权。

> **5. 说出你的真实想法**
>
> "我想的就是我说的，我说的就是我想的。"苏斯博士笔下的大象霍顿就是这样唱的。不幸的是，家长们很难做到这一点。我们总是下意识地给孩子一个下马威（"如果你再不住手的话，我们现在就走。我说到做到！"），然后我们又出尔反尔。因此，尽量不要说"我会说到做到"。你应该准确地表达出自己的想法。为了用词准确，先深吸一口气，再慢慢道来。少说，但是说就要表达准确。表达准确也包括了要说到做到。

试试这么说

重新安排游戏

这不是玩游戏的好地方，我们可以去哪里玩呢？

这个房间不适合摔跤。

如果你想玩木棍的话，需要远离他人。

积木不是用来扔的。我们可以扔沙包。

对行为进行限制

我不能让你这样做。

你能自己停下来吗？你需要我帮你停下来吗？

我知道你现在很难控制自己的身体。我会帮助你的。

我会一直握着你的手，直到你能够停下来。

你没有听布莱恩说的话。在你停下来之前，你只能到另外一个房间里去玩。

很抱歉这让你生气了，但是过一会儿你可以再试一下。

我知道你不喜欢这样，但是我在这里是要确保你的安全。

让我看看你是不是已经准备好了。当你可以停下来的时候，你就可以回来了。

避免说的话

不要跑！

把木棍放下！

不，你不能这么做，也不要再问我了。

因为我说了你不能这么做。

家庭之外

你允许孩子在公园里面爬树，或者在地上抽打树枝玩，却发现别的家长禁止自己的孩子这么做，你该怎么办？一个办法就是给自己的孩子设立限制，并且语气很正式。这会让其他人（你的孩子以及周围的人）知道你家什么可做什么不可做。其他父母可能不赞同你的育儿理念，但是他们也会看出你对孩子的控制力，也清楚自己的孩子正在干什么。如果只有你允许孩子抽树枝玩，那么把孩子带到一边去玩。这样你的孩子就可以安安静静地抽打枝条，也不会对其他孩子造成诱惑。

在公共场所，比如杂货店，要坚持自己设立的限制可能是一件很可怕的事情。你可能会眼瞅着买到的食物融化，或者不允许孩子再跟着你来。因而，在设立限制之前要想好，既然设立就要坚决执行。

法则 3　孩子需要冲突

我儿子迈尔斯从幼儿园拿回了一张宣传单,主题是"和睦相处"。上面有一个头像,需要他涂上颜色,还有一首歌谣,曲调与"划,划,划起你的小船"这首儿歌一样,但是歌词改为,"让我们和睦相处,让我们和睦玩耍……"

当我着手写这本书时,简·沃特斯明确地跟我说:"不要通过唱歌来教孩子如何和睦相处,"简是"幼儿学校"里的老师,"如果曲调不错,孩子会跟着唱,大人就觉得这样不错,但是这真的无法教会孩子和睦相处,他们要通过冲突解决才能学会相处之道。"

学会解决冲突可能是儿童早期的主要任务。在童年时期,孩子会遇到不同的人,与人发生很多冲突,并学会如何在不伤害任何人的情况下解决问题,就是在这些实践中,他们学会了解决冲突的技巧。

"叛逆"的原因

调解需要经验。当孩子与别人发生冲突并学会解决争执时,他们会从中获得重要的社交经验。

解决问题是一门社交技能——而且是一门非常重要的技能。没有这项技能,国家将面临战争,家庭将陷入混乱。联合国的外交官都是训练有素的调解专家。只要给他们机会去实践,你的孩子也可以成为一名出色的调解者。

跟所有技能一样,孩子需要机会去实践。在游戏中,孩子需要不断地跟别人产生摩擦,体验由此带来的冲突。"他有那个玩具—我想要!""她占了我的位子,我刚刚坐在这儿的!"每一个细小的冲突都是锻炼孩子解决矛盾的好机会。只要有一点指导,你的孩子就可以学会如何维护她的权利,为别人主持公道,学会调解冲突这一复杂的社交技能。

两岁的孩子就可以学习如何调解争执。年幼的孩子可以维护自己的权利,直面别人,说出他们的内心感受——这是解决问题的第一步。再大一点,四到六岁的孩子就可以成为真正的外交家:他们可以独立解决问题,想出一个双方都能接受的方案并付诸实践。

在这 40 年里,"幼儿学校"的孩子们一直在学习如何调解冲突,他们做得很成功。方法其实很简单,但是解决问题或许是你可以给孩子上的最重要的一课。鉴于这种叛逆法则很重要,本章也是本书中最长的一章。解决争执的技能是我们在这个世界所需要的一种最基本的能力,无论是一件小事,比如谁能拿到兔子碗,还是一件大事,比如由哪个国家控制石油储备,冲突永远是我们生活的一部分。

"叛逆"的收获

通过冲突体验,孩子可以学习到一生受用的技能,培养起乐观、自信、独立的个性和处理未来冲突的调解技能。

我可以维护自己的权益并且制止我不喜欢的事情。

我知道如何给别的孩子设立限制。

当我和别人有冲突时,我会和他交谈并且直截了当地告诉他/她我不喜欢什么。

我需要聆听别人的意见,并在他们设立限制时停下我正在做的事情。

有时候我所担心的事情根本就是杞人忧天。

我们的意见或许不同，但我们可以一起解决问题。

我不总是需要大人的帮助。我可以独自解决许多问题。

和睦相处与冲突

矛盾冲突是人类日常生活的一部分，然而我们总是想要摆脱它。我们不教孩子如何去应对冲突是因为我们害怕冲突，我们也一点都不喜欢冲突，许多人甚至不惜一切代价去避免冲突和对抗。

作为家长，我们温和地引导孩子和睦相处。我们教导小孩要对兄弟姐妹们宽容、友好。但如果一味回避冲突，和平也不会持久。那些未解决的问题将会突然再次出现。

> 没有冲突不代表和睦相处。真正的和睦建立在礼貌地解决冲突之上。

我们无法通过标语、童谣或者口号来让孩子们做到和睦相处，而是需要切实的努力，让孩子学会解决他们之间的冲突。

有一次，我常去的教堂里的牧师给我们五分钟，让我们以"冲突是……"为开头写一段话。"冲突是有好处的，"我写道，"它给我们机会去邂逅新的想法，并一起成长和发展。"我是唯一一个从正面来看待冲突的人。

冲突并不一定非得是激烈的。我就喜欢把冲突看作是两种不同的想法之间突然的碰撞。当观点碰撞时，可能会有过激的言语，会伤害感情，但它也可能带来成长、合作和创新。

当然了，没有人想要反复唠叨孩子们争论蓝色的杯子属于谁或者为什么诺拉可以再次坐在靠窗的位置这样的事情。

这就是为什么孩子们需要自己学会调解冲突。

为何有效？

用发展的眼光来看，孩子们要过好几年才能理解引起冲突的原因。心理学家凯文·奥康纳说 11 岁左右的孩子才会具备这种序列逻辑。大多数学龄前儿童自身感觉到痛苦时才会意识到问题的产生。我们可以解释发生了什么或者提供一些基本的信息（如"你的胳膊撞到了他"）来帮助孩子理解他们自身的行为对别人造成的影响。

心理学家和教育家蓓姬·贝利指出，冲突可以帮助孩子培养社交认知和同理心。当孩子们之间互相影响时，他们以自我为中心的世界就会延展。当冲突产生时，孩子就会发现有一个与其自身视角相反的观点。

许多幼儿教育专家强调让孩子独自解决冲突的重要性。要让你的孩子明白这是她自己的问题，而不是家长的，而且她需要直接与其他孩子沟通。你可以陪她在那里，但仅仅是作为精神上的支持。儿童交流沟通专家阿黛尔·法伯和伊莱恩·玛兹丽施的研究表明，这会让孩子的内心更加强大，而且孩子们经常会找到令人满意而且有独创性的解决方法。

摘下成人的有色眼镜

单凭嘴说想让孩子们友好相处毫无意义。孩子们需要一些机会直接应对冲突，并从中学会如何去做。当冲突发生的时候我应该做些什么？我应该说些什么？我应该怎样对他人的行为设立限制？一旦孩子们知道了这些问题的答案，他们就会通过一种最令人惊异的方式去调停自己的冲突。

我的两个儿子搭了一座毛毯堡垒。他们玩得很高兴，突然弟弟扎克把一个很重的塑料玩具扔到了哥哥的头上。六岁的迈尔斯号哭着离开了堡垒以示抗议。三岁的扎克也哭了起来——他失去了玩伴。"你该怎么做来帮助迈尔斯获得安全感呢？"我问扎克。没想到两个孩子都提出了我可能永远都想不到的解决方法，而且非常有创意。扎克说："迈尔斯，以后我只扔一些轻的东西，这样可以吗？"迈尔斯回答说："在扔之前可以给我看一下吗？然后我再告诉你可不可以扔。"扎克同意了并向他展示了一个蓝色的毛毯。"这个太棒了！"迈尔斯说道。他们又开始一起玩游戏，但这次迈尔斯感到很安全而且事情都在控制之中。

欺 凌

即使是奥巴马总统小的时候也因耳朵大和滑稽的名字被人嘲笑过。每年有1300万的美国儿童会受到别人的欺负，这占了学龄前儿童的1/3，如果算上施凌者，人数还会更多。反欺凌的各种项目正在增加，但很多项目却没有触及真正的问题所在。在我儿子的幼儿园，孩子们自己制作小人书，题目是为"一双助人的小手"。在教堂，这些三五岁的孩子在写着"无欺凌区！"的条幅上涂涂画画。但是，这些活动并不能防止孩子之间的欺凌。有效的反欺凌项目会教会孩子如何应对冲突中的欺凌。该说什么，做什么，如何维护自己的权益，如何制止他们不喜欢的行为，如何介入他人冲突并帮助别人维护自己的权利，如何把这些方法付诸实践。

实践是关键。如果我们让孩子远离冲突，我们就剥夺了他们实践的机会。想一想我们是如何教一个孩子数数的。如果她说，"1、2、3、4、6、10，"我们不会惩罚她或减少她实践的机会。相反，我们鼓励她并给她更多的机会来练习这项技能。冲突调解技能也是一样。如果一个孩子不能很好地处理冲突矛盾，一定不要阻止她去面对冲突，相反，要鼓励她，给她演示该怎么做，然后支持她，直至她成功。

自由玩耍带来的冲突机会

童年时期，孩子的游戏中充满了各种冲突——幸运的是，这对孩子来说没有什么坏处。自由玩耍无疑给孩子创造了学习和睦相处的最好途径，因为自由玩耍中孩子会遇到无数的问题。自由玩耍让儿童间相互影响并直接面对冲突。

我知道很多家长将孩子送到幼儿园就是想让他学会如何与其他孩子共同成长。这个想法很不错。但如今的幼儿园很少给孩子自由玩耍和面对冲突的空间。课堂大都致力于"和平"与秩序,而不是让孩子们互动,以此来避免冲突的出现。

一个有着太多条条框框的课堂是无法教会孩子们如何和睦相处的。为什么?因为这样会错失很多机会。当问题出现时,成年人会冲进来解决或镇压冲突。当孩子开始依赖规则和大人来解决冲突时,他们便错失了直接与同龄人提高社交技能的机会。

下面是一位老师镇压冲突的例子:三个孩子在水桌边玩耍。又来了两个孩子,想要一起玩。老师说道,"好了,小伙子们,你们还能再玩三分钟,时间就要到了。"三分钟后,她宣布,"好了,时间到了。去玩点别的吧。"后来的两个孩子穿上罩衫,先来的三个孩子走开了。

> 儿童通过处理问题学会和睦相处。

这可以被看作是一次成功消解矛盾的案例。新来的孩子轮到机会,而且也没有人尖叫反对。但有一些尖叫可能也是有好处的。这个案例中的老师在孩子没有意识到有问题之前便决定了结果,以此避免了冲突。为什么三个孩子就是上限?在自由玩耍的情境中,五个、六个或者十个孩子都可以挤在同一个水桌边。如果空间不够,孩子们焦躁不安,那这就是一个极好的调停冲突的机会。"发生什么了?我看见很多孩子挤在同一个地方。你们有足够的空间吗?你们会怎么做?"把冲突看作一次机会。不要去援助孩子(或者责怪,或者教训)。给他们方法和引导。

和孩子们共同调解矛盾并非难事。当然,一些矛盾确实棘手,但大部分的调解看起来是这样:

丹尼尔和杰森,两个四岁的男孩,在儿童泳池一起玩。杰森胡乱泼水。

丹尼尔:别这样!

杰森依旧在泼水。

丹尼尔:别这样!

大人:我听到你说"别这样",你不想让他做什么?

丹尼尔(对大人嘟囔道):别对我泼水。

大人：告诉他。

丹尼尔（对杰森说）：别对我泼水！

杰森不再泼水了。

当然，我们并非总有时间和闲情来指导孩子解决冲突。但我们做得越好，他们就变得越好。哭着喊着找妈妈的情况也会减少。和睦相处的实践技巧让孩子变得更加独立。

缺乏技巧

没有能力解决冲突的孩子，他们的表现会很明显。他们期待着大人帮他们解决问题，一遇到冲突，他们就跑去向大人寻求帮助。下面是一个发生在吉尔伯特家的故事。

每当邻居家的孩子来他家玩，那些孩子总会喊："吉尔伯特夫人，凯文不让我玩他的卡车！"或者，"吉尔伯特夫人，艾德里安不让我当公主！"她会转身告诉他们，"好的，告诉他，告诉她。"邻居家的孩子显然并不知道如何解决他们之间的矛盾。父母不应卷入孩子们的冲突中。不应该让父母来判断和评判，这也浪费了大人们的时间。最重要的是，这会剥夺孩子学习基本社交能力的机会。

> 清晰表达你的感受和期望是解决问题的第一步。

当然，孩子在独立处理与同龄人之间的问题之前需要大人的指导。但是两岁大的孩子就已经可以学习这种技能了。冲突调解的成果就是使孩子们在没有大人帮助的情况下，彼此适应并继续做他们的事情。为什么呢？因为，这就是调解产生的效果。孩子们自己解决问题的经历将锻炼他们的能力，使其可以在日后积极地解决生活中的问题。

练习、练习、练习

解决冲突需要复杂的社交技能。社交技能不是天生的，需要不断练习。这意味着孩子需要经常与同龄人接触，自然而然地接触，不需要事先安排。游戏是最好的练习。自由玩耍中，孩子们有无数的机会与其他孩子"碰撞",并体验由此带来的冲突。孩子练习得越多——什么时候该为自己说话、该说什么、如何鼓起勇气维护自己的权益——她在社交网中就会更加自如。

试试这个——加进你的工具箱

这部分是指导孩子调解冲突的具体方法。第一部分是冲突调解的十个步骤,包括每一步的总结指导。第二部分是关于调解中所使用的策略,包括调解两三岁孩子冲突的技巧和当你看到一场冲突却不知缘由的时候该怎么做。

第一部分:帮助孩子调解冲突的十个步骤

1. 帮助孩子停下来

首先,帮孩子们停止他们不喜欢的行为。与其把孩子从冲突中解救出来,不如询问一下缘由,并把你看到的情况说出来。这能帮助孩子培养社交意识并学习理解肢体语言。

指出你看到的:"我看到你把手举了起来,你是想让他把球扔过来吗?""我听到萨拉尖叫并说'停下!'"或者,"我听到你说'别这样!'你想怎么样?"

询问孩子:"她这样做,你高兴吗?""你想要他用水泼你吗?""你喜欢他推翻你的积木吗?"或者,"你想被他推倒吗?"

继续问这些问题。或许这里面根本没什么冲突(我喜欢被推——因为我们在玩推人游戏),但要用这些问题让孩子们知道他们有权利设立限制,停止他们不喜欢的行为。"你喜欢她做的事情吗?不?那好,告诉她!"这让孩子知道她们有选择权。

2. 把孩子召集到一起

一些孩子会逃避矛盾,一些孩子会寻求成人的帮助。发生冲突后,把孩子们召集到一起。孩子们需要凑在一起把他们的问题弄清楚。把孩子们领到发生冲突的场所。你可以把一只手放在她的肩膀上，表示对她的安慰。与孩子的身体接触会使处在矛盾中的孩子感到安心，这让他们两个都意识到你关心他们。当你在听另一个孩子说话时，搂住另一个正在等待的孩子，这特别有用。他会想："我的话并没有被忽略，会轮到我说话的。"

3. 情感认同

同理心非常关键。如果孩子认为你真的理解他们的感受，他们就会聚在一起把问题说明白。你需要把双方的感受都说出来，"他拿走你的铲子时，你肯定非常生气。但是约翰，他对你吼叫的时候，你看起来很害怕。你是这种感觉吗？"让孩子知道你理解他们，"有时，别人拿走我的东西，我也会特别生气。而且我不喜欢有人对我吼叫。说话声音太大让人害怕。"在冲突中的孩子需要相信你真的支持他。另外，孩子们也可能会拒不开口不参与问题的解决。在这种情况下同理心可以帮助你建立他们对你的信任。

4. 告诉该告诉的人，直接面对问题

"我告诉你！妈妈，丹尼推了我！妈妈！"

"告状"的问题所在就是孩子们通常找错了人。妈妈可以帮忙，但是真正需要聆听的是另一个卷入冲突中的孩子。

除了去找妈妈爸爸或者老师帮忙，孩子可以学会直接找挑事的孩子理论。告状就变成了"告诉对方我不喜欢的事情"而不是"我告诉你！"当一个孩子跑过来告诉你，"丹尼推了我，"你可以这样回应，"你需要去告诉丹尼。"然后帮助她这么做。

教孩子说出准确的词语非常重要。"告诉他：'你打我的时候我很不高兴。'"对更大一点或者经验更加丰富的孩子，你也许仅仅需要提醒一下就可以："告诉他。"

六岁以下的孩子通常需要你在现场指导他们，帮助他们去面对其他的孩子。如果是两个互不相识的孩子在操场上玩，你要介绍他们认识。例如，诺亚跑来寻求帮助，用手指着另外一个孩子。

诺亚：他撞我！

成人：你好像不喜欢这样。你需要告诉他。

成人陪着他一起去找泰勒。

成人：这是诺亚。他有些不开心。诺亚你能告诉他你在担心什么吗？

诺亚：不要撞我。

成人：他不想你撞他。你能告诉他你不会这么做了吗？

泰勒：好的。

5.倾听同伴的话

当一个孩子设立了限制，但其他孩子根本不理会，这该怎么办？倾听是最基本的概念。孩子们还不习惯听其他的孩子说话，因为通常都是大人制定规矩，所以当一个孩子设立限制时，其他孩子很自然会忽略他的话。想要调节孩子间的矛盾，他们之间的交流很重要。成年人的任务是引导他们进行交流，帮助他们倾听彼此的感受。支持你的小调解员，重复他的话，不断验证孩子说的话。如果你孩子的声音小，你就要大些声音。

6.确定问题

两三岁的孩子特别需要你帮助他们去说出问题所在。例如，小孩子也许只会大叫："不！不！不！"这是一个名叫杰布的男孩子的例子。他为他的玩具汽车精心制作了一个道路系统，但是他不想让斯佳丽去碰它。他喊道："不！不！不！走开！"帮助像杰布一样的孩子去说出他的问题。你可以说："你是在担心你的汽车吗？你不想让斯佳丽碰你的车吗？那就告诉她：'不要碰我的车！'"帮助孩子如何明确地表达他设定的规矩。

7.强 调

孩子要做的是毫无保留地说出自己的愿望和想法。你需要做的是引导和强调她的话语。在必要的时候进行重复和干预可以帮助孩子们学会倾听。

重复是一个很有效的教导方法。在一些情况下，大人就是个复读机——大声重复孩子的话，让冲突双方的孩子都能够听见。如果一个孩子小声地嘟囔出一个答案，大人就要大声地重复："她说：'不要碰我！'"你可能需要充当一个发言人，替两边的孩子说话："我听见吉米说……""蕾切尔说她不喜欢脸上有沙子。"如果你给他们做个示范，教他们如何来解决问题，孩子们很快就会知道该怎么做。可以换个方式来表达孩子的想法，但是要把孩子的意思表达出来。

有时候，光重复是不够的，你需要干预。有些时候孩子们不会停下（或者无法让自己停下）。有时候，孩子们不理解。让你的孩子知道，他们可以随时找你帮助他们把事情理顺。一个晴朗的早上，做完礼拜之后，孩子们在外面荡秋千。六岁的爱默生开始向我六岁的儿子迈尔斯扔木头碎片。迈尔斯起初咯咯地笑。之后他大喊："停！不要再向我扔木头碎片了！"爱默生仍认为这只是个游戏，继续把木头碎片扔向他。迈尔斯开始哭了起来。

"你需要帮助吗？"我问他。"你明确地说你不想这样，而他却没有停下来，是吗？"迈尔斯说是的，之后我转向爱默生。

"爱默生，我听到了迈尔斯说'不要再扔木头碎片了'。你需要听迈尔斯的话。当一个人说停下来的时候，你就应该停下来。"

这个方法的关键是聆听，而不是坚持规则。要让孩子学会倾听另一个孩子所设立的限制。大人干预的目的就是强化这个孩子所设立的限制——必要时要出面制止一个孩子的行为。

8. 解决问题

一旦两个孩子同时明白问题是什么以及他们的感受，这就到了解决问题的时候。"你们要怎样解决这个问题？"如果他们说不出来，可以给他们出出主意或者提供信息。"我知道有些孩子有时会列一个排队等候单。你们要尝试一下吗？"

9. 获得承诺

不要跳过这步。让孩子给出一个口头承诺。例如,"吉米说,'不要向我扔沙子!'你会停下来吗?"如果一个孩子答应他会这么做或者点头认可,那么他可能会比不说话(甚至说不)的孩子能更好地遵守承诺。你也可以用一个手写的约定让他们做出承诺。除非你得到一个肯定的答复,不然这个矛盾仍然没有解决。

关于口头承诺,书面承诺,以及如何对待那些拒绝遵守承诺的孩子,详见本章后面"冲突调解的策略"这一部分。

10. 实践解决方案

孩子们大都会遵守他们自己的承诺。所以,即使他们的解决方案不太合乎情理,下一步也要把他们的承诺付诸行动。告诉孩子们,"我们来尝试一下你们的想法,看是否有效。"如果结果不理想,你可以尝试再次解决问题。"呃……这个办法不是很理想。我们现在再尝试一个新想法。比如……"

调解冲突的十个步骤

1. 帮助孩子停下来

说出你看到了什么,对孩子们的语言和肢体语言进行解读。("我看见你举起双手,你想让他把球扔过来,是吗?")问一些问题。("他把你的球拿走的话,你愿意吗?")

2. 把孩子召集到一起

孩子们之间距离要足够近,这样他们就能看到对方,也能听到对方说的话。把离开的孩子带回来("你应该听听丹尼的说法。")。蹲下来,和孩子们平视,抚摸孩子们,听他们说的话,看着他们的眼睛。鼓励每一个孩子说出自己的感受。

3. 情感认同

要理解孩子们的心情。让孩子们知道你了解每个人的感受。("他弄坏了你的城堡,你很生气。")指出孩子们现在的心情。("他抢了你的玩具,你是不是特别生气?")要从事实出发。("你不喜欢这样。你想玩这个。")

4. 告诉该告诉的人,直接面对问题

让孩子们面对面,直接交流自己的感受。("告诉她/他。")给孩子们一句具体的话做例子。("告诉她:'我讨厌你打我!'")在孩子们说话的时候,家长要和他们待在一起。

5. 倾听同伴说的话

要管住孩子们,让他们知道他们必须认真听别人说话。在这个过程中,家长应该引导并鼓励孩子们。

6. 明确问题

要帮助孩子们弄清楚具体的限制。("我听见你说'停下!'亚历山大做了什么事,你为什么希望他停下?")指出孩子不喜欢的行为,并重复孩子说的话。("本尼说他讨厌你推他。")

7. 强调

重复孩子说的话,不断重申,使其得到重视。如果有必要的话,要进行干预,让他们停下来或者让他们认真听。

8. 解决问题

问孩子:你们应该怎么做来解决问题?给出一些提示。("我知道,玩水的话你身上会弄湿。")提出一些想法。("我知道,有些孩子们会列一个排队等候单,你们要不要试试看?")

帮孩子们设立限制,并要求其他孩子也遵守这种限制。("杰西卡说,如果你不弄坏轨道,你就可以玩玩具卡车。")

9. 让孩子们做出承诺

要求孩子做出口头承诺。("你不再这么做了,是不是?")或者写一份书面保证。

10. 实践解决方案

先试试孩子们的解决方法。如果方法行不通,可以再来一次,尝试新方法。

第二部分:调解冲突的策略

书面协议

一个孩子如果想对同伴的行为加以限制,可以让他口述一封信,由家长记录下来。这是四岁的利亚姆写的一封信,在信中,他明确说出他不喜欢的行为,同时也做出了一些承诺。因此,他的信成为一种安全有效的协议。

> 亲爱的马克斯:
>
> 不要说我笨,也不要说我傻。
>
> 不要说"我要杀了你"。
>
> 我不会推你,也不会伤害你。
>
> 利亚姆

即使马克斯和利亚姆不识字,也没有成为朋友,这封信也仍然是有效的。信中对具体行为进行了详细的规定,使两个男孩都得到了安全感。

口头限制

口头上的限制也同样有用。为了让这种限制发挥作用,就要确保孩子们都同意限制的内容,否则冲突就不算是得到解决。一个简单的点头动作就可以了。三岁的杰西卡正在玩玩具小火车,布莱恩走了过来,因

> 让孩子做主。帮助他们互相倾听对方的话,让他们自己对同伴的行为设立限制。

为他也喜欢这个小火车,但是他把小火车的轨道弄坏了。在大人的帮助下,杰西卡对布莱恩的行为设立了限制,清楚地告诉他如果他想和自己一起玩小火车他需要做的事:"只要不弄坏轨道,你就可以玩小火车。""好的。"布莱恩答道。

制定这样的协定需要孩子们学会互相倾听。每个孩子都有机会说出他们不喜欢的行为以及他们的感受。对一些孩子来说,认真听另一个孩子说话是一个基本的要求。

这些社交共识达成的关键就是让孩子自己做主。这是三岁孩子对另一个三岁孩子设立限制,就像上面马克斯和利亚姆之间的约定一样。如果孩子学会如何对同龄人的行为进行限制,即使大人们不在身边,发生矛盾的时候他们也会很好地维护自己的权益。

帮助两三岁的孩子调解冲突

肢体语言对于很小的孩子来说是很有效的。在一开始就要显得气场强大。训练孩子这样做,"把你的手这样伸出来,然后大声地说,'停!'"

替那些不说话或者不会说话的孩子表达他们的想法。确保对话是孩子间的。(例如:"蕾切尔说,'别拿我的积木!'")小孩子们会很快明白你的意思并且开始模仿你。这时候不要害怕,尽管放手让他们去模仿,去实践,他们越早开始学习,化解矛盾便会越早成为他们的第二天性。这是一个让他们终身受益的技能。

当孩子拒绝的时候

孩子们并不总是做那些我们想让他们做的事,在矛盾调解这方面也是如此。有时候,即使你告诉一个孩子该怎么做,他依然会拒绝配合或者不同意停止问题行为。这个时候家长首先要努力让冲突双方的孩子进行调解。之后,你可能要与不配合的一方进行一对一的交流。

当你问道:"你可以别扔沙子了吗?"得到的回答是"不行!"或

是沉默，你就知道你还有很多的事要做。坚持把这件事情说清楚。首先要强调"当吉米说停的时候你就要停下来"，接下来要采取行动："我要把你带到别处玩，我认为现在让你停下来太难了。"

有时孩子需要离开现场，有时孩子则需要更多的时间和你待在一起。回过头来关注一下他的情绪，例如"你看起来很生气"。她此时的内心还仍然有些失落并且需要更多的时间和耐心来平复自己的情绪。在这场冲突中，你的角色要发生转变，帮助那个孩子表达出她内心更多的情绪（画一幅表达愤怒的画，快跑一会儿，更多信息请参考**法则5：让孩子去打、去踢**，你会找到更多方法来解决当前问题的）。但是，首先要顾及她的情绪和感受，当她状态有所好转并且已经准备好的时候再去解决问题。

当你不知道发生了什么的时候

你走进房间，然后看到两个孩子为了一个玩具而尖叫的时候，你会想是谁先拿到的玩具？怎样做才算公平？到底发生了什么？

这种情况通常会让我们感到头痛，因为我们想做一个公正的裁决者。但是同龄人之间的自我调解会帮我们避免这样一个角色。既然没有看到冲突是怎样发生的？那就从你看到的开始："看起来你们俩都想要这个玩具，"或者，"哇哦，你们看起来有点不高兴！"

你不一定要做一个目击者，把事情都搞明白，有时候没看见比看见了还要容易一些，这样就不得不靠孩子们自己来解决他们的问题。放轻松并且使用矛盾化解的基本步骤，说出你的观点，向他们提出问题，不要担心你不知道的那些事，抓住那些你知道的事。明确现在的状况，专注于孩子的情绪并且帮助孩子理清问题。

两个孩子尖叫着并且拉扯着沙盒里的同一件玩具。一个成年人出现了。

成人：发生了什么？你们看起来很不开心。你们两个好像都想要这个铲子。（陈述你看到的情况。）

加文：我先拿到的！

莱吉：我一直在玩这个！这个是我的！

成人：你们听起来很生气，你们都认为是自己先拿到的（抓住你知道的事），你们两个现在都想玩这个铲子。

记住，即使你目睹了冲突的开端，你也不总能了解到孩子的想法。所以，有没有见到冲突的开端并不重要。让孩子积极参与问题的解决。跟孩子一起把事情的前因后果拼在一起，并回顾孩子所说的话。"听起来像是你在挖什么东西然后去了厕所。"或是，"问题在于盖文想挖东西，所以他拿了你的铁铲。"抑或，"你需要挖个大洞，但盖文担心你的挖掘会破坏他搭好的路。咱们该怎么办呢？"重复你听到的话表明你在倾听他们的话，并帮助他们把冲突转向问题的解决。

你不是侦探，你甚至不需要知道到底发生了什么。你需要做的就是认同他们的感受，帮助他们倾听彼此的话，然后制定出一个计划。

保持中立

有时冲突发生时，一方的孩子却完全没有意识到这个问题。当你帮助孩子发现问题时应当保持中立。即使一个孩子是"过错"方，也要帮他保住面子让他更愿意配合解决问题。

威尔和阿吉在相互推搡。

成人：怎么了？

阿吉：他弄疼了我的手！

成人：你知道自己的动作弄疼了他的手吗？

（提供一些中立的信息）

威尔：不知道。

成人：阿吉，你可以和他说："小心别弄疼我！"

作为家长应尽力保持中立，不要一味责怪自己的孩子，或者不自主地偏袒年幼的一方。当你做到中立时，甚至在情绪上，孩子也会学到更多。我们当中大部分人都有斥责年长孩子的趋向（年幼的弟弟妹妹更擅长利用这一点！），或是不公正地批评自己的孩子，很多人都容易这样做。我们感到难堪，我们没有公正地对待自己孩子的行为，过于在意其他家长对我们行为的评断。记住，所有孩子都有自己的情绪，一个巴掌拍不响。

试试这么说

帮助孩子们停止问题行为

停下！发生了什么？

你喜欢她这么做吗？

你想让波比推你吗？告诉他，让他停下来。

像这样伸出手。大声说"停！"

把孩子叫到一起，告诉该告诉的人

你需要和丹尼谈一谈，不是我。

我不确定瑞秋是否知道这件事，咱们来告诉她。

大声告诉她。声音大到她可以听见。

告诉她你不喜欢什么。

瑞秋有些话想跟你说。

丹，过来，你来听听瑞秋的话。

你可以说出来吗，或者需要我的帮助吗？

我们解决这个问题的时候，我来拿这个球。

明确问题，认同感受

我听见你说："停。"你想让他停止做什么事情？

我听见你说："不要。"什么事情让你不喜欢？

你不喜欢那样。这样让你感到十分恼火。你希望现在就能有一辆玩具火车。

倾听同伴与强调

我听见到塞姆说"不要再扔木头碎片了"。你需要听塞姆所说的话。

当别人说"停"时，你必须要停下。

他不听人说话。这时可以说:"我需要帮助!"你可以随时找大人帮忙。

杰西卡,蕾切尔不喜欢被人推。她说不要推她。

得到一个承诺

好吧,这是你的规则。如果你想玩玩具卡车,你就要遵守萨拉的规则。

你能做到吗?你会停下来吗?

他说:"停下来。"可是,我认为对你来说,停下来很困难。我不得不把你带到一边。

当你没有亲眼看到发生了什么的时候

我听见两个孩子在大叫。发生了什么?

看起来你们两个人都想得到这个玩具。

你听起来十分生气。你们都觉得自己先拿到的玩具。

你们都希望现在就能玩这个玩具。

避免说的话

好的,你们两个。别在一起玩了。

我不管是谁先开始的。但是你们两个现在都有麻烦了。

他比你小,把球让给他。

如果你们不能好好玩的话,一会儿我就会把球拿走。

我不想听。

家庭之外

在教孩子如何面对冲突和说出自己的感受的过程中,你可能会遇到一些文化冲突。孩子们常常喜欢分享他们的感受,也喜欢解决争端。可有些家长可能会感觉到不太舒服,但是你又无法改变它。试着解释一下你的目的:"我们正在与特丽莎一起来解决孩子们之间的问题。你是否介意我们让孩子自己解决他们在玩沙盒时遇到的问题呢?"

如果你在公共场合使用这个方法,你要做好准备,你可能会遇到不同的反应。一天早晨,在体育馆的儿童活动时间,一个男孩推了我的儿子一下，想要抢他的小自行车，但那个男孩一看见我来了，他就跑了。我的儿子迈尔斯当时才三岁。我问迈尔斯："你愿意那个男孩推你吗？"他说："不愿意！"他看起来很生气，但是也有点害怕。"那我们过去告诉他你的想法，并且告诉他以后不能再推你了。"我说道。于是，我们找到了那个男孩，那时他正站在他妈妈的腿前。在打过招呼之后，我让迈尔斯开始说他想说的。我对男孩的妈妈说："迈尔斯有些话想跟你儿子说。"然后，迈尔斯便告诉男孩，他不喜欢被人推。听完迈尔斯的话，那个男孩的妈妈惊讶地沉默了一下。然后她抓住他的孩子，把他拉走了。"我知道我们不受欢迎，但是我们也不需要忍受这个，过来儿子，我们走。"她说。

有时，这个方法会特别管用，即使孩子们从来没有试过，他们也会喜欢上这种方法。一天下午，在操场上，一个女孩向卡伦告她儿子的状。她说："你应该让他停下。他拿着一个大棍子不让我们往上爬。""听起来你似乎认为这样不好，"卡伦说，"那就让我们去告诉他吧。"她们一起走到那里，卡伦开始帮助他们调解。"蕾拉有一些担心的事情想告诉你。"蕾拉将事情说了出来，卡伦的儿子一直在听。在这场对话中，两个孩子都获得了一些化解冲突的经验。

第二部分

失控的情绪

勇往直前是解决问题最好的办法。

——罗伯特·弗罗斯特

法则 4 理解情绪，控制行为

年仅四岁的本杰明对他妈妈感到非常不满，因为他不想去上幼儿园。刚到幼儿园，他就把饭盒甩到了妈妈的身上。他妈妈很尴尬，但是并没有制止他。老师看见却跳了起来。

"嘿"，她使劲儿喊了一声，不亚于本杰明扔饭盒的那股劲，"不能打人。你可以生气，但不能打人，也不能打妈妈。"

"叛逆"的原因

感到愤怒、难过或者害怕都是正常的。当这些情绪出现的时候，教会孩子该怎么做，不该怎么做。

经常有父母说："我只想让我的孩子快乐。"但是，真正的快乐并不是一直处于快乐之中，而是可以应对人类的各种情感。你可以培养孩子的这种能力。

我上幼儿园的时候，大家经常盘腿坐在地毯上唱歌："如果感到快乐你就拍拍手。"现在，我们在家里也唱这首歌。当我们唱到，"如果感到生气你就踩踩脚，"我四岁的儿子就在地板上猛踩几下。

如果你不知道歌词，下面这个是最流行的版本：

如果感到快乐，你就拍拍手（重复）
如果感到快乐，你就笑一笑
如果感到快乐，你就拍拍手。

这首经典的儿歌在教育孩子处理情绪问题上很有效果，可以给孩子很有价值的参考。但是要注意——歌词的变化取决于是谁在唱这首歌。我上幼儿园的时候，如果歌词是关于伤心的部分，我们都大声地哭泣（"如果感到伤心，你就哭一哭。"）。而且我们还根据自己心情编出各种歌词来表达自己的情绪（害怕、兴奋、孤独）。很多现在的版本都在不停地重复"快乐—快乐—快乐"，就好像唱这首歌的目的是为了让整个世界保持微笑一样。

事实上，我们并非总是处于快乐的状态。作为父母，我们很清楚，小孩子也不是一直快乐的。他们一会儿因为高兴的事欢呼雀跃，不一会就会因为愤怒、挫折和恐惧而勃然大怒。

孩子的情绪来势迅猛，很容易让人受不了。所以我们经常把一些不好的、不希望看到的情绪掩盖起来。我们告诉孩子："没有什么好哭的，做个大男孩。"或者我们说："那样不好，你不应该有那样的感觉。"然而，我们要学会接受那些负面的情绪，尤其是当这些情绪是针对你的时候，这也是为人父母的一部分。

有的孩子容易发脾气，有的爱哭，有的黏人，有的容易烦躁。我们需要接受这些情绪，但对于那些大家都不喜欢、让人恼火的行为，我们不需要忍受。即使是那些快乐的孩子，有时候也需要对他们的行为加以限制。

"叛逆"的收获

接受孩子的各种情绪，并教给他们如何应对这些情绪。这会让他受益终生。

我没有必要隐藏自己的真实情绪。

我不需要一直快乐。我的家人也会仍然爱我。

拥有各种各样的情绪不是坏事。

情绪会轻轻地来，悄悄地去。

人们会倾听我的话。我的情绪和想法是重要的。

我知道在不伤害人和东西的情况下表达自己的情绪。

为何有效？

海姆·吉诺特说过："鱼儿游泳，鸟儿飞翔，人类感知。"吉诺特，一位儿童心理学家，他的畅销书《孩子，把你的手给我》已成为早期教育的经典之作。这本书指导了几代父母来接受孩子的感受，特别是难以承受的负面感受。"如果想让一个孩子诚实地长大，"吉诺特写道，"就不该鼓励他隐瞒自己真实的感受，无论这些感受是积极的、消极的、还是自相矛盾的。"

对于年幼的孩子，感受便是他们的一切。一个孩子扔着积木，喊叫着，感到很生气，但同时他也很有可能感到害怕，有一种失控感，感觉自己被误解。孩子被强烈的愤怒所包围，并且不知如何应对。那该是我们要做的工作。作为父母和养育者，我们需要教会孩子掌握一些技巧来应对这些情绪。在学龄前的时光里，孩子们通过简单的辨别、接受和情绪表达，就可渐渐学会如何处理强烈的情绪。

情绪和行为往往交织在一起，但是处理的时候要把它们分开。就像吉诺特说的，大多数的规则既包含了对情绪的要求，又包含了对行为的要求，这就是问题所在。其实我们需要区别对待情绪和行为问题。对于孩子的情绪，我们要给予认可，并要让他们清晰地表达出来；而他们的行为则需要被限制、被引导。大人的任务是帮助孩子找到一个适当的方式来表达他们的内心感受。扔积木的两岁小孩需要大人们来制止他的行为，但是他仍然需要表达他的感受。

摘下成人的有色眼镜

孩子的情绪可能会使我们感到失控。把注意力集中在你能控制的部分：孩子的行为。制止他们不恰当的行为，但允许孩子有自己的情绪和感受。承认他们的感受，比如，气愤或是悲伤，这样做不会使事情更糟。那些不好的情绪不会因为我们的期望而消失；我们可以培养孩子某种睡眠模式，但是却不能控制他们的感受。

没有人喜欢惊吓，或是不开心，或是孤独、尴尬、气愤或受打击。但是，去除这些感受最好的方法之一就是把它们表达出来。

对于我们自己和孩子的负面感受，我们经常试图否定它们或是对其轻描淡写。"噢，这一点都不疼。没有什么好哭的！"或，"不要那样和我讲话。"或，"你不会是真的那样感觉的。"有时候我们就是想要让所有不好的感觉消失一空，让一切立刻都好起来。或者我们否认孩子的感受，因为这些感受让我们感到痛苦。多萝西·布里格斯和塞尔玛·弗雷伯格等心理学家认为这些方法会对孩子造成伤害。布里格斯和弗雷伯格坚决支持孩子感受的权利。

如果我们告诉孩子只能表现出愉快的感受，那我们就否定了他们人性中的另外一部分——这会使他们的内心充满困惑。被压抑的情绪不会消逝，它们只会被隐藏起来。这些被压抑的情绪会成为学校学习的障碍，并破坏我们一生的社交关系。

精神病学家斯坦利·格林斯潘把情绪称作"心灵的建筑师"。他的研究表明，情绪对于孩子正在发育的大脑至关重要。随着孩子历经各种感受，他们也在构建未来学习所需要的神经系统。

让我们为孩子好的情绪习惯打好基础。孩子所经历的每一种情绪都是一种机遇，我们可以教会他们如何应对生命中丰富的情绪内涵。

情商浮现

孩子的情绪可能会突然爆发，但是他们处理和理解人类情绪的能力才刚刚起步。一个三岁的孩子可能不知道，他所感受到的愤怒和恐惧是会消失的。对于家长和孩子来说，要记住——情绪永远都是在变化中的，但是，在情绪爆发的那一刻，它们又是强烈而真实的。

孩子们的"情商"也在不断发展之中。丹尼尔·戈尔曼的著作《情商：为什么情商比智商更重要》让这个术语广为人知。小孩子不知道将他吞噬的情绪是否有个名字，其他人是否也有过这样的感受。孩子经常不能读懂别人的情绪。"哦——她很难过吗？我不清楚。"更为关键的是，孩子不明白，面对这些感受，他们该如何去做，而且他们不能很好地控制自己的身体。学龄前儿童缺乏对于冲动的有效控制。孩子可能会冲着别人大喊大叫，而且，如果没有大人的帮助，他们无法停止对别人的身体伤害。

攻击、愤怒以及隐藏的情绪

当孩子感到焦虑或害怕时，他们常常会做出一些有攻击性的行为。当孩子感到焦虑时，他可能会打人、推人或踢人。这是一种很普遍的反应。出现这种状况，大人应该试着处理孩子的害怕情绪，而不是急于探究"是谁先动手打人的"。这儿有一个例子，两个三岁的孩子因为一辆消防车打了起来。齐克手中拿一个消防车玩具，山姆走了过来，齐克开始尖叫并开始推开山姆。

大人：齐克，我听见你在大喊大叫。你是不是担心山姆会抢走你的玩具车啊？（找到孩子害怕的点）

齐克点了点头。

大人：山姆，你是要拿走齐克的车子吗？（寻找信息）

山姆：不是的。

大人：我听山姆说他不会拿走你的消防车。（强化信息）

大人要学会透过孩子的行为举止来发现孩子的情绪。假如开始的时候比较难做到，先试着观察游乐场上别人家孩子的行为。有时候看出别人家孩子的情绪反而比较简单。如果你观察到愤怒和攻击性的行为时，停下来想一想，孩子做出这些行为是不是因为他们感到害怕、担心、尴尬、挫败或是其他一些隐藏的情绪。问孩子一些问题来了解他们行为背后的情绪。"你是不是担心山姆会伤害你？""你是不是在担心什么事情？""你感到失望，是因为你觉得＿＿＿会不一样吗？""有什么东西让你害怕了吗？"

试试这个——*加进你的工具箱*

学习情绪管理并不是一件简单到能够速成的事情。许多成年人可能从来也没能学会如何管理自己的情绪。然而，不断练习就能提高这方面的技巧。你的孩子受到的训练越多，他就会更好地表达自己的情绪，控制好自己的行为。

定义情绪

"你觉得很伤心，你想妈妈了。"

"你很生气，你现在真的很想出去玩。"

"瞧，乔伊看起来很害怕。我觉得他不喜欢你的面具。"

第一步，描述出在孩子脸上看到的情绪。说出你看到的情绪。一旦你定义了孩子的情绪，她就能意识到她当前的情绪状态。"噢，这就是生气时的感觉啊。"认识情绪同样能够让孩子明白，别人也会有这样的情绪。生气、伤心、高兴和害怕都是生活的一部分。

孩子还需要知道一些情绪词汇。虽然孩子学习语言的速度非常快，但是对很多孩子来说，用语言来表达自己的情绪依然还是很困难。当情绪强烈而迅猛地充斥着大脑时，本来表达能力就有限的孩子更感觉难以说出自己的情绪状态。孩子需要一些词汇来表达自己的感受。三岁及以下的孩子只需要一些基本的词汇就够了（如，生气、伤心和高兴）。四岁左右的孩子就已经具备了学习更加精细的情绪语言的能力，可以说出各种不同的情绪名称，如嫉妒、失望、挫折，等等。

然而，不要急于给孩子的情绪贴标签，面对孩子的情绪，不能仅仅说"你就是觉得累了"。当然，孩子有可能真的只是累了，但这样也有可能会忽略孩子真实的感受。疲倦时，人们处理事情的能力自然会有所下降，但内心的感受依然是真实的。如果你应付不了当时的情况，或者你需要更多的时间来处理，可以先问问孩子的感受。"你生西妮的气了吗，她做了什么事情让你如此生气？"或者只是简单地问孩子："你现在觉得怎么样了？"

限制行为

孩子可以有自己的情绪，但同时他们也需要受到限制，清楚地知道哪些事情可以做，哪些事情不可做。打妈妈和弟弟是不可以的，摔碎厨房的灯也是不对的，给别人起外号是对别人的一种伤害。孩子的行为会伤害到人或物吗？如果是，大人就要介入并且阻止孩子的不当行为。

宣泄体能

大多数情况下孩子能很安静地坐着。当强烈的情绪来袭时，大人应做好心理准备，来应对孩子的某些行为。奔跑、推打、拳打脚踢这类剧烈的身体活动能够让孩子的情绪得到宣泄。不要让情绪累积，而是要将其转化成安全的方式输出。你可以将孩子充沛的体能转化成其他适宜的方式宣泄出来。更多信息请参考**法则 5：让孩子去打、去踢**。

寻找代替方法

我儿子五岁的时候曾经画过一幅画，画的是毒橄榄。我特别喜欢那张画。因为这表明我儿子在情绪处理技能上有了巨大的进步。当时我们正在准备晚饭——他最爱吃的墨西哥煎玉米卷——但是迈尔斯等不及了，他生气了。几分钟之前，他已经又喊又叫又跺脚了，因为晚饭还没有准备好。之后，他主动回到了自己的房间，开始拿记号笔画起画来。当他把那幅画递给我的时候，我们俩都笑了。"我画完这幅画之后，就不再生气了，"他说道。

孩子们可以通过写、画、打或跑来发泄自己的情绪。对于孩子们来说，重要的是找到一个安全的方法来疏导内在的情绪。如果你给孩子一些具体的选择，你会惊讶地发现，即使不用提示，他们也会自动地借助这些工具来发泄情绪。

"失控的情绪"这一部分给出的"叛逆法则"会教会你一些释放情绪的方法,请特别关注**法则 5:让孩子去打、去踢**和**法则 7:记录孩子的言行**。

根据孩子的脾气,快速确定他的心情。例如,五岁的斯黛拉,无论什么时候,当她妈妈试图帮她表达难过的情绪时,她就会陷入深深的恐惧。一些孩子可能会在地上打滚。帮助你的孩子迈出这一步——只要你确保自己已经知道并且接受他的情绪。

情绪处理的步骤

1. 识别并定义情绪

帮助孩子弄清他们的情绪。"你生气了。"帮助孩子读懂面部表情以及其他的情绪识别线索。"你看乔伊的脸,他看上去很害怕。"

把你观察到的描述出来。"你把椅子推到了,还在跺脚。你看起来很生气!"问他一个问题。"你害怕萨姆会来伤害你或者拿走你的玩具卡车吗?"

2. 接受并重视

接受孩子的情绪。接受所有的情绪——包括负面情绪。孩子不用一直都开心。孩子悲伤的时候,就让他们悲伤,生气的时候,就让他们生气。所有人都会有这些情绪,即使是成年人。

强烈的情绪来得快,去得也快,情绪总是在很快的变化中。

3. 恰当地表达情绪

在情绪消散之前需要把它表达出来。你可以有强烈的情绪,但是你的行为得有所限制(比如,打人)。找到合适的方法来释放情绪:"你不能打尼特,但是你可以打这个盒子。"

帮助孩子自我调整,尝试新的方法来释放情绪。

试试这么说

承认和接受情绪

你真的对我很生气。

你想要更多的曲奇饼干,但是我说不可以。这让你很生气。

你太生气了,想要打人。

你的表情看起来很难过。你想妈妈了。当我想念某个人的时候也觉得很难过。

没关系。当你感觉难过的时候可以哭出来。

哇!那个拼图让你这么沮丧。

那就是你现在的感觉,但是我知道情绪是能改变的。

限制行为

你可以对我生气,但我不允许你打我。

你可以生气,但你不能打马森。

不能伤害别人。

即使你想你的妈妈,我也不能让你跑出大门。

你可以不高兴,但是你不可以踢打游戏机。你会弄坏它的。

感到_____没有问题,但是我不能让你_____。

被掩饰的情绪

你在害怕什么吗?

你在担心安东尼吗?

你之前是担心他会拿走你的玩具吗?

你之前是担心他会伤害你吗?

避免说的话

你没事——那一点也不疼。

别哭。

大哥哥/大姐姐是不哭的。

那不是你的真实感受。

我知道你不想这样。

来吧，笑一个。

家庭之外

当我某个孩子在哭的时候，经常会有陌生人上前想让他高兴起来。"哭不能解决任何问题。"或者他们会说，"事情没这么糟糕。像你这么大的大哥哥是不哭的。笑一笑，我看看。"

不是你遇到的每一个人都能很好地接受孩子的这些负面情绪。所以你可以告诉孩子她的情绪是正常的，不要担心别人说什么。别人只是好意，想帮忙。有时候一些新的面孔确实能够分散孩子的注意力，帮助她冷静下来。假如孩子的哭声或者某些行为影响了别人，就带着孩子离开那里。找一个地方让她完全释放自己的情绪。

当另一个人出现的时候，这个人可以是你的伴侣，或者是保姆，他们的某些话也能够帮助孩子冷静下来，比如："乔伊现在真的很难过。他很想念他的奶奶。我告诉他即便是大人，有时候也会这样难过。"这些话为孩子的情绪创造了一种安全、和谐的氛围。

法则 5　让孩子去打、去踢

打、踢和咬是可以接受的还是不能接受的行为？打人、踢人和咬人肯定都是不对的，但是有时候，孩子需要摔东西、击打、踢打和尖叫才能把他们的情感宣泄出来，这其中的关键就是得找到一个安全的释放方式。

"叛逆"的原因

对一些孩子来说，体力上的宣泄是让自己冷静下来的一个关键。如果一个生气的孩子需要通过击打来释放情绪的话，那就给他一个安全的东西来打。

打东西、摔橡皮泥、敲木块、踢球等所有的这些打和踢的行为都是可以的。打沙袋或者踢硬纸盒也行，还有一些孩子喜欢摔枕头来出气。沙发既柔软又方便，也很适合孩子发泄情绪。小孩子常用肢体动作来表达极端的情绪，所以，要给他们一些空间让火山一样的能量喷发出来。

四岁的杰克在生气的时候经常会咬人、吐

口水、踢人还有打人。幼儿园的老师曾经想尽一切办法来帮助他控制情绪。但对杰克来说，最管用的方法就是绕着学校院子里的那棵冷杉树跑上几圈。杰克绕着那棵树跑来跑去，心中的怒火也会逐渐熄灭。当他力气耗尽的时候，他也就冷静了下来。逐渐地，杰克学会了在怒气爆发之前主动绕着那棵树跑圈，他以此来控制自己怒气的爆发。

像杰克这样一个四岁的孩子就已经学会了人生中重要的一课。当他到了青春期和成年时，他就会知道他必须找其他的方式来表达自己的愤怒。

行为和怒气总是结伴而行，当一个孩子情绪异常激动时，不要试图让他们冷静下来，这是很不成熟的做法。像杰克这样的孩子，当他特别生气时，他不可能很好地思考，更无法进行一系列复杂的认知过程来解决冲突。首先，让孩子宣泄一下他突如其来的满腔能量。可以把孩子带到一个他既可以大喊大叫又可以任意踢打的地方，然后让他自己选择释放情绪的方法。牢记黄金叛逆法则：只要没有伤害到人或物就没问题。

给孩子一个机会，让他以一种非常强大的方式来利用自己的身体。体力的消耗和疲劳能帮助孩子释放情绪的负能量，让孩子重新冷静下来。一旦情绪爆发出来，孩子就可以开始解决问题了。

"叛逆"的收获

这些道理对任何一个小孩子来说都很重要：
打人是绝对不行的，包括打爸爸或妈妈。
我可以生气，但我不能伤害别人。
我知道怎样发泄强烈的情绪又不伤害任何人或物。
当我生气的时候，我会想砸东西，但肯定会有更好的方法解决问题。
即便我有时候会发火，但是我的父母会一直爱我。
父母会保护我，我能相信他们。
当我感到太生气而无法控制自己的情绪时，大人会帮助我。

为何有效

我儿子迈尔斯在四岁的时候经历过极易发怒的一个阶段。这个阶段持续了大约三个月。在这段时间，大大小小的事都能激怒他，然后他会立即拳打脚踢甚至咬人。我的反应也很快，"我不能让你打我。"我会一把抓住他的胳膊，告诉他，"不能打人。如果你必须打个什么东西，你可以打沙发。"

你也许会想，"如果我让他打沙发，岂不是会让他越发暴躁？我才不想把事情弄得更糟，我也不想鼓励暴力。"

> 小孩子通过肢体表达情绪。

你就把这当作是一种强烈情绪的宣泄吧。你的孩子也许需要在沙发上使劲折腾一会儿，但这是对他情绪和体力的宣泄。"激烈的身体行为是小孩子摆脱消极情绪一种很好的方法。"心理学家多萝西·布里格斯说。许多在工作中接触孩子的心理学家会在办公室里放拳击沙袋。作为成年人，我们也通过身体释放压力和怒火，比如，我们会走一走，去跑跑步或者打一场激烈的篮球比赛。在我们运动的过程中，压力也从我们的身体里释放了出来。

当然，成年人生气的时候，经常会用语言表达。但是小孩子还在学习如何运用语言。当怒火席卷而来，他们就用拳打脚踢的方式使之烟消云散。弗雷德·罗杰斯是《罗杰斯先生的邻居》一剧的创始人，他曾经说，孩子的那种表现是正常的。随着孩子慢慢长大，他会更好地克制自己的冲动（停止暴力的行为），并且会更有创意地表达愤怒的情绪，比如用一幅画、一个故事或一段对话来表现。但是现在，孩子们喜怒形于色，他们用肢体行为来表现自己的情绪。

摘下成年人的有色眼镜

一个有攻击行为的孩子生气到了极点是无法做到冷静思考的。你要停止孩子对别人的伤害行为，但并不一定非要制止他们的行为。你最终的目的是要调解冲突，但这需要假以时日。首先要留意孩子情绪的突然爆发。如果孩子需要打什么东西来宣泄情绪，引导他去打枕头、沙发或是其他合适的目标。这种替换目标的举动虽然简单，但是却会强化"不能打人"这个观念。在第一波情绪得到释放之后，孩子就会冷静下来，然后你就可以跟他沟通了。

拳打脚踢、打东西都能帮助孩子释放狂躁的情绪。但是需要选择合适的目标物。即使是在孩子大发脾气的时候，他们也必须在这个小小的年纪里知道什么能做什么不能做。

找个替代目标没有问题

制止孩子踢打可能会产生与预期相反的效果，因其负能量无处可去。多萝西·布里格斯说，与其抑制孩子强烈的击打欲，还不如让他找个替代目标击打一番。在小孩子的世界里，情绪就表现在身体上。

找个替代目标很有效。比起制止孩子想做的事情（如，用头撞、用脚踢、用拳打），这样重新引导孩子的行为也很容易。如果一个孩子用击打的方式来表达自己的情绪，那就随他去。他当时肯定是感觉需要通过击打来宣泄自己的情绪。这种方法在一定程度上是有所帮助的，因为孩子会感到，即使形势混乱，他也被重视、被理解。他"拳打脚踢"的需求得到了认可。他可以做自己想做的事而没有遭到反对。

重新引导孩子的拳打脚踢

1. 根据孩子情绪程度调整你的行为，引起她的注意，如，提高嗓音、动作迅速。

2. 制止不恰当的行为。可以抓住孩子的胳膊或者腿。

3. 重复一些简单的句子：

"我不能让你打我（米亚、小猫、台灯）。"

"你可以生气，但是你不能打米亚。"

"不能打人。"

> 4. 提供其他选择。"如果你想打什么东西的话,可以去打沙发。沙发不会感觉到疼。"
> 5. 当孩子平静下来,开始倾听,并解决问题。

心理学家海姆·吉诺特认为,替代目标对于设立有效的限制很关键。他说,限制有两个方面:一是什么行为是不可接受的,二是什么替代行为是可以接受的。当我们告诉孩子们"不要打你的兄弟"时,这只是给了孩子所需信息的一半。孩子也需要知道什么是合适的替代目标,例如一个枕头。而且,对于一个很生气的孩子来说,让他假装那个枕头是他的兄弟是完全可以接受的。用枕头替代他的兄弟可以强化他的意识,那就是不能打人。

给孩子提供一个拳打脚踢的空间并不是在教孩子使用暴力。用东西做替代品(你不可以打狗狗,但你可以打枕头)恰好能够强化这个信息——不能打有生命的人和物。

> 行动和愤怒如影随形。不要急于让正在生气的孩子冷静下来。

"那么做瑜伽如何?"一些父母问道,"深呼吸也是一种冷静方式。"

瑜伽以及其他让人冷静的方法都可以用于孩子,但是很多家长和老师总是犯一个错误,那就是他们总想让孩子很快冷静下来。但是,孩子冷静下来需要一段时间。最开始要让他们保持这种冲动的情绪,慢慢地,那些想要拳打脚踢的孩子会冷静下来。孩子最开始那股过激的情绪会消退。现在,孩子可以大哭、倾诉、做瑜伽、深呼吸或坐在你的膝盖上。

每个孩子的个性都不同。有些孩子会用语言进行攻击(如"我恨你!"),有些孩子会尖叫,而有些孩子会向你伸拳头。本章主要解决孩子冲动的肢体语言。在"法则6:'我恨你!'—并没有针对性"中,有更多关于愤怒言语的探讨。

不可以打父母

那天杰森正在发脾气,妈妈试图和他讲道理,但他根本不听,还是一直发脾气。当妈妈继续和他说话时,杰森开始打她。我正好在附近,看到了这一幕。我认识杰森和他的家人,我们的孩子在同一个幼儿园,所以,我觉得干预一下也不会让双方感到不舒服。当杰森打妈妈时,他妈妈看起来很尴尬,却并没有采取任何行动阻止他。

"嘿,杰森,不可以打妈妈。"我走到他旁边朝他喊道。

我的干预使他十分吃惊,他立刻停了下来。

"谢谢,"他的妈妈对我说,然后她沉默了一会儿,好像在思考什么,"你说得对,的确,不可以和妈妈动手,谢谢。"

作为父母,我们会很快阻止一个孩子朝他的弟弟妹妹动手,但常常忽视了我们自己。"不可以打人"的法则必须包括父母。我们给孩子的信息应该包括所有方面,不可以打人,不可以打动物,不可以破坏东西,不要对别人的身体或情感造成伤害。这个法则适用于所有人——包括孩子自己和他的父母。

当孩子打父母时,他们会感到非常内疚,虽然他们想停下来,但是他们可能会控制不住自己。这时候就需要你来出面,控制住他。孩子不应该打父母,父母应该设立安全限制:我不会让你伤害我。

不要害怕

发怒的孩子看起来很像一头凶猛的野兽,她的愤怒甚至会吓到你,但别被她唬住。因为这个孩子很可能感到恐惧并且有失控的感觉。正如多萝西·布里格斯提醒我们的那样,发怒只不过是孩子在强烈地传递一个信息:我已经失控了!我现在极其沮丧!

我清楚地记得自己小时候发怒的感受。还是个小女孩的时候,我的火气已经达到了一级。我歇斯底里地尖叫,大喊,在地上打滚,踢厨房的椅子。我火气这么大并不是为了要得到什么(比如一颗棒棒糖),而是因为我感到莫名的困惑和失控。这种让人难堪的状况一直持续了好几年,所以我清晰地记得当时自己内心的感受:我感觉自己完全被内心激荡的情绪所淹没。当我发怒的时候,最初的起因已不再重要,我就是希望有人上前来管管我,把我从自己的怒火中解救出来。

记住,你可以给孩子安全感和控制感。当孩子处于一种失控状态,对人拳打脚踢,或是情绪激烈时,面对这种状况,提醒自己,孩子们内心渴望受到限制。巴里·布雷泽尔顿是一位儿科医生,同时也是著名的儿童成长方面的作家,他说:"每当某个父母说:'你就是不能这么干,我要阻止你现在的行为'之时,孩子脸上居然会流露出一种解脱的表情,这的确让人觉得很有意思。"

有些孩子,你可能需要控制一下不让他们伤到你或者其他人。尽量让孩子别伤到自己、其他东西或其他人。当我的孩子无法停止打人的行为时,我曾经坐到他身上,压住他的胳膊——是的,我在公共场合这么做过,甚至在星期天早晨教堂的走廊里。其他时间,你也可以把张牙舞爪的孩子带到另外一个地方,让她在那儿发泄自己的情绪,这样也不会造成什么伤害。当她平静下来以后,再梳理她的恐惧和其他情绪。

我们做父母的职责就是安慰孩子。 正如吉诺特所说:"孩子们需要我们提供的信息是:你用不着害怕自己的一时冲动。我不会让你太过失控的,有我在,你很安全。"

试试这个——加进你的工具箱

给孩子留点活动空间。给孩子一个使劲活动筋骨的机会。身体的活动和劳累能够帮助他释放情绪的负能量,让孩子恢复冷静。

有很多安全的方法能调节学龄前儿童的攻击情绪,这些方法可以帮助他们释放身体的能量,大多数孩子都愿意接受这些方法,特别是那些格外活泼或那些更需要释放自己的情绪的少言寡语的孩子。一旦孩子们身体疲惫,他们就可能和人交谈,解决问题,或者至少能停止一开始极具破坏性的行为。

创造空间让孩子拳打脚踢

撕报纸(或大一点的纸张)是用来平息怒气的绝招。大人拿出来一张大纸（也可以拿胶带把纸贴在门口），招呼发怒的孩子来一招空手道把它劈开。撕报纸给孩子尽情释放的感觉，而且报纸裂开时发出的刺啦声与孩子的愤怒程度十分契合。另一种有效的击打动作是捶打黏土，或是摔橡皮泥。

如果孩子特别想扔东西的话，帮她做个靶子。让她把惹自己生气的东西画下来，然后鼓励她朝这个东西扔沙包。同时要在语言上进行强化："你生爸爸的气，但是，我不会让你打他。但你可以拿沙包砸这张图片，这样就不会伤害到他。"有一次我在迈尔斯身上试验了一把，靶子的中间是常用的公牛的眼睛，上面写着"把玩具捡起来"。当时，他很生气，不想把玩具捡起来。对着靶子发泄了一通之后，他就去帮忙收拾玩具了。

拿个假人试试

"幼儿学校"的教室中有一个"假人"，它大概一米二那么高，是一个人形状的布娃娃，它的作用就是被人击打。它没有清晰的眉目和衣着，有的只是修长的肢干，轻柔的身体与头部。假人已经帮助了一代又一代的孩子发泄他们失落的情绪。"我不会让你伤害米娅，"老师坚定地说，"但是你可以去打假人。你打它的时候它是不会疼的。"

有些成年人不愿意用虚拟替代物。但是这个方法还是很有效果的，可以让孩子们调整自己的冲动，不能伤害其他人，并强化了孩子的意识：在愤怒的时候可寻找合适的虚拟代替物。但是如果你觉得这个方法不合适，你可以继续打沙发。

表达愤怒的积极方式

踢打一些不会受伤的物品

空手道招式踢纸盒

打枕头

撕报纸（撕扯或者像空手道招式一样劈开报纸）

打沙发

> 打大的毛绒玩具或者假人
>
> 打沙袋
>
> 朝树扔泥巴
>
> 用沙包打靶子（靶子上画上让孩子们生气的原因）
>
> 用力喊叫
>
> 到外面去大喊
>
> 在浴室里大喊
>
> 绕着树跑 50 圈
>
> 对橡皮泥拳棒相加
>
> 捶打木头
>
> 推倒积木
>
> 在气垫上跳

做演示

如果周围还有别的孩子，一个孩子歇斯底里地撕报纸或者劈纸盒，这番声音和景象通常会吸引一群人来围观。这会有积极的影响。当很多孩子聚集围观的时候，他们可以共同学习如何管理自己的愤怒情绪。"丹尼现在很生气。我不会让他伤害别人。但是他可以对着这个盒子发泄怨气。"对于兄弟姐妹、邻居和同学来说，这是一个完美的例子，因为这些处于理性中的孩子可以从当下的情境中学到重要的一课：生气是可以的，但是你要有一个安全的发泄方式。

执行到底

宣泄愤怒只是第一步，不要止步于此。记住，身体行为可以缓解压力，但解决不了根本的问题。情绪宣泄之后要进入解决问题阶段（参见**法则 3：孩子需要冲突**）。

试试这么说

你很生气。

你可以生气，但是你不能打米娅。

不能打人（妈妈、哥哥、弟弟、小动物和台灯都不行）。

你可以生气，但是我不会让你伤害我。

我会紧握你的手直到你停下来。

我不会让你打我，但你可以去打沙发（包括纸箱、枕头还有树）。

把你生气的情绪发泄出来：打沙发去。沙发不会疼的。

避免说的话

冷静下来！

你不能这样做。

不要打了！

不许踢。

好女孩不打人。

家庭之外

就像其他叛逆技巧一样，这里的法则也可以帮助你在公共场合来教育孩子。走过去说："我不能让你打这辆车，但是如果你想打什么的话，你可以打这棵树。"不是所有人都喜欢这样的方式。一些人会担心你的孩子的暴力举动；一些人会为那棵树担忧。考虑到情绪宣泄所带来的喧哗和激烈程度，你或许可以带着孩子尽快远离其他人。

法则 6 "我恨你！"并没有针对性

"**你**太刻薄了！我希望你不是我妈妈。我讨厌你！"

像这样的话肯定会让你感到震惊。你的心可能会为之一震，想道："你怎么能说这种话呢？我为你做了这么多。我可爱的宝贝怎么了，这个小怪物是从哪儿来的？我爱你，我可是你妈妈——我生了你啊！"

深呼吸，然后坦然接受事实：这只是一个努力想要表达自己情绪的孩子在生气时说的话。这一刻会过去的。孩子确实是很生气，但并不是真的讨厌你。孩子的情绪总是变来变去。

"叛逆"的原因

孩子对你恶语相向只能说明他一时很难过。关注他的情绪。

我记得自己五岁的时候向我妈妈大喊"我讨厌你！"话一说出口就吓到了我自己。我那时知道这些话很伤人，内心也知道自己并不真的是这么想的。我爱我妈妈。但那时我就像一个失控的陀螺。我所知道的就是我很生气，我要说出我能想到的最重的话。可是说完这些话后，我内心感到无比孤独和脆弱，"妈妈会不再爱我了吗？"想到这儿，我的心都凉了，直到我听到妈妈安慰我的话："我知道你现在在生气。即使你对我发火我也是爱你的。"她并没有否定我的话（"不，你不讨厌我！你

不是那样想的！"）。如果她那样说的话，我肯定会更加恼怒。相反，她在我最需要她的时候给了我力量。

在孩子发脾气的时候保持平静。不要自寻烦恼去想他说的难听话。他只是一时情绪失控。记住，他现在需要你的帮助；他需要你。

"叛逆"的收获

孩子会把这些早期的经验带到她的成年生活中：

我能处理自己强烈的情绪。

我有选择。我知道什么能让我感觉更好。

有人倾听会对我有帮助。

我的想法很重要。我能帮助解决自己的问题。

父母理解我。虽然有时我说错话，但我的家人知道我仍是爱他们的。

当一切都很艰难的时候，父母是我的依靠。

为何有效？

"在这个家里不能说'讨厌'。"

这样的规定是行不通的。你可能希望禁止像"我讨厌你"这样的话，但实际上你无法阻止一个愤怒的孩子说这样的话。儿童心理学家海姆·吉诺特说过，"强烈的情绪无法被驱除而消失。"但是，只要倾听者对这些负面情绪表示同情时，这股情绪的势头就会减弱。相反，如果孩子的情绪得到大人的强烈回应，他们会更加频繁地说出难听的话。别把他们的那些喊叫当回事，而是要直奔掩藏在情绪之下的真实感受。

六岁的珍妮在她生气的时候向父母喊"我讨厌你！"她注意到了一件有趣的事。无论什么时候她对妈妈说这些令人难过的话，妈妈的反应都很大，认为那些刺耳的话是针对她的，并尽力阻止女儿这样说。"你不能那样说话。你不是那个意思，珍妮。你不能那样做。"当珍妮对爸爸说同样的话时，他只是平静地答道，"我知道你在生气，但这些话很重。说这些话会伤害别人。"珍妮不再对她爸爸说"我讨厌你",但却还是一直对她妈妈说这样的话。

摘下成人的有色眼镜

不要为了这些难听的话而感到伤心和烦恼。记住,说话人是一个注意力都集中在自己情绪上的小孩子。即使他对你发火,也不是针对你。事实上,这可能说明你是一个好家长,正在对他进行必要的限制。倾听他掩埋在心底的真实感受。他生气或难过很有可能只是需要有人来帮助他更好地表达这些情绪。

当孩子与情绪做斗争时,他们需要你的支持。《如何说孩子才会听,怎么听孩子才肯说》一书的作者阿黛尔·法伯和伊莱恩·玛兹丽施认为,有很多技巧可以帮助孩子表达自己的情绪,但大多数孩子需要的是别人对他们情绪的认同,而不是批评、否定或是建议。法伯和玛兹丽施认为,肢体活动(捣泥巴、捶枕头、打沙袋)和写写画画(比如绘画)对宣泄情绪很有帮助。当孩子分享自己的感受时,他们可以释放自己的情绪。如果听到"我恨你"使你很难过,那就告诉孩子这句话带给你的感受。法伯和玛兹丽施表示,重要的是你要保持冷静,然后对孩子说:"如果你对什么事情很生气,换种方式告诉我。或许我能帮助你。"

记住,"我恨你"听起来像是一句辱骂的话,但事实上这并不是针对某个人的。小孩就是这样,他们极度以自我为中心。

把最坏的情绪留给了家人

我五岁时的一次暴怒震惊了幼儿园的老师。放学时,妈妈来接我,她听说后对老师说:"噢,我认为这说明她在学校很放松。"

当小孩离开家时,他们会努力控制自己的情绪。许多孩子都试图控制自己的情绪和由此引发的冲动。但是把情绪压抑在心中是很困难的,对学龄前儿童更是如此。等他们回到家时,他们已经用尽了所有储存的能量，筋疲力尽。比如，四岁的吉莉安就把情绪都释放在了家中。只要她少了一张游戏卡片，她就会乱打乱叫。而在幼儿园里，这种事情则绝不会发生。像吉莉安这样的孩子更可能对她最爱的人大喊"我恨你！"因为她在家中很放松，而且她已经没有多余的能量来应对自己的情绪了。

试试这个——加进你的工具箱

我的亲身经历告诉我，一个正在嚎叫的孩子可能让人感到害怕，但是这只是一种假象。有了正确的方法，你就可以从容自信地应对这样的局面。

有些孩子爱大吼大叫，有的孩子爱乱踢、打闹。有的孩子会嘴上大喊："我恨你！"有的孩子会安静地缩在角落，而有的孩子则身体僵直，一动不动。你需要教给孩子更为有效的方法来应对自己的情绪。不管你的孩子是什么类型、什么脾气，总有方法能帮助他表达情绪、增强对冲动的控制力，并锻炼他解决问题的能力。将各种应对情绪问题的方法结合起来可以发挥最大的作用。在孩子情绪最强烈的时候，给她表达情绪的积极途径。等哪天她冷静下来，在读书或者玩游戏时继续强化这些观点。

在情绪最强烈之时

在孩子情绪最强烈时，最有效的应对方法通常是强烈的肢体动作（参见**法则 5：让孩子去打、去踢**）。记住，不要急于压制孩子通过肢体动作宣泄情感的最初欲望。不过，有些孩子更适合一个人安静地待着来表达自己的情绪。一旦孩子体力耗尽，他们就会去做一些更加安静的事情。

画出来

有些孩子喜欢将他们的感受画出来。你可以给他们一张纸并说："让我看看你有多生气。画在这张纸上给我看！"你也可以自己画一张画。帮你的孩子画出惹她生气的东西或她思念的人。把画挂在墙上。如果画里画的是一个令人生气的人或物，告诉她："你可以朝画上扔沙包。"

写出来

拿一些荧光笔或蜡笔。找一些纸。写一封信记录孩子此刻的感受，这可能会很有帮助。

大胆地写下她此刻正在经历的情绪，不加任何修饰。比如："瑞贝卡很生气，她想不停地尖叫，甚至不吃不喝，叫上几十亿年。"如果你的女儿叫喊着说："妈妈，我恨你！"别犹豫，把它写下来。可以换种方式叙述："瑞贝卡很生气，她说：'妈妈，我恨你！'"

记住，不是说你把这些话写下来，它们就是孩子内心所想的，你只是在帮助她把情绪表达出来，并让她知道你在倾听。无论她现在的感受多么令人讨厌、多么不讨人喜欢，还是有人关心她，愿意倾听她的感受并支持她。（更多方法参见**法则7：记录孩子的言行**）

做生气鬼脸

让你的孩子对着镜子做生气的鬼脸。小孩子会被他们自己的面部表情吸引，而且生气的表情通常看起来傻傻的，这可以帮助他们释放压力。你也可以对着窗户做生气鬼脸。每次我儿子迈尔斯玩棋盘游戏输了之后，他都会到屋子外面，绕着房子跑五圈。每次他经过厨房时，他都会朝着厨房的窗户做鬼脸。我在里面会回给他一个鬼脸。跑到第四或第五圈时，他一般就不再生气，反而开始傻笑了。这种办法很有效，因为这允许你用生气的表情把情绪释放出来，而不是去压抑它。迈尔斯又开始微笑，因为他已经消解掉了那些不好的情绪。

数数和呼吸

数字和图案能让人感觉舒服一些。如果孩子会数数，当他不开心时，让他一遍又一遍地从1数到10。教他如何把一只手放到胸前并且做深呼吸。瑜伽对于小孩子也有效果，出去透透气也同样管用。场景的改变能让孩子换一种心情，大自然尤其能让人安静下来。

把气打出来

不要忘了一些激烈的动作是很有用的。用拳头击打枕头,用脚踢纸箱子,扔豆子袋或者用棍子朝树上打,这些对于一个情绪激动的孩子来说都是非常适合而有效的。参见**法则 5:让孩子去打、去踢**。

解决强烈情绪的办法

当情绪激动时

创造一些身体活动的空间

使劲击打一些不会受损害的东西

让孩子口述一封信,把它记下来

画一幅画

朝镜子或窗户做鬼脸

数数或者深呼吸

出去逛逛

当心情平静时

读一些关于情绪方面的书

用木偶演绎出内心的情绪

玩"停止—继续"之类冲动控制游戏

玩玩橡皮泥

向孩子寻求问题的解决办法

订一份纸质协议

当一切平静下来时

重复对孩子来说非常必要。虽然他们也像我们一样真切地感受到了自己的情绪,但是他们却没有控制冲动的能力,并且很容易忘记上一次是如何处理自己的情绪的。孩子需要我们在他们耳边不断重复他们以往的经验来提高自己解决问题的能力。

无论是红灯游戏、绿灯游戏还是自制木偶秀,在日常的情绪教育中，你有很多机会来强化这些情绪管理的知识。挑一个孩子情绪平静或正常的时候去做这些事情，这个时间可以是他发脾气当天的晚些时候，或者是他发脾气那周的某个时间。

书籍和歌曲

你的书房有许多很棒的故事能帮助孩子对情绪进行学习和理解。读一些情绪类的书籍能帮助孩子认识和接受他们自己的感受，并且还能让他们知道情绪其实就是每个人正常的一部分。通过看书，你的孩子也会知道该如何正确表达他们的喜怒哀乐。通过亲子阅读来讨论一些比较难以理解的问题是一个不错的方法。

你也可以尝试音乐法。很多不错的儿歌都有助于孩子接受复杂的情感。比如巴尼的《我能在你的脸上看到它》，"自由你我"组合演唱的《哭吧》或者是"芝麻街组合"的很多关于情绪的歌曲，包括《生气》《难过》，还有《大家都会犯错》，等等。

木 偶

你不必非得拿个木偶去逗他，你可以随便拿一个毛绒小动物或者布娃娃去逗他。你唯一的观众就是你的孩子。

木偶能帮助孩子清楚地看到自己的情绪和行为举止，因为孩子们会脱离自身的现状去看待木偶的情绪。当三岁的托米看到棕熊生气时踢翻了垃圾箱，他不会觉得难为情，即使是他昨天也做了同样的事。当棕熊需要帮助时，托米会给它出一些好点子。"我还能做些什么呢？"小玩偶无助地喊到，"我有时候那么生气，我就是想踢踢什么东西！"把孩子经历的一幕通过玩偶演绎出来，或者把孩子难以应对的某种情绪表现出来。孩子为帮助木偶朋友渡过难关所做出的努力往往让人觉得十分意外。一旦你习惯把木偶用在平时对孩子的教育中，你会发现自己会不时地把木偶请出来教孩子各种有意义有价值的功课——手牵手过马路，在奶奶家吃饭，照顾一个新生儿，等等。

做游戏

木头人游戏、红绿灯游戏能提供一个有趣的方式来练习冲动控制。应对强烈情绪最重要的部分就是对冲动的控制，并且可以通过练习来加强这种新的能力。"停止—开始"之类的游戏能刺激大脑的前额皮质，这对于冲动控制极为重要。越小的孩子练习，受益越大，他们越能更好地控制自己的身体和冲动。

尝试一下"停止—开始"类的游戏。"西蒙下指令"就是挺不错的一个游戏。跟着音乐胡乱跳舞同样也可以。当你关掉音乐或者说"木头人"时，让孩子静止不动。

请教"专家"

我妈妈在我小的时候想过好多方法来控制我的脾气。一天，我在安静地玩耍，她突然问我，如果我发脾气，她怎么做才好？我告诉她："抱着我就行。"之后她真的这样做了并且效果很好。

> "停止—开始"类游戏可以教会孩子冲动控制。

直接去问你的孩子，他们发脾气的时候希望你做什么，只在他们冷静的时候进行交流。向他们保证你会认真倾听；但是不要保证自己一定会采纳他们的建议（不过你也许会惊讶地发现，大多数时候他们的建议的确很有效）。试试下面这几步：（1）"我们有个问题要解决"——例如：早上穿衣服时间太久，这让我很生气。（2）"我们要怎么解决这个问题？"（3）"你的想法是什么？我们还要做些什么？我有一个想法。"你甚至可以更进一步，把你们的想法列成一个约定。例如："下次如果我生气并且大叫起来，妈妈会抱住我。"关于与孩子进行书面协议的内容，请参考**法则7：记录孩子的言行**。

边玩橡皮泥边谈话

有时候把事情说开是最简单的解决方法。当你和孩子谈论他们的行为和情绪时，给他们点事情做可以让沟通更有效。在讨论敏感话题时让孩子捏着橡皮泥玩。给他们一个球，让他们扔来扔去，同时说一些关于害怕、妒忌和生气的话题。这个技巧尤其适用于男孩子，因为对于他们来说，当他们身体活动的时候，他们会更容易表达出自己的想法。

尝试创新

活跃的孩子会通过跑、跳来消解情绪。而安静的孩子或许会更喜欢用蜡笔画出他们的感受。根据孩子的特点找到适合他们的方法。情绪的释放也因人而异。

努力尝试新的方法。你的孩子时刻都在变化，有些方法或许这周管用，下周就不灵了。所以，家长要不断引进新理念，看看哪些适合自己家的孩子。鼓励安静的孩子更有气势地表达自己的感受。让活泼好动的孩子在自己情绪失控之前找到一个合适的发泄方式。提出新的点子并且让孩子进行补充。孩子们往往能给出一些绝妙的主意。

情绪示范

在生活里你可以通过很多方式来给孩子做情绪管理的示范。走到孩子面前，向他哭诉说："我很伤心，我哭是因为……"练习去预判你孩子的行为，预见他潜在的情绪。当他打人或者推人时，你可以问他："你是在害怕什么吗？"

设立一个"生气角"

在家里找一个角落，当孩子生气时可以让她去那儿待着。在那儿放个沙包、枕头、沙袋、纸和蜡笔、一面用来做鬼脸的镜子、小鼓、用来摔打的橡皮泥等。

试试这么说

我明白你现在的感受。

让我们把它写下来。丽贝卡很生气，她说："我讨厌你。"

你现在的确很生我的气。

告诉我你有多生气，把它们在纸上画出来给我看。

我生气的时候也会这样做,这会让我感觉好一些。

避免说的话

永远不许对我说这样的话。

亲爱的,你不是这个意思,我知道你爱爸爸妈妈。

你不该有这样的感受。

在家里我们不许说"讨厌"这个词。

坏孩子!不听话!

家庭之外

当孩子情绪爆发时,你无法控制他,但是你可以调整自己的反应。避免在公共场合和孩子尴尬对峙,其中一个好办法就是认可孩子的感受。这个方法并不总是奏效,但如果你要带着一个三岁的孩子离开公园,他大叫着,"我讨厌你!"你首先要做的就是认可他的情绪,然后再实施自己的限制,"你的确很生我的气,是的,你还想继续玩。但现在时间到了,你该回家了。"

法则 7　记录孩子的言行

一天，我儿子扎克在车里哭了起来，他突然很想念落在沙发下的小毯子。我坐在车的前座试图安慰他："扎克现在很难过……你想念你的小毯子……你想我们把小毯子带上车来就好了。"但他还是哭个不停。我们停好车，我找到了一张纸，"我们给小毯子写一封信来告诉它你有多想它吧，"我说。就这样，扎克不哭了。这是他信里的内容：

亲爱的小毯子：
　　我想你，我爱你。
　　　　　　爱你的扎克

扎克的眼泪干了，在剩下的车程中他一直紧紧地握着这封信。

"叛逆"的原因

> 把孩子的话写下来会让他的感受更加真实而清晰。孩子会觉得自己得到尊重和理解。

无论你的孩子是生气、难过还是紧张，把她的言语记录下来可以很好地缓解她的痛苦。在这里，最重要的是把她的感受表达出来，写在纸上会让这一切更加真实。她可以拿着便笺，看着它，摸着它。你可能无法解决她的问题，但是不要低估书写情绪的力量。这代表着有人在倾听她的感受并且理解她的感受。

三岁的阿比盖尔在幼儿园非常想家。她的老师问她有什么话要说，她口述了这样一封信：

> 我想我的妈妈，因为我一个人待着的时候非常害怕。
>
> ——阿比盖尔

阿比盖尔把信放进她的小屋子，之后就玩去了。

如果你的孩子还不识字，也不用担心。我开始和我的孩子练习写信的时候他们才两岁，他们不识字，但是他们明白这种方法的力量。如果你家里有书和纸，孩子们已经明白书写是有意义的，这样，即使孩子不识字，写信这种方式也会起到应有的作用。

写下自己的情绪是另一种界定自己情绪的方式。书写让孩子感受到自己被重视，被倾听，而且这对她更重要，在这之后她就又可以自由自在地玩耍了。

"叛逆"的收获

写信可以让你与孩子建立信任的宝藏。他可以学到：

大人知道我的感受。

我的感受和想法十分重要。

我没有被遗忘。

写信可以表达我内心最深处的感受，写下的字对我来说都有意义。

有一天我想学习识字和写字，书写是有力量的。

为何有效？

写信能帮助孩子管理自己强烈的情绪。实践证明，写信能够捕捉到孩子真实的感受，并且帮助他们来梳理这些情绪。

为什么写信的效果这么好？写下来的文字可以总结并认可他们当时的情绪。写信能帮助孩子摆脱那种愤怒—孤独—恐惧的感觉。写下来的文字也能使情绪有真实的存在感；孩子可以触摸这些文字，可以把信握在手中，并且知道他自己的情绪被总结并且被记录了下来。

写信也是很重要的识字课。孩子的私人信件关系到她的读写能力，教会她认识笔下文字的力量，真是一举两得的事情。斯坦利·格林斯潘博士的研究证实，情绪与学习之间有着密切的联系。情

> 写信能表达出一个孩子内心的感受。这同样适用于不识字的孩子。

绪对于象征性思维（文字、数字等等）的发展起着至关重要的作用。小孩子需要把自己的情绪与生活中的具体事情联系起来，并弄清楚其中的含义。格林斯潘说，年轻的大脑用情绪构造象征性思维。单纯学习字母会缺乏情感含义，写信却恰恰相反。还有什么比这能更好地为之后的阅读打下基础呢？孩子已经知道写下来的文字的重要性。这就是我所说的"有意义的书写"。文字不仅仅能描述一篇故事，还能表达出人们内心最深处的想法。这是十分有意义的一堂课。

摘下成年人的有色眼镜

一个不识字的孩子，还动不动就跺着脚哭闹，为什么要跟他一起写信呢？这看起好像有悖常理，但请试一试。孩子能明白文字的力量并能从写下的文字中得到莫大的安慰。除了可以进行情绪调整，这也成为孩子专有的、意义深远的识字课。

写信的时机

我家孩子一两岁的时候，只要他一哭闹，所有的人都会知道。我的丈夫说，隔着三条街的邻居都能听见他的哭声。一天晚上，到了扎克睡觉的时间，我们心里都知道他肯定又会哇哇大哭。当时扎克已经两岁了，他想把绿色的颜料挤在浸湿的薄纸上，而且怎么也不肯停下来。但

是，在我们家，到了睡觉时间就必须睡觉，我早就跟他说过，而扎克此时也很累了。

我跟扎克说画画时间已经结束了，现在是睡觉时间。他开始大喊大叫。我又和他重复了一遍我的话并把他的颜料拿走。他像疯了一样。当我觉得他能听见我说话的时候，我提高了嗓门，大声喊道："哦，天啊！扎克想画画！你想画画！你不想穿睡衣。你在生妈妈的气。"然后我就直接把他从桌子旁抱起来，并说："你可以生气，但是画画时间结束了。现在该睡觉了。"

不要忘记做孩子时的感觉，你不仅会感到生气，还经常会有无助和绝望的感觉。简言之：你无法信任成年人。孩子怎么会知道，他们什么时候可以再去做那些有趣的事情？这就是为什么我喜欢和孩子一起写信这种叛逆的办法。

扎克在那天晚上写下的内容是这样的："亲爱的妈妈，扎克明天还想画画。"我签下了他的名字。然后扎克也用他自己的方式签了名。就这样，他不再哭闹。我们把这封信读了好几遍，直到扎克明确地知道了这封信说的是什么。我们讨论该把信放在哪里好。扎克决定把信贴在他卧室的门上，大概到我膝盖的高度，但是扎克能一眼就看见的地方。那天晚上，他几次提到我们所写的信，但是口气已经很自信很开心了。第二天，扎克又玩了一次颜料。

写信的时机

当孩子生气的时候。

当孩子必须等待的时候。

当你要推迟孩子想要现在就做的事情时。

当孩子想某个人的时候——妈妈、泰迪熊、爷爷。

当孩子受伤或者感到害怕的时候。

当她需要跟另外一个孩子沟通一个很重要的想法时。

当你们都需要记住某个事情的时候。

当你有事情需要解决并需要制定行动方案的时候。

不同年龄阶段和不同性格的孩子都可以从写信中受益。一些信满含怒气：

亲爱的学校，我讨厌你！我不想待在这儿！学校没有乐趣，在这个学校没有一件事是有趣的。——利奥

亲爱的妈妈，我真的，真的很恼火！我想马上出去玩！你不会让我去的。——爱你的杰克

一些信表达了孩子的孤独感：

我想回家。——迦勒

妈妈，我想你。——麦洛

我感到伤心。我妈妈刚刚离开。我爱我的妈妈。我爱我的妈妈。我朋友刚来参加我的生日聚会。——杰西

一些信则记录了孩子艰难的时刻：

亲爱的妈妈，我摔倒了，胳膊肘磕到了。很疼。我哭了。爱你的巴特曼

这一天我过得很不好。——汉娜

一些信是在冲突之后制定的计划：

我将在晚上八点十分前清扫堡垒。

扎克在小睡之后会得到了一个棒冰。

那个男孩抓起了反向铲和铁铲，我有些担心。如果他再拿这些东西，我想我要帮助他。——伊恩

明天本就要开始玩他的消防员玩具了。

所有的信都可以表达出孩子的情感并且认可孩子的想法和感受。写

信是分享的一种方式。

签订一个协议

杰克逊缺乏自控力。他生气的时候就会打其他孩子。幼儿园的老师无法相信他，所以杰克逊不得不待在室内玩耍。可是他非常想参与外面的游戏，所以他和老师制订了一个计划。他们一起把计划用马克笔写了下来：

杰克逊的计划，做到了就能玩：
明天我不会打人。
我会做个标语：不打人。
如果我生气，我就离开。
如果我打人我就回到班里。
我可以在安全的地方搭积木或者绘画。
我可以随时向老师寻求帮助。

一周之内这个问题解决了，杰克逊没有再打人。他有了一个计划，而这个计划是他参与制定的，并且他希望这个计划能够实现。

和孩子签一个约定。如果孩子还不识字，也没有关系。你们可以一起写下期望的行为，还可以辅以图片或者符号。例如，四岁的达尔比的计划是："不打人，即使我生气的时候。如果我生气了，不管我喜欢还是不喜欢，我都会告诉别人我的感受。我会说'停下'。我会在生气的时候撕纸，但是不能撕爸爸的纸。"

大声读出这个协定。确保孩子知道纸上都写了什么。在协议上签下你的名字使其具有效力，然后给她笔让她任意涂鸦。不用担心它看起来像什么；告诉她："现在你写下了你的名字。"孩子看到你一直在写。现在，她有机会参与成年人的世界，这通常会令孩子很兴奋，他们会很严肃地对待这一切。把这个协议贴在孩子触目可及的地方。或许贴在孩子床边的墙上，在冰箱上或是在门后。

试试这个——加进你的工具箱

我承认刚开始时有些困难。当孩子正在大喊大叫或者哭得死去活来的时候，你却找来一张纸和一支笔，这种感觉可能会非常怪异。你可能不习惯去记录一个两岁的孩子的言行，但是这样做确实有效——而且适用于各种年龄段的孩子。

1. 拿起一支笔

如果你和孩子刚开始采用写信的方式来表达感受，可以使用一些标准的问题。鼓励她说，"让我们写下来，让我们把你的感受写在信里，我们该说些什么呢？'亲爱的妈咪，丽贝卡很生气，她不想进来……'"一旦孩子听懂了，就不再提示她，把她说的所有话都写下来。

对于两岁的孩子，你可能要先在信的一部分画幅画，并说："我们画一张你哭泣时的小脸。这是眼泪。"这能让小孩子把想法与图画上的形象联系起来。

2. 用孩子的语言来写

准确写下孩子说的话。她的语法可能不对，也可能出现一些不准确的单词。这样做目的就是要抓住孩子当时的想法并把它们写到信中。

不要怕他话语中的力量。把他的话写下来不会让它变成现实。那些造成伤害的感觉会很快改变并且消失。最终会被记住的是——有人倾听他的感受。

有时候孩子心烦意乱不想说话。在那种情况下，把你认为的她生气的原因写下来。如果你错了，孩子很可能会纠正你，那就是个显著的进步——突然你们的对话开始了，你就可以弄清楚问题所在了。

3. 把写下的话大声读出来

写信的时候要重复每句话。边写边大声读出来，最后再大声读出整封信。这让孩子知道她说的话与纸上所写的字有直接的联系。孩子喜欢重复，或许她还想让你一遍一遍地读这封信。自己说过的话被念给自己听——仅仅是重复她的话——这种经历就会给孩子带来自信。

4. 要求签名

很多孩子对写信的过程感到好奇,他们此时可能已经停止了哭泣。进一步引导孩子。问她是否想写点什么。给她笔并说:"现在写下你的名字,这就是你的信了。"别担心她会写成什么样,重要的是这个举动。孩子会明白她也在帮忙写信。就让她随意涂鸦吧。

5. 设定期待

在写"我—想—你"的信之前,孩子需要明白,即使写了这封信,妈妈也不会立刻出现,但是这封信会让妈妈知道他内心此时的感觉。同样,写下一个愿望,它也不一定会实现。孩子要知道写信没有魔力,但是信可以帮助他们表达生气或者难过的感受。

6. 写给该写的人

当我的孩子在信中把怒气都指向我的时候,我觉得有些好笑。为什么所有这些愤怒是指向我呢?我什么也没做错;我也想被别人喜欢。请把这些想法留在自己的心里。你做这件事情不是为了自己——你是来帮助孩子处理他的情绪的。收信人应该是让孩子情绪纠结的那个人。如果她想念外婆了,她就应该给外婆写信。如果她生爸爸的气,就应该直接给爸爸写信。如果她生你的气——你就给自己写封信吧。

7. 朗读和张贴写好的信

写完信后,让孩子决定把它放在哪里。一些孩子喜欢把它贴在门上,一些喜欢贴在冰箱上或者其他显眼的地方。另外一些孩子喜欢把它放进一个真实或是想象出来的信箱里。还有一些孩子对此根本不在意,写完了就拉倒。无论你把它放在哪里,别忘了大声地朗读这封信。

8. 收信后保持冷静

如果你是收信人,一封愤怒的信可能会让你大吃一惊。看到所有这些愤怒指向你会让你觉得很难接受。你可能会因为离开孩子而产生负罪感,或是希望自己在孩子需要的时候能在她身边。尝试着沉着应对。记住,这些信只是记录了孩子一时的情绪爆发。就像一张照片,它们捕捉的只是孩子那一刻的感受。把它们写下来不会让愤怒的感觉成真，而且感到难过也不是什么坏事。伤心会体现至深的爱意，这也是人的本性的一部分。把这封信当作是一则信息，或者是孩子一天生活中想跟你分享的那个部分。读一读这些信，问问她是否想和你谈一谈。很有可能，她已经把信中之事抛诸脑后了。

9. 保留传统做法

虽然我们生活在一个信息瞬时传递的电子时代，但是在和孩子写信时，请坚持用传统的方式，一张纸，几支蜡笔和铅笔就足矣。孩子们需要可视、可控、可触及的东西。而且，如果你抛出一则信息，孩子立刻就想得到一个回答。你可能会感到有负罪感："我的天啊！我的孩子正在哭闹并且想念我——我需要立刻到她眼前！"写信不是瞬间的拯救，而是一种情感的表达。写信可以帮助孩子接受生活中悲伤的部分，抒发悲痛然后继续去干别的事情。保留传统的方式，立足于人类的传统。让孩子去触摸、绘画、对着纸质的书信哭泣，然后把这封特殊的信放进"邮箱"，这样她就可以继续她的一天。

10. 履行诺言

有些信就是一个计划："我们明天会再玩颜料。"如果你在信里承诺了一些事，那么请记得去实行。有时忽略一个承诺会更轻松方便一些（噢，是的，我说过他可以再玩颜料，但是他可能又会弄得一团糟，并且……），但是你是否能履行承诺是很重要的。如果孩子忘记了，给他看看信并且提醒他。履行承诺可以在你和孩子之间建立起信任，并且保证了以后信件的有效性。

试试这么说

让我们一起把它写下来！

让我们一起写下你现在的感受。

你现在需要你的妈妈。让我们告诉她你的感受吧。

你的信不会把你的妈妈带到这里，但是它会让她知道你的感受。

在你的信里我们应该说些什么？

这样如何："亲爱的妈妈，汉娜很伤心。她想要她的泰迪熊。"

那这样呢："亲爱的爸爸，凯勒很生气。他太生气了，他想要踢踢什么。"

这是你流眼泪的图片。

避免说的话

一切都会变好的。现在，停止哭闹。

今天不准哭，即便你想我。

立刻停止。

你不是这么想的。

家庭之外

我数不清多少次我在匆忙中拿出笔和纸。也数不清多少次收拾一堆堆的书写材料。写信是我最喜欢的一种育儿技巧，它帮助我多次在公共场合让孩子免于情绪崩溃。除此之外，和其他父母分享这个叛逆写作的方法，也是一个很好的交流方式。

法则 8　允许他讨厌小宝宝

当小弟弟或小妹妹降生的时候，我们当中的大多数人会预测到家中老大的妒忌之情，但是我们仍然相信孩子之间会有一种本能的爱。我们会跟老大说："在你的内心深处，你是爱妹妹的。"

当我们感到寒冷的时候，我们会让孩子也穿上毛衣。当我们感到饥饿的时候，我们通常会认为家里所有人都会感到饥饿。我们会期待孩子在情感上也能跟自己感同身受，这样的想法一点也不奇怪。

两岁半的杰夫想要抱抱自己的弟弟。但是刚过一分钟，他就眉头紧皱，并且想把弟弟扔到沙发后面去。你喜爱自己的小宝宝，但是不要指望家里的大孩子会有同样的感觉。此时你家里的学龄前儿童已经形成了他自己的情绪，虽然并不太稳定但是却又合乎常理。

"叛逆"的原因

接受孩子的嫉妒之心。保护好小宝贝不受到身体上的伤害，不需要为大孩子的强烈反应过多担心。

朱利叶斯经常攻击小妹妹。他两岁的时候，活泼且精力充沛，喜欢在户外嬉笑玩耍。但是，家里新生的小宝宝占去了妈妈很多的时间，小妹妹总要睡觉，这就意味着朱利叶斯要比平时更长时间待在屋里。他打艾拉，把她推到地上，并且还跟妈妈动手。

最重要的是，保护好小宝贝的身体别受到伤害。要限制大孩子的行为——按住他的胳膊，或者必要时压在他身上。你要让他知道，他可以生气，但是不能伤害其他人。像朱利叶斯这样充满能量的孩子需要多听听这样一段话："不能伤害别人。你可以发脾气，但是我不能让你伤害小宝宝。"

"叛逆"的收获

当你接受了孩子的嫉妒心，他们在许多方面就会受益。他（她）会学到：

我的家人始终是爱我的。

我的父母明白家里有个小宝贝不是一件容易的事。

如果我不喜欢家里的小宝贝也没关系，但是我不能伤害她。

我可以分享我的感受，即使是那些让我害怕的想法。

对家人坦诚相待是非常安全可靠的做法。我不必假装自己喜欢小宝宝。

我可以随时改变自己的想法。情绪有时候变来变去。

为何有效？

如果你三岁的儿子大声吼道："我讨厌小婴儿！我希望艾拉可以消失，像气球一样飘走，或者和垃圾一起被运走！"他这么说的时候可能正在气头上。当你听见这些很暴力的语言时，请不要惊慌，因为孩子只是在表达一种强烈的情绪。可能小宝宝已经无数次弄翻了他搭建的高塔，也可能是她的口水流到了他的乐高玩具上，或者把口水吐到了他的鞋上。和小宝宝待在一起可不是一件容易的事情。

接受孩子的情绪。让他知道你理解他的感受。帮助他重新思考、理清这个问题。比如说:"你感觉很生气。你希望她最好消失。你受不了艾拉弄翻你的玩具。"同理心会起作用。除此以外,你也许可以试着对他表示赞同:"家里养个小孩子的确不是一件容易的事。"

我们都希望子女们能和睦相处,但我们不能无视愤怒情绪的存在。"啊,你不是那个意思。你并不是真的有那样的想法!"这样说似乎很有诱惑性,但事实是,他确实就是这么想的。他可能真的想让小婴儿像气球一样飘走或者把她扔进垃圾堆里。他在向你发出明确的信号——他很沮丧,很生气。不要反驳他。他的情绪是真实的,而他最想要得到的是你的同情和理解。

心理学家多萝西·布里格斯说,孩子必须做自己情绪的主人,不管这些情绪听起来多么愤怒和充满恶意,承认负面情绪的存在是健康的。"理解不会让这些负面情绪进一步恶化,"布里格斯提醒我们,"理解只会让这些情绪发泄出来。"

摘下成人的有色眼镜

接受孩子的负面情绪是很困难的,特别是当他们直指我们所爱的人时——家里的另一个孩子。不要催促爱的出现。你爱家里的每一个人,但不要期待哥哥或姐姐会像你爱小宝宝一样爱自己的弟弟妹妹。你的目标是营造一个充满爱的家庭氛围。记住,每个家庭成员对其他人的喜爱之情并不是同时产生的。

关于孩子对兄弟姐妹产生的极端情绪,心理学家海姆·吉诺特同样表示不必担心。他认为,如果一个孩子说"我恨我的弟弟!",这远比他假装表现出喜欢他的弟弟好很多。很多时候孩子害怕自己内心阴暗而强烈的情绪。他们将这种情绪隐藏起来,也许是在想,如果妈妈知道我真实的感受,她就不会再爱我了。《如何说孩子才能和平相处》一书的作者阿黛尔·法伯和伊莱恩·玛兹丽施对孩子行为大部分的了解都是基于吉诺特的研究。他们说,兄弟姐妹之间友爱的关系是允许真实情感的表达的。

实际上，妒忌心强的孩子通常都很脆弱。他们和婴儿一样需要我们的支持。底线是，你对弟弟妹妹怎么生气都可以，但你不能伤害他们。

身体攻击

身体攻击是妒忌心的主要表现。当孩子想要伤害他的弟弟妹妹时，你一定要快速果敢地出面干预。应该立即制止任何拳打脚踢的行为，并让孩子知道不能伤害别人。在确认他/她能做到这一点之前，你要严格地设置一条底线。比如说，"我不放心你和小宝宝待在同一个房间，除非你告诉我你不会碰她，不然你就要在厨房里玩。"对身体攻击一定要零容忍。

别强迫孩子去爱

"胡说！你当然会爱宝宝！"

哥哥姐姐会在他们特定的时间发现自己对弟弟妹妹的感情。你不能强求他们去爱宝宝，所以别命令他们，甚至不要对这有太多期待，否则这会让孩子感到自己不够好并害怕失去你的爱。要确保让年长的孩子知道你对他的爱永远不会消失。你可能会说："我爱家里所有的孩子。就算你发脾气我也爱你。就算艾拉只是个小宝宝我也爱她。"兄弟姐妹并不一定要相互喜欢或喜爱，大部分兄弟姐妹会相亲相爱，但应该让这种感情顺其自然地培养起来。

一直存在的嫉妒心

四岁的莫莉很爱小弟弟亚当并觉得他很可爱。但亚当会爬以后，他经常来干扰莫莉，弄得她没办法玩。当你第一次把新生的宝宝带回家时，你可能会担心兄弟姐妹之间的敌对，但是，随后你可能会期待孩子们互相习惯。但是，随着孩子慢慢长大，你要注意一些重要的危险信号。

> **父母小贴士：早期兄弟姐妹冲突出现的时间**
>
> 出生及归家（注意力在宝宝身上；父母睡眠不足）
> 爬行：六个月至十个月（自由行动意味着开始侵占哥哥姐姐的领地）
> 说话：两岁（谈话中新的竞争）

试试这个——加进你的工具箱

生气而又嫉妒的孩子需要界限、坦诚和同理心。接受一个新的孩子，这段经历会让大孩子学会在生活中处理与他人的关系。这是孩子学会宽容的第一课：生活中总是有我不喜欢或者无法认同的人，但是我仍需要尊重他们。

提供信息

孩子们总是活在当下，因此他们很难想象有一天宝宝艾拉不再推倒他们的玩具塔或者不再往嘴里塞弹珠。在孩子眼中，小弟弟或者小妹妹似乎永远都是现在这个样子。

要让孩子们安心，并告诉他们婴儿时期并非宝宝永远的状态。说，"我知道宝宝会长大"，或"我知道艾拉不会一直是个小婴儿的"。给孩子们看他们更小的时候的照片，这样他们就能知道自己的身体也是随着时间发生改变的。

孩子们还需要知道他们自己的感觉也是会改变的。"你现在是这样想的。我知道想法是会变的"，或者说"我知道小孩子有时候会改变主意"。像这样的话会帮助孩子意识到他们不会一直陷入这种坏脾气和嫉妒的状态中。当孩子们真正成为好朋友的时候，这样的观点也会让孩子避免尴尬，不让他们为之前的言行感到丢脸。

创造"特别时间"

当家庭关系正处于紧张状态时，创造"特别时间"会极大地缓解这种紧张关系。这意味着你要单独跟一个孩子相处 20 或 30 分钟，在这段时间里，你的全部注意力都要放在她身上。你要说："我们要一起度过这段特别的时光，我们可以做任何你想做的事情。"你要接受她选择的任何活动。你要放下你的手机和其他事务，找一段家里其他孩子不需要你的时间。你可以跟她一起做某一件事，也可以静静地看着她玩耍。你要经常创造这种特别的时间，可能不需要每天都有，但一周要有几次这样的时光。"特别时间"会变成一个你和孩子之间亲密分享的时段，就算是在关系没那么紧张时，你们也会很珍惜它。

"特别时间"对孩子来说特别有帮助，因为孩子知道，她有自己专属的时间；她不需要去博得你的注意。你全部的注意力都在她身上时，她会更加自信和有安全感。即使你整天跟孩子待在一起，作为父母，你也总会因为自己的事情分心。你要记住，你是她生命中最最重要的人。

对大孩子使用新方法

我的大儿子迈尔斯刚见到小弟弟就很不喜欢他。当时他才三岁，他说："我不喜欢扎克，我希望他从没出生过。"我们早就预料到兄弟间的嫉妒，但是没想到迈尔斯对弟弟的嫌弃一直持续了两年。他会告诉陌生人说："我讨厌小孩。"他会把扎克的"爱心"倒着粘在墙上。他说："这些爱心是倒着的，因为我不喜欢他。"

随着婴儿不断长大，你要不断改变方法。面对婴儿，大孩子可以大声说："我讨厌这个宝宝。"但是当宝宝到了一两岁时，她就能听懂这些不友好的语言。即使她还不会说话，她也能够理解其中的意思。

你要不断接受大孩子的感受，但同时你也要创造空间，让大孩子自由表达自己的情绪，同时要对他表达情绪的方式和时间进行限定。你可以这样说："艾拉听到这种话会伤心的。她现在还不会说话，但是她可以理解你的意思。如果你想说那些话，你得回到自己的房间去说。"切记你要接受他的感受："你那么想也没关系，但是不要当着艾拉的面说那样的话。她知道你在说什么。"你可以提供给他一种非语言的表达方式："我不允许你在艾拉面前说这些话，但你可以把你的感受画出来。"

就像之前一样，要让你的大孩子表达他的情绪，但是要保护小孩子不受伤害。还有，不要为此感到焦躁。大孩子很可能不会记得他当时的一时冲动。迈尔斯就是这样，他现在和弟弟玩得很开心，两个人甚至会在大街上互相拥抱。

试试这么说

接受以及理解

你感觉很糟糕，你希望她走开。

你厌烦了艾拉总推倒你的塔楼。

我知道你很烦艾拉，但我不能让你伤害她。不能伤害别人。

家里有一个小宝宝是一件不容易的事情。

这只是你现在的感受，我知道，感受是会变的。

我知道宝宝会长大的。

当你还是一个宝宝的时候，你也会把食物掉到地上。

成长中的兄弟姐妹

艾拉听到这些话会伤心的。她现在还不会说话，但她能听懂。

如果你想说那些话，你得回到自己的房间里说。

你可以把你的感受画下来，或者写下来，但是不能在艾拉的面前说。

避免说的话

你当然是爱弟弟的。

那不是你真实的感受。

那样很不友好，别让我听到你那样说。

你为什么不能像妹妹一样乖点呢？

给弟弟一个吻。

家庭之外

当别人问:"作为一个大哥哥,感受如何呢?"你的大孩子会回答说:"我讨厌婴儿!"让他知道,即使在外面,他的感受也是可以接受的。"詹姆斯正在习惯家里有一个婴儿,但这不是一件容易的事情。"身边的朋友或者陌生人可能会特别想跟大孩子互动。如果他们这样做了,感谢他们,但是千万不要把话题转移到小宝宝身上。记得尊重大孩子的兴趣:"詹姆斯想要告诉你他的乐高船的事情。"

第三部分
分享朋友和玩具

当一个人对另一个人说，"什么？你也这样？我以为除了我没人这样呢！"友谊由此诞生。

——C. S. 路易斯

法则 9　不分享也没问题

你正在读一本杂志，突然有人把它从你手中夺走。"我想看！"这个人说，"你已经看了好一会儿了。"如果发生这样的事情，你会生气吗？

作为成年人，我们希望朋友能够耐心等待，而不是一把抢走这本杂志。我们讨厌被打断。等我们看完之后，我们自然会高高兴兴地把杂志给他。同样，轮流的概念也适用于孩子。只有当一个孩子玩尽兴了，才轮到下一个人。

"叛逆"的原因

"为满足别人的要求而分享"会打断孩子的游戏，破坏父母与孩子之间的信任，甚至传授错误的慷慨概念。用轮流来代替。

我特别喜欢看到孩子们之间发生这样的事情：一个三岁的孩子跑向另一个小朋友，高兴地把一个玩具让给她。这可不是一个随随便便的玩具，几分钟前这两个孩子还为了这个玩具争得面红耳赤，那个三岁的孩子当时把玩具紧紧地护在胸前不肯放手。更重要的是，分享这个玩具没有任何家长的鼓励。一瞬间，所有人都笑了。

很奇妙吧？这样的情景我总看到。如果你能维护孩子的权利，让他一直玩到尽兴为止，那么你就能跟孩子建立起信任关系，让孩子知道他能够依靠你来维护他的权利，再通过教他跟别的小朋友说"等我玩好了就把玩具给你"，你就能看到这充满欢乐的一幕——孩子慷慨之心会彰显无余。

几乎所有的小朋友都能做到这一点，为什么你的孩子不能呢？

"叛逆"的收获

简单的"轮流"理念会让孩子学到让他受益终身的几个技巧：

与别人分享，让我感觉良好。

每个人控制玩具的规则是公平的，我能理解。

我有一些基本的权利。我能维护自己的权利，而且大人们也会支持我。

我可以等。我知道会轮到我的，我能克制我的冲动。

我相信轮到我的时候自然会有人把玩具给我。他们关心我。

大人们觉得我正在做的事情很重要。我对他们来说是重要的。我信任我的父母。

为何有效？

你可以期望两岁的孩子学会分享，但就儿童成长的规律而言，她还没有准备好。分享的养成要经过几个阶段。有时，为了取悦大人，孩子通过训练可以听从大人的命令，放弃自己的玩具，但是专家们不赞同这种做法。威廉·戴蒙是一名儿童道德发展专家，他指出，孩子要等到上小学时才会有"真正无私的分享"这种概念。小于五岁的孩子有时会与人分享，但更多的时候他们是为了得到自己想要的东西才这么做。

另一方面，教给孩子延迟满足的技巧会让孩子受益终生。冲动控制（等待而不是去抢夺）是大脑发展的一个至关重要的部分，也可以通过练习来强化。冲动控制是"执行能力"的一部分。神经系统科学家阿黛尔·戴尔蒙德研究了儿童的执行能力（冲动控制能力、记忆力、适应力、解决问题的推理能力等）后发现，执行力强的孩子能在日后取得更好的学习成绩。

很多研究儿童成长的专家，比如多萝西·布里格斯（《孩子的自尊》的作者），认为，在孩子学会分享之前需要体验"所有权"。这种所有权不是法律意义上的，对孩子来说，所有权就是对一样东西的支配权，比如对公园里的一根树枝或一粒松果的拥有权，他可以把它拿在手里并决定谁可以碰它。早期教育专家艾达·勒善说过，"要让孩子学会慷慨，就要先允许他们自私。"

> 小孩子们还没有做好分享的准备，他们准备好了轮流来玩。

摘下成人的有色眼镜

在别的孩子想要玩具的时候抓着不放，这并不是孩子自私的表现，他仅仅是一个专心玩玩具的孩子。维护孩子玩玩具的权利并教她说"我还没玩完呢"。打断她的游戏并执意把玩具让给别的孩子——这对两方的孩子都没有好处。等着轮到自己可以教给孩子延迟满足这门大功课。小孩子们还没有做好分享的准备，他们准备好了轮流来玩。轮流玩要给每个孩子玩的权利，教会他们懂礼貌，提高他们为别人着想的意识，并激发出他们内心的慷慨之情。

儿童成长专家如南希·艾森伯格等人的研究表明，大人们坚持让孩子分享对培养孩子的分享意识来说收效甚微。而且对那些迫于命令才分享的孩子来说，他们更难学会真正的慷慨。这些孩子以后会耍小聪明，会为了取悦大人而与人分享，如果大人不盯着，他们就永远不去分享。真正的慷慨是一种习惯。慷慨分享会带来好处，一部分原因是大脑会释放神经递质，加强孩子们大脑里的"奖赏回路"。

与人为善的文化思想

我们希望孩子能分享他们的玩具,与人为善。但这种典型的成人思维会伤害孩子玩耍的权利,对双方都造成不好的影响。

下面是一则典型的实例:

麦克斯正在玩卡车。海登来了,他伸手就去拿卡车。两个孩子都是三岁。

麦克斯:别动!这是我的!

海登:我想玩。

麦克斯:我先拿到它的,我正在玩呢!

海登:(大哭)他不跟我分享。

麦克斯的妈妈:麦克斯,要与人为善。记住,我们要学会分享。海登还没玩过呢。如果你不给他,我就把玩具拿到一边了。

最后,海登得到了玩具。麦克斯却气得哭起来。

两个孩子为了同一件玩具争得不可开交是学龄前儿童生活的常态。"这是我的!""我也想要!""不给!"这种情况下,我们希望孩子做出退让:放弃抗争,无奈地把玩具让给来抢的人,可实际上,连成年人都不应该这么做,何况是孩子。

另外,我们也经常给自家孩子施加压力,并指责他:"你要友好一些,懂得分享,现在就把玩具让给海登玩。"如果孩子不照做,我们会感到非常尴尬。当别人开口要的时候,我们的第一直觉就是马上拱手相让。

牺牲自己孩子的需求满足别人很容易。家长都希望自己的孩子受大家喜欢。我们努力把孩子培养成慷慨善良的人。这种情况很常见。然而,强迫他们分享,或者为满足别人的需求而分享,往往会事与愿违。原因分述如下。

像上面麦克斯一样的孩子会认为:

人们可以通过抢夺获得自己想要的。
在社会生活中我不能指望妈妈保护我。
我妈妈更喜欢别人家的孩子。
我的游戏不重要。
分享意味着我要放弃自己喜欢的东西。
分享令我很痛苦。
除非不得已，我不会主动分享。

为满足别人的需求而分享伤害的是双方。海登会怎么想呢？
像海登一样的孩子会认为：

我可以通过抢夺和抱怨得到我想要的。
如果我提出要求，我就会得到我想要的。
我的感觉比别人的想法与权利更重要。
大声吵闹、快速出击、坚持己见可以让别人屈服。
我用"分享"这个词的时候，大人就会站在我这边。
我需要借助大人的力量才能得到我想要的。

在这种情况下，保护麦克斯继续玩的权利更为重要。让卡车继续属于麦克斯。他正玩得尽兴，这一点很重要。让他多玩一会儿，让海登多等一会儿并不要紧。延迟满足比向要求立刻得到满足更让孩子受益。轮流玩耍会让孩子学会这一点。当一个孩子玩够了一个玩具，他就会让给别人。

分享这个概念对成年人而言可能有些模糊，因为我们会把所有权（这是我的！）与玩耍的权利（孩子正在玩）相混淆，因为美国文化十分重视个人财产和个人对物品的所有权。但轮流玩耍并不是一个关于所有权的理念，只是为了培养孩子的社交意识并且保护孩子宝贵的玩耍时间。

想一想。如果有人说："嗨！我可以用一下你的车吗？我可以借一下你的钱包吗？"你会怎么做。我们把车子借给别人是因为我们信任

> 分享食物，轮流玩玩具。

他。但有些东西比较私密：成年人的手提包或者钱包，孩子的毛毯或者最喜欢的玩具。分享是一种社交选择。真正的慷慨和分享应该建立于信任之上，并让分享者感受到分享的温暖。

作为成年人，我们：

不和我们不信任的人分享东西。
不和别人分享私人或者昂贵的东西。
先满足自己的需求再把东西借给别人。

我们可能会觉得这样做不太好，感觉有压力并且有所顾虑。如果我们不这么做，那也只是为了取悦别人。但是我们却希望几乎没有任何社交技巧的孩子按照我们的要求去分享。"幼儿学校"的简·沃特斯说："分享是我们的一种社交需要，但是强迫学龄前儿童去分享没有任何意义。"

玩够了

玩够了可能只需要几秒钟，也可能需要几个小时。这由孩子决定。孩子觉得她玩够了才算完，不要考虑时间问题。小孩子是没有时间观念的。"再玩五分钟，然后给凯蒂玩。"这种话对于孩子们来说是很难理解的，而且会给他们增加不必要的压力。如果孩子觉得真的玩够了，他们很愿意把玩具拿出来，给其他正在等待的孩子们玩。

当然，一天之中的游戏可能会被各种事情打断，比如吃饭和外出。等着孩子自己玩够有时候并不现实（请看**法则 10：让她一整天都占着那个玩具！**）。被打断让不间断的游戏时间越发显得重要。如果你不能确定他是否玩够了，可以问问他们。

下面的例子能够说明轮流的含义。我们来看看家长如何帮助孩子学习这个方法。

乔伊和丹尼（都是三岁）都想要玩同一架玩具飞机。乔伊先拿到了飞机，丹尼上去抢。

乔伊：哼！

妈妈：丹尼，乔伊现在正在玩飞机。我不能让你从他手里抢过来。你可以把飞机还回去吗？或者说我来帮你？（妈妈把玩具还给乔伊。）我们来问问乔伊玩够了没有。乔伊，你玩完飞机了吗？

乔伊：还没呢。

妈妈：等你玩够了能告诉丹尼吗？

乔伊点头。丹尼大哭起来，并且又想去抢飞机。

妈妈：这让你很生气。你现在就想玩，所以你一刻都等不了。

妈妈带着丹尼离开，并且抱住了他。

对于成年人来说，分享涉及信任、友谊和慷慨。而这些需要慢慢培养。对于孩子来说，分享是占有和控制的表现。孩子如果可以一直占有某样东西直到他玩够了再与人分享，这会让他们能更好地学会信任与慷慨。

直接表达的技巧

由儿童主导的轮流玩耍有很重要的人生功课。它迫使一个孩子直面另一个孩子。对于孩子来说，学会和同龄人交流分歧，是社交中重要的一步，其实对任何年龄的人来说，都是如此。我们父母中又有多少人敢于直言不讳，直面他人，清晰地说出自己的要求呢？威廉·尤里，《谈判力》的作者之一、《拒绝的积极力量》的作者，倡导成年人要优雅地说不，并对别人的要求加以限制。你的孩子要学会这个，因为积极的自信是一种健康的习惯，对人生有深远的影响。

这让我们从不同的角度来看待那些不愿分享的孩子——当被迫交出玩具时，她护住玩具是正常的，这是一种健康的行为。这意味着，她正忙着玩耍，而且不应该被其他孩子欺负。下面有个例子，是一个自信的四岁小孩如何坚持自我，捍卫自己玩耍的权利。而故事中第二个孩子,也是四岁,在他不能立即得到自己想要的东西时,也表现出了成熟的心智。

四岁的苔丝正在玩手电筒,艾登将手电筒从她手中抢了过去。
苔丝:住手!别抢我的手电!
艾登:我想要。
苔丝:我还没玩够呢。
艾登:天哪!我也需要一个手电筒!(把手电筒还给苔丝)
苔丝:是吗?你看,这儿有个使用名单。我可不想让不在名单上的人玩。
艾登:(看了一眼名单,并把自己的名字添在莎拉的后面)那我就按这个名单等着好了。
五分钟后,苔丝放下了手电筒。
苔丝:我玩够了!
艾登:名单上下一个人是谁?(把手电筒递给莎拉)

我的一个朋友简直不敢相信眼前的这一幕。"一切太顺利了。"她感叹道。苔丝和艾登都是真真正正的小孩子。他们才四岁大。他们完美地处理了这次冲突,因为他们互相信任,并且用的是轮流这个公平的办法。你家也可以采用这种方式。

这种改变并不困难。一个来自马萨诸塞州的家庭刚刚尝试了两天叛逆轮流的方法。"我两岁和四岁的孩子已经会用轮流的方法了,而且是很长时间的轮流。"孩子的妈妈说道,"可解脱了!再也不用限制他们玩玩具的时间,也不用提醒他们互相分享。"

拒绝分享的益处

放弃一些事让人感觉良好,但真正的慷慨使人快乐。
游戏不被打断,孩子自然成长。
公平、简单、易懂。

> 父母压力减少。
>
> 孩子得以练习给别人设立限制。
>
> 孩子会意识到他人的需求。
>
> 学会懂礼貌（当你做完事情后要告诉别人）。
>
> 和同龄人直接交流。
>
> 延迟满足和抑制冲动。
>
> 积累有关所有权和权利的经验。
>
> 次序的观念（先是轮到你，然后轮到他，最后轮到我）。
>
> 练习处理比较费劲的情绪（等待是件困难的事）。
>
> 独立自主——在没有成人帮助的情况下，解决好分享问题。

当没有时间尽兴玩

有时候，孩子还没有玩尽兴，但你却不得不结束游戏。这个时候你需要跟孩子说明实际的困难，然后结束游戏；如果可能，找到其他方法来延长游戏的时间。更多内容请参考**法则 10：让她一整天都占着那个玩具！**，那里有更多信息关于如何延长轮流玩耍的时间以及如何处理这类情况。

试试这个——加进你的工具箱

轮流十分有效。孩子能经常这样做并且能很快掌握这项技能。"今天早上，我尝试了一次轮流的方法，"一位来自威斯康星州的母亲说道，"卡梅伦（六岁）真的很喜欢这样做，他能像你说的那样高兴地让出玩具。"大家轮流比较公平，这样能使孩子变得更加独立——为你的生活减少压力。当一个孩子将玩具交给下一个等待着的孩子时，她会感受到那种真实的慷慨所带来的温暖。这是一种很好的感觉，她会想要在生活中再三重复这么做——不管她的父母是不是在看着她。

给予信息，使他安心

不要忘了小孩子知道的真的很少。他们没有太多经验，又非常情绪化，所以你要给孩子一些基本的信息使他们安心。一个孩子尖叫着"这是我的！"而她的内心可能十分害怕。这个玩具会不会一去不复返了？别的孩子会把它带回家吗？安慰她说："布伦娜现在只是玩一会儿，她不会把它带回家的，小熊会留在咱家的。"

一个拥抱（以及身体上的约束）会让孩子感到安慰。你可以说"当你等待的时候我会一直抱着你"，以此体谅孩子的处境。等待对于孩子来说是艰难的。陪伴能帮助孩子忍受等待之苦，他知道有人理解他。帮助孩子决定如何打发等待的时间，或者提供另外一个孩子们喜欢的活动。

做记录

记录让愿望落实到文字之上——并确保没有人会被忘记。就是只有一个孩子等待的时候，做记录也很管用。例如，山姆在等着扎克的起重机玩具。问问孩子们想说什么。比如，"亚历克斯现在真的真的真的很想要小狮子玩具。"帮助孩子明白事情会如何解决："露西玩完之后，亚历克斯就可以玩小狮子了。"

列一个等待次序表

当很多孩子都想要同一个玩具时，列一个等待次序表。两岁大的孩子都喜欢这么做，这让他们感觉很可靠。口头表达如"你是下一个"对小孩子来说没有什么意义。可是用一只色彩明亮的红笔写下他们的名字，瞬间他们的愿望就变得真实了。他们可以看见并摸到这张纸。他们开始明白什么是次序。"我们看看等待次序表，我会把你的名字记上。看，这是你的名字，你就排在丹妮的后面。"

荡秋千次序表

1. 海顿
2. 格洛丽亚
3. 丹妮
4. 雅克

5. 纳特

给孩子一次改正的机会

控制住自己抢东西的冲动对孩子来说是很难的。有时候他们会犯错。当他们这样做时，请不要生气或是惊讶（"你明明知道抢东西是不对的！"）。强调一下限制然后再给他们一次机会。尽管你可能需要暂时把孩子带到别处，但也没有必要用禁止玩耍作为惩罚。让孩子明白，只要她不再抢东西，她还可以回来。"如果你保证不再抢小火车，你就可以再回到玩具屋。你还要抢凯尔文的小火车吗？"只要孩子告诉你她这次不会了，就再给她一次机会。

区分集体空间和私人空间

分享不仅涉及物品，还涉及空间，这可能包括家具、楼梯或者是沙坑。想想家里的哪些区域是属于大家的，哪些是私人的。例如，"沙发是大家的，如果你不想挨着索菲坐，你可以离开。你的床是你的地方，你可以随便玩。"对于室外，你可以决定，沙坑是大家都可以玩的，但梯子的顶部可以被一个孩子长时间占着。分清楚哪些是私人空间，哪些是大家一起分享的空间。

小组轮流制

有一个小伙伴来找四岁的艾力玩。起初他们在一起玩拼图，后来他想自己一个人玩。他的妈妈感到双重苦恼——艾力不仅开始抢玩具，而且他还很不友好地对待他的朋友汉娜。

"玩够了"这条规则仍然可以实行。当两个孩子在一起玩的时候，不管他们玩的是拼图、下棋还是橡皮泥，总是会有一个孩子先玩够了。但是这些游戏是孩子们一起玩的，两个孩子都需要玩尽兴了才能让其中一个把玩具拿走。艾力的妈妈可以这么说："我看见汉娜在玩拼图，她还在玩呢。你可以不玩了，但是你不能把所有的拼图都拿走。"

在一起玩会让孩子很兴奋但是也很难办。当别的孩子玩自己的玩具，或者孩子太兴奋而无法控制好自己的身体时，孩子往往会感到焦虑。所以，请提前把那些多余的玩具收好。有冲突是正常的，孩子还要学习很多才能明白什么是友谊（详见**法则 11：我们并不都是朋友**）。

"过多"是相对的

孩子们想要的东西往往比我们想象中的要多。比如，更多的沙子，更多的恐龙玩具。

两岁的布莱登发现了一个装着项链的盒子，然后他就把那八条项链都挂在了自己身上。迈尔斯看到了，觉得很有趣，他也想要一条。然后，这就发生了下列的一幕：

布莱登的爸爸：给迈尔斯一条吧。你要懂得分享。

一听到这个，布莱登紧紧地抓住了他的项链。

布莱登的父亲：来！布莱登，你已经有很多了。为什么不给迈尔斯一条呢？

对于布莱登的爸爸而言，八条项链已经很多了，为什么不把其中一条给迈尔斯呢？确实，对于成年人来说，这很合乎情理。但是布莱登才两岁，而且他还不懂得如何跟别人一起玩。对他来说，八条项链一点也不多，都是他想要的；他现在正在玩这八条项链，他需要这么多。保护布莱登玩耍的权利就是要让他保留所有的项链。

分散孩子的注意力并多准备几个玩具

即使是两岁的孩子也能明白轮流玩耍的含义，但你不可能每时每刻都指导他们理解情绪和分享的深层次内容。在一个集体里（比如班级、育儿班），准备至少两套同样受欢迎的玩具，特别是对那些刚学会走路的孩子。当你们要去沙滩的时候，你要多带几个铲子。转移他们的注意力。你会有很多实践机会的。

按照别人的需要分享的缺点

放弃某些东西感觉很糟糕。

有趣的游戏会因为另一个小孩的意愿而被打断。

一直玩玩具的规则很专制,使人困惑。

分享只是为了取悦成年人,没有什么实质的意义。

真正慷慨的培养很可能更缓慢。

孩子不会再相信成年人,特别是在社交场合。

按照别人的需要来分享,这需要父母一直盯着。

孩子们会因此学到一些负面的东西:

如果父母不看着就不分享。

巧妙的运用一些"分享"的做法,你就会得到你想要的。("你必须要分享!妈妈,我跟你说,杰克他就是不分享!")

跑向一位成年人求助并表现出一副很无助的样子是解决问题的好方法。("他玩了好一会儿了,"抽泣一下,"我还没玩过呢。")

放弃一个玩具,让别人欺负你也没有什么。

试试这么说

保护游戏

我看到布尔娜刚才在玩这个,现在她好像还在玩。

我看到卡莉正在玩这个玩具,我不会让你从她手里把这个玩具夺走的。

你们可以轮流玩,她不玩了,你就可以玩。

你可以一直玩,直到玩够为止。

轮到你玩了吗？可是她还没玩够呢。

你有没有问她玩够了没有？你应该问一下。

你想和他一起玩还是自己一个人玩？

你愿意他抢你的玩具吗？告诉他不能这么做！

礼貌的话语

如果你不玩了，你愿意跟杰米说一声吗？

如果他不玩了，我会告诉你的。我会来找你的。

山姆，我看到你不玩了，去告诉杰米吧！他还在等着呢。

安慰还在等待的孩子

哎，等待真是太难受了。

你很生气！你现在真的是想玩这辆卡车！

你希望他已经玩够了。

我会跟你一起等着，我会抱着你。

唉，真讨厌！你还是想玩积木，但你刚才离开了。现在其他人正在玩。

让我们列一个等待的名单吧！我让你排在最前面。

去跟他说你等得不耐烦了。

避免说的话

要友好一些，懂得分享。

我们要与朋友分享。你的朋友现在想玩这个。

你们可以一起玩这个玩具。

你玩的时间够长的了，让嘉文玩一下吧。

你不需要这么多，给贝西一个吧。

再玩五分钟，之后让他玩。我会设一个计时器。

家庭之外

在公共场合，让你的孩子一直玩到够再轮别人相当难办。有些父母对此会很生气。要知道，你的任务不是为了取悦所有的成年人。有时候无论你怎么做，别人也会有意见。但是最重要的是要支持你的孩子，不要背叛他。

　　让你的孩子在公共场合一直玩够也可能是一个不错的教育机会。一天，在体育馆开放的时间段，我儿子扎克拒绝把一个玩偶给另外一个孩子。于是，我大声对两个孩子说："扎克还没玩够呢！等他不玩了就给你，你愿意排队等候吗？扎克，如果你不玩了，你可以把这个玩具给那个小男孩吗？"

　　那小孩的妈妈什么也没说就把她的孩子拉走了。扎克又玩了10分钟。然后，用不着我提醒，他跑到体育馆另一头去找那个小男孩，之后双手把玩偶递给他，很高兴地说："给你玩吧！给你玩吧！"

　　那小男孩微笑着接过了玩偶。那个妈妈呢？她一脸震惊，呆站在那里。若非亲眼看见，谁会想到，孩子们主导的轮流制竟如此有效。

法则 10　让她一整天都占着那个玩具！

我儿子迈尔斯四岁的时候学会了荡秋千，对此他十分兴奋，每天都要荡上几个小时。事实上，他每天荡秋千的时间太长了，以至于手上都磨起了水泡。我们不得不把他的手包扎起来，给他戴上手套，缠上绷带。即使这样，他还是乐此不疲。前荡荡，后荡荡，上荡荡，下荡荡。

三岁的汤姆每天早晨都会站在幼儿园的水桌旁玩。每天都是如此，一看就是几个星期。"为什么他不试着玩点别的呢？"他妈妈有点担忧。别的孩子在画画、骑自行车、玩橡皮泥或者在外面观察蚂蚁的时候，汤姆就这样一直在水桌旁玩水。

当孩子需要"长时间占据"一个玩具的时候，家长往往会加以阻拦，因为这种重复让我们感到厌倦。而且我们的公平感会刺激到我们，促使我们对孩子的玩耍加以阻止（珍妮在等着！）。我们还担心孩子这样是不是有问题，一个劲地玩同一个东西，这正常吗？但是，孩子需要重复、安全感和放松。长时间占据一个玩具可以开发孩子对一样东西的强烈兴趣，或者让他们在熟悉的领域更好地培养安全感。被信任并且有安全感的孩子知道他们可以长时间玩一个玩具，这让他们更加放松，通常也会更快地结束自己对一个玩具的占有。

"叛逆"的原因

长时间占有一个玩具给了孩子充分的时间满足他们的需要。相信他们。

如果你想维护孩子的玩耍不受干扰的权利（参见**法则1：不要偷走孩子玩耍的时间，法则9：不分享也没问题**），并且采用以孩子为导向的轮流制，就要做好心理准备，因为孩子会长时间占据一个玩具。这可能会持续10分钟或者整个早晨，甚至一整天。在玩耍时，让孩子自己决定她什么时候才算玩够了——即使已经玩到了睡觉时间。她这么做很有可能是内心有所需求。占有一个东西或一直做某件事情或许正是她目前所需要的。尊重孩子长时间内对某个玩具的占有，就像尊重她短时间内对某个玩具的喜爱一样。

"叛逆"的收获

当孩子长时间占着某个玩具时，请相信自己，相信自己的孩子，满足她的愿望。她将学到：

我可以做我需要做的事情。

我的兴趣是被重视的。

我在社交场合中感到安全。

我十分相信周围的人。

我的行为会影响到其他人（我的朋友生气了，因为她一直在等着）。

练习和坚持是学习一项新技能的好方法。

为何有效？

孩子之所以会长时间占有一个玩具（或者一个空间）有很多方面的原因。首先，孩子通过重复来学习。他们一遍遍尝试，这是他们在跟随自己内心深处的需求。对于那些感官学习者，某一个特定的动作会让他们受益匪浅。练习一项新技能需要花费很多时间，而且孩子在玩的过程中不断学习着新的技能——不论是骑三轮车、拍皮球、学唱一首新歌或者是搭积木，所以，孩子想长时间玩一样东西不足为奇。

有时候，如果一个孩子长期占据一个东西表示这个孩子缺乏安全感。一个孩子一直拿着一个球可能是因为她不相信别的孩子，怕他们会拿走它。多拿一会儿这个球让孩子有一种安全感。有的孩子也会因为控制欲而长时间占据一个玩具。一个孩子紧紧抓住一个玩具不给其他孩子玩，可能只是为了宣告，"我永远都玩不够！"控制欲是孩子一种正常的内心需求，"幼儿学校"的主管斯蒂芬妮·罗特梅耶说。控制欲表示孩子需要通过更多的方式感受到自己的力量。参见**法则 16：给孩子力量**。

摘下成人的有色眼镜

在玩的时候，请相信你的孩子。你可能不太清楚她为什么需要长时间占据一个玩具，但这满足了她内心的需要。长时间占据一个玩具是以孩子为导向的轮流制的一个基础部分。即使你同情那个一直等待的孩子，也要保护另一个孩子长期占据某个玩具的权利。通常，安全感越强的孩子需要的时间越短。在孩子玩的时候，让他自己决定怎样才算是玩够了。

孩子们自己发起游戏通常是为了满足某种需求。有时候，荡秋千或者骑木马就能满足这种需求，或者是把自己裹在一个毯子里，又或者是反反复复地做某件事情。"对于感官学习者而言，他们可能十分享受某种感觉。""幼儿学校"资深教师戴芙·巴里尔曾这样说道，"如果孩子整个上午都在荡秋千，这说明他需要通过摇荡来满足某种需求。有时候，也许只是因为这个动作让他感觉很好。"

还有另一种情况，如果一个孩子一直做同样一件事情——也许是玩沙盒，也许是荡秋千——因为这件事给了她一个进行观察的安全地带。社会学家米尔德·帕尔登曾经研究过孩子的自由活动，他表示，"旁观"是自由玩耍的一个阶段，孩子在这个阶段先观察一下游戏过程而不主动加入。在与同龄人互动之前，孩子需要一点时间来培养自己的安全感。在投入到更大交际圈之前，孩子也许会感到无所适从，所以她需要先静静地观察游戏。更多有关玩耍阶段的内容请见**法则 11：我们并不都是朋友**。

孩子被迫分享了一个小皮球后，只要他们有机会拿到喜欢的玩具，就会独占它，而且占的时间更久。这说明他们并不相信这种规则。他们心爱的小球或者喜欢玩的东西随时会被夺走。他们通过长时间占据来对此表示抗议。

慢慢地，孩子们会有所改变。他们会渐渐地放松下来。当他们相信你会维护他们玩耍的权利，而且只要他们喜欢，他们可以一直玩某个东西，他们便不再会霸占。有了安全感的孩子不需要通过占有玩具来证明这一点。

长时间占有玩具的原因

学习新技能

安全感或者占有欲

强烈的兴趣

控制的机会

满足某种需求（如荡秋千的感觉）

作为旁观者观察的机会

难得有长时间占有的机会

应对长时间占有

父母很难接受孩子长时间占着某个玩具，尤其是当另外一个孩子还在一旁等着的时候。这与我们在社交场合中与人为善以及乐于助人的本性有关，但是对于孩子玩耍的权利和以孩子为主导的轮流制而言，长时间占有必不可少。如果是大人决定玩多久才算是玩"够了"，事情往往会像下面这样。

三岁的纳森正在高兴地荡秋千。六岁大的杰夫在旁边等着。
杰夫："我可以荡一下秋千吗？"
奶奶："当然可以，他已经玩了好久了。"
纳森又喊又闹，并抓住秋千不放手。奶奶只好掰开他的手。
奶奶："你该学学分享了！"

在家里、教室里或者并不很拥挤的公共场所，大人常常用这种方式解决孩子长时间占有玩具这个问题。你住在纽约或者芝加哥吗？如果你不能忍受超长时间的等待（在大城市的广场或者拥挤的科学博物馆），那么请阅读本章的"家庭之外"部分。

当然，长时间轮换意味着其他孩子会等得不耐烦。这时，我们既要维护孩子长时间玩耍的权利，又要帮助等待的孩子表达他们的烦闷之情。

露西：佐伊还在霸占那辆蓝色自行车啊！
妈妈：你去告诉她你等得不耐烦了，你告诉她你已经等了一上午，这让你很生气。

像佐伊这样的孩子会明白自己的行为给别人造成了影响。露西在长时间等待后感到很生气。佐伊也许不会马上让出自行车，但她会意识到别人的感受以及她的行为产生的影响。为了尽量维护佐伊长时间玩耍的权利，她的妈妈也许会说（提高音量，让两个女孩都能听到）："佐伊可以不把自行车给你，她想玩多久都行，但你可以告诉她你的感受。"

有一个简单的方法可以帮助长时间等待的孩子，那就是提醒他们：规则适用于每个人。"轮到你的时候，你也可以玩很久，我不会让任何人从你手中夺走玩具，直到你玩够为止。没有人会夺走它。"这样的保证会创造奇迹。做一个轮流表来保证每个孩子都能轮到（请见**法则 9：不分享也没问题**），只要孩子们体验了一次这种规则，下次让他们等待便会容易很多。

有时候，某个孩子会特别想要长时间占着某个东西。这也许会持续数天而不是几个小时。如果出现这种情况，大人应该根据具体情况做出改变，而不是让孩子改变。例如，三岁大的米切尔，他想要画画，因而在幼儿园天天霸占着画架。他想要画画的欲望十分强烈，于是老师专门为他设置了一个绘画区域，这样，其他孩子也可以画画了。两岁大的布鲁克患有自闭症，特别喜欢读关于大红狗克利福德的一本书，他总是把这本书抱在怀里。解决的办法就是再准备一本这样的书。我们要做的是解决空间或者现实的问题，而不是阻止孩子。

试试这个——加进你的工具箱

多久算久？

对于孩子来说，长时间轮流可以持续好几天。如果有其他人在等待，可以在家中制定一条合理的规矩。比如，长时间占有可以持续一整天。第二天重新开始，轮到之前等待的那个孩子。

如果没有足够的时间进行长时间轮流

有时候我们就是没有时间让孩子长时间玩一个东西，那就告诉你的孩子，"我们现在没办法长时间轮流玩耍，我们要去奶奶家了（或者到了小睡、吃晚饭的时间）。"如果你给了他们长时间轮流玩耍的权利，不得已时要停止这一切也不太难。记住，是你在掌控着整个家庭的日常节奏，如果有需要，玩耍也要结束。如果孩子仍没玩够？写一个字条，"从奶奶家回来后的第一件事情就是让艾莉莎继续玩粉笔。"或者，"艾登还没有玩够玩具车，明天早饭之后他还能继续玩。"承认你的孩子还没玩够的事实有时就是孩子所需要的。要理解他的感受："哦，太糟糕了！你还没玩够，但我们不得不回家了。"在短暂的终止后可以延长他们轮流玩耍的时间。做一个标记或者其他的事情确保她玩耍的东西不被他人拿走。如果孩子知道她一会儿可以继续玩，她会产生一种信任感，长时间轮流法就能很好地实施下去。

试试这么说

保护孩子的长时间玩耍

长时间轮流玩耍没有问题。

是的，她要玩的时间长一些。等轮到你的时候，你也可以这样。

我明白你今天想要玩的时间长一些。

你还没玩够，让我们写一个字条记下来。

丹尼仍然在玩小铁铲。他可以在明天的小睡后继续玩。

应对长时间轮流

等待是很困难的。

是的，她要玩的时间长一些。等轮到你的时候，你也可以这样。

去告诉她你等得有些烦了。

佐伊不一定非得把玩具给你，但是你可以告诉她你的感受。

我看到德文生气了，他等得不耐烦了。

我们现在没办法长时间玩耍，现在该去吃晚饭了。

分享公共空间

滑梯是大家的。

我看到许多孩子在等着玩呢。你什么时候能玩够呢？

还有许多孩子等在这里，我们需要轮流得快一些。

在家里你可以长时间玩一个东西，但是在公园不一样。

这一轮游戏已经结束了，如果你还想玩，去等下一轮。

避免说的话

你已经玩得够多了。

迈克尔想玩，你必须停下来。

最多再给你五分钟，你就不能玩了。

算了吧，试试其他玩具吧。

家庭之外

在公共场合里长时间轮流是很困难的。例如，阿德琳是一个两岁的孩子，她喜欢长时间轮流法，她特别喜欢坐在游乐场的滑梯的顶端。其他孩子排成几排挤在后面等着。她的妈妈想到一个办法，既可以让她待在滑梯的顶端，又不影响其他孩子玩滑梯。她帮着阿德琳坐到了滑梯边上。这样阿德琳就可以在其他孩子玩滑梯时继续在上面坐15分钟。

看看你是否能像阿德琳的妈妈那样既能满足孩子的要求又能为其他人提供空间。思考一下孩子会有哪些需求。她需要力量吗？需要待在高处吗？是想一个人待着？还是想攀登到哪儿？想一个其他办法来满足她的需求。例如，"如果你想待在高处的话，爬上滑梯就足够高了。你可以在上面多待一会儿，但是滑梯是用来滑的。"

你允许自己的孩子玩多久是个人行为。你可以在任何情况下坚持让孩子长时间玩耍。你也可以在家里确立一些与城市游乐场不同的规则。大部分人会在社交需要和长时间轮流之间取得平衡。如果科学馆只有一个泡泡机，而成群的孩子都想玩它，确信你的孩子明白在这种情况下规则是不同的。在去人多的地方之前，比如博物馆或者游乐场，早点给孩子设置期望值（在到达目的地之前），并给她一些提醒。例如，"儿童博物馆有许多孩子，轮到我们玩的时候必须快点才行。"

特殊情况发生时，通过观察往往也能解决问题。"你想骑马骑久一些，但我看到其他孩子正等着呢。而这里只有一匹马。"或者提供一些信息："公园是大家共享的场所。这和家里不一样。"有时，你会觉得最好的办法就是减少玩的时间。"游乐场今天人太多了，如果你还想继续玩那个挖掘机，你需要重新等一轮。"然后帮着你的孩子去排队。

法则 11　我们并不都是朋友

大人经常说，孩子们都是"朋友"。每当我妈妈听到这个说法，她就感到厌烦。为什么呢？她说："事实不是这样的。"

当孩子们被聚集在一起的时候，我们通常会称他们彼此是"朋友"。但很多时候，这些孩子根本就互相不认识。小孩子都是以自我为中心的，即使他们以前在一起玩过，他们也很少会注意到其他人。一个两岁的孩子甚至会将其他孩子看作是自己领地的入侵者，他们根本算不上是朋友。

孩子的社交恐惧是真实存在的，并且，我们需要尊重这一点。第一步，诚实地告诉孩子什么是真正的朋友，并且允许孩子选择自己的朋友。第二步，帮助孩子培养与同龄人建立友谊的技巧与能力（也就是如何跟别人"玩到一块去"）。

"叛逆"的原因

> 不是所有的孩子都是朋友。接受孩子的社交恐惧和择友偏好。引导孩子学习交朋友的方法。

事实上，孩子们不都是朋友，一个孩子不一定会喜欢另一个。即使他们喜欢对方，他们也许并不想一起玩。孩子几乎没有社交经验，这个时候，如果你强迫他们接受一个朋友，这几乎是不可能的。

当然，孩子们总是会被丢在一起。父母们在一起，孩子也聚到了一起。孩子们在同一个社区、托儿所、学前班或家庭聚会中分享空间。在这些时候，他们可能会一起玩、自己玩或者拉帮结派玩。无论如何，不要因为他们岁数差不多就臆断他们是朋友。

尊重孩子的社交选择。他们有时不得不待在同一个空间，但他们不一定要一起玩耍。如果你不强求他们做朋友，他们对友谊就会有更好的了解。

"叛逆"的收获

> 即使不把孩子们互相称为"朋友"，他们对"友谊"已有很多困惑。当你尊重真正的友谊并帮助孩子掌握额外的社交技巧时，孩子就会成长。孩子会从中学到：
>
> 朋友是我人生中很特别的人。
>
> 我知道如何跟别人玩到一块去。我可以交新朋友。
>
> 朋友之间不一定要永远意见一致，即使有不同意见，一样可以做朋友。
>
> 大人尊重我和我的游戏。我可以控制自己的游戏。

为何有效

杰米，刚刚三岁，一个人坐在一辆红色的玩具车中。有一个孩子走过来，杰米警惕地看着他。

"哦，听话。另外一个小朋友想玩了。"他妈妈说。

杰米的身体往前一探，玩具车撞到了那个孩子的脚上。

"杰米，当心点。你轧到小朋友的脚趾了。"

当我们称小孩子为"朋友"时，我们给孩子造成了困扰并且贬低了友谊。不是谁随随便便都能成为你的朋友。一个真正的朋友是你很珍重的人——一个与你一起哈哈大笑，关心你且单纯地喜欢与你待在一起的人。关于真正友谊的故事在书中不胜枚举。朋友意味着与另一个人形成一种互相关爱的关系，而小孩子刚刚开始拥有这种能力。

摘下成人的有色眼镜

孩子不会因为他们年纪相仿就奇妙地成为朋友。小孩子刚刚开始理解什么是友谊，如果在任何情况下都把其他孩子称为"朋友"会给孩子们造成很大的困扰。小孩子会与一些孩子玩，也会忽略另一些。没有关系。作为一个成年人，你也不会喜欢每一个你遇到的人，因而别期望一个孩子对每个人都拥有同等的感觉。让她享受自己的第一份友谊——同时学会尊重其他孩子。

有时候，在孩子还没有准备好之前，家长就希望他们能够玩到一起。但是孩子们进入游戏需要经过几个阶段，比如，他们先要对游戏进行观察，然后自己单独玩，之后才是大家一起玩。关于游戏的不同阶段，请参考本章下面的总结。随着孩子大脑的发展，游戏的阶段也在不断地演变，孩子需要学习一些技巧，帮助她融入别人的游戏，跟其他孩子一起玩。"跟别人玩到一块去"也是一种社交技巧，需要不断练习才能获得。

社交技巧的确是需要学习的。心理学家凯西·赫什-帕塞克提倡多让孩子们在一起玩，她认为，很多父母想当然地认为社交技巧的形成是自然而然的事，其实并非如此。当孩子开始学着与同龄人交往的时候，他们的社交意识才开始萌发，而这种意识被心理学家、《情商》和《社交商》的作者丹尼尔·戈尔曼称为是"社交商"的一部分。

孩子的第一份友谊通常出现在三四岁的时候，但此时孩子之间不会产生比较深的情感纽带。如果他们一起玩同一个玩具或者在同一时间玩耍，他们可能就会把彼此称为"朋友"。但是这样的友谊很快就会结束。学龄前儿童正在对友谊进行探索，但是他们不知道友谊是否会一直保持下去，朋友之间是否可以有不同的意见，朋友是否总要在一起玩。这个岁数的孩子大都不能很好地理解友谊是什么。

要知道，这一切对你的孩子来说都是很陌生的。很多孩子跟其他孩子一起玩，但是却从来没有一个自己的朋友。到了四五岁的时候，"好朋友"就变得特别重要了，但是小孩子对于友谊方面的问题还是有些困惑。"如果我跟他玩，我是不是就不能跟别人做朋友了？一个人可以同时有两个好朋友吗？如果我们想法不一样，她会不会不跟我做朋友了？"关于友谊的事情，孩子们还有很多基本的内容需要学习。

当我们跟孩子谈论社交方面的问题时，一定要坦诚。不要粉饰事实。社交关系会让人受益，但绝对不是一件简单的事情。小孩子正在友谊的领域摸索，想要弄清楚这是怎么一回事。家长此时不能过于强求，而是需要引导孩子掌握更好的社交技巧。

> 让孩子做主。帮助他们互相倾听对方的话，让他们自己对同伴的行为设立限制。

游戏的阶段

米尔德里德·帕滕最早描述了儿童早期游戏的几个阶段，具体如下：

独自玩耍

各个年龄阶段的孩子都可能选择独自一个人玩耍。特别小的孩子还不太会跟别人一起玩。独自玩耍意味着孩子沉浸在一个人的游戏中，对周围的孩子不感兴趣或者根本没有意识到他们的存在。孩子通过一个人玩来避免过多的社会交际。

旁观

孩子可能会很认真地观察别人的游戏，但是却不参与其中。一个孩子会看着其他两个孩子一起搭塔楼。他可能会评论一两句，给他们出出主意，但是却不会加入游戏。这常见于小一点的孩子或者那些在玩之前需要建立信任感的孩子（他们想通过观察来了解游戏或者玩游戏的人）。作为一个旁观者很安全，有些孩子就是需要安全感。

平行游戏

平行游戏就是孩子们在一起玩，但是各玩各的。两岁左右的孩子特别擅长平行游戏。我们经常在沙坑旁看到几个两三岁的孩子，你挨着我，我挨着你，但是每个孩子却是各玩各的；或者两个孩子同时玩玩具汽车，但是却不一起搭轨道。这个年龄阶段的孩子还沉浸在自己的游戏之中，而且很在意安全感。"我安全吗？其他孩子会干预我正在做的事情吗？"挨着另外一个孩子玩是需要信任感的。平行游戏中的孩子已经意识到其他孩子的存在，也可能会模仿其他孩子的行为。这个阶段被认为是团体游戏的前阶段。

团体游戏（关联性游戏与合作性游戏）

大概四岁的时候，孩子就开始结交朋友并且开始玩比较复杂的社交游戏。团体游戏通常分为关联性游戏与合作性游戏两种。孩子们进行关联性游戏时并没有真正的共同目标，但是他们之间共享很多内容。合作性的游戏通常是带有戏剧性的扮演游戏。"让我们玩过家家吧，我当妈妈。"或者，"鲨鱼！快走开！快到船上来，快点！"捉人游戏、躲猫猫等都是合作性游戏，还有其他一些需要孩子共同完成的项目，也是这类游戏，如搭建一座积木塔楼等。

混合性游戏

孩子们经常在游戏的不同阶段切换。如果一个五岁的孩子想一个人玩，或者一个四岁的孩子一直在观察别的团体游戏，这都很正常。如果孩子足够大了，可以参与到合作式游戏之中，他们可能会很高兴地跟别人一起玩，他们也可能就喜欢跟某个"好朋友"一起玩。

参与游戏

"你愿意和我玩吗？"

有些孩子似乎以立刻就能和别的孩子产生友情。而有些只会站在一边观看，要么就突然冲向某个可能成为他玩伴的孩子，把他吓一跳。参与游戏看起来容易，但对很多孩子而言，这是一门不易掌握的学问，通常需要勇气、训练和练习。

小孩子有时候会尝试一些奇怪的方法来结交朋友。比如我的哥哥斯科特。

斯科特三岁的时候特别害羞，但却特别想要交朋友。在家里，他假想自己的朋友躲在我家车道两边的树丛后，于是，他会经常对着树丛说话。在周日学校，他会突然从别的孩子后面跳出来并用胳膊勒住别人的脖子。这到底是怎么回事呢？周日学校的老师都认为他是一个有暴力倾向、不爱社交的孩子。我的母亲听到这些信息，哭着回到家里。

好在我弟弟的故事最终有了一个圆满的结尾。他在"幼儿学校"的时候，那里的老师弄明白了斯科特的攻击行为究竟是怎么一回事：他只是单纯想和别人一起玩。同大多数三岁左右的小孩一样，斯科特缺乏社交技巧。又同大多数男孩子一样，他会使用他的身体来表达感情。斯科特攻击的都是那些他最喜欢的小朋友。就像一只小狗欢快得上蹿下跳，他只是想要和别人一起玩。

当孩子不知道如何参与游戏时，他们采取的方法通常就是打扰别人的游戏或者对别人发起身体上的攻击。一个简单的矛盾调解就能处理好这种情况："斯科特，我看到你跳到本的后背上了。本，你想让别人跳到自己身上吗？不想？那好，你告诉他别这样做。斯科特，你是想和他一起玩吗？本，斯科特说他想和你一起玩。你还担心他会再次跳到你身上吗？斯科特说他不会再往你身上跳了。下次你想和别人一起玩的时候应该怎么做？"

尊重正在进行中的游戏

"去问问他们呀！"我们都会跟孩子们这么说。

诚然，直接问"我可以和你们一起玩吗？"比突然闯入别人的游戏或者攻击小伙伴更好一些。但问题是,"我们能一起玩吗?"这种方式对小孩子来说并不完全有效。

在面对不确定性的时候,许多孩子都会说不,并拒绝一个玩伴的加入。对成年人来说也是如此。成年选民在面对一个自己不太确定的议题时都倾向于投否决票。"我们能一起玩吗?"是一个礼貌的开始,但是孩子们需要更多的信息。

关键在于要尊重别人正在进行的游戏并找到一个容易被接受的方式参与进去。有时候这需要立即设立一些限制("不准碰倒我的塔")。这样就可以排除担心并让每个人都知道自己的角色。

> 只说"我可以一起玩吗?"是不够的。孩子还要学会怎样给自己找一个位置。

想让孩子接纳一个新玩伴,就要尊重他们正在做的事情。问他们,"你们在玩什么呀?""你们需要别人来帮你们一起挖吗?""你需要什么?"和新来的孩子说说话,帮助他想一想自己能提供什么帮助。他是不是需要一个铲子?或者一件道具服装?他是不是得扮演成一只狗、一个怪兽或者一个巴士司机?问问他:"你能做什么?你能为大家带来什么?"

劳拉·戴维斯和詹尼斯·凯瑟说,作为一个成年人,你要做的最重要的一步就是认可孩子们正在进行的游戏。成年人要肯花时间去弄清楚这个游戏究竟是在做什么("噢,你们是在扮演消防员啊"),这才能帮助孩子们消除担心。最先开始游戏的孩子们会放松下来;他们知道自己的游戏是被尊重的。在一种信任的气氛中,孩子们更加易于接受一个新伙伴或者新想法。

问一些问题来帮助孩子们制定新的计划来接受新成员的加入。比如:"盖文需要别人帮他取更多的沙子。你能去帮帮他吗?"或者说,"这些孩子在玩捉迷藏,他们说只要你来做找人的,他们就让你一起玩。"如果是在玩过家家的游戏,各个角色都已经设定好了,那你就问,"你们还需要别的小动物吗?可以有两只斑马吗?"只需要认可他们的游戏,就能让一开始游戏的孩子有安全感和被尊重的感觉。或者再问问他们,"有什么方法可以让米拉加入你们的游戏吗?有什么能让她做的？"

一些孩子很容易接纳别人。另外一些却非常挑剔。害怕的主要原因是新来的小朋友会抢走他们的玩具或者打乱他们原本的游戏。如果新加入的小伙伴让孩子们感到紧张的话，就帮助他们制定一些规矩。"莎拉说只要你别弄坏小卡车就可以一起玩。"

试试这个——加进你的工具箱

大人可以引导孩子加入游戏。你不需要告诉他们如何玩（例如，在一家饭店，你做服务生来点菜），但是需要引导孩子如何获得别人的接受，这项技巧是你教给孩子众多的社交技巧中的一项。

培养友谊

发现朋友

帮助孩子留意谁可能成为很好的玩伴。指出他们之间的相似点和兴趣所在。很简单："你在玩积木，大卫也在玩积木，你们俩都喜欢积木。"指出旁边正在玩耍的孩子并喊出他的名字，可以帮助孩子培养社交意识。"米拉正在你旁边倒沙子。"

如果你的孩子专注地观察另一个孩子，她可能是在找朋友。"你在看萨拉，你想和萨拉玩吗？你可以问问她。"孩子往往可以很容易接受一个新朋友。比如：

两个女孩在一起玩玩具小屋，罗根在一旁看他们玩。

大人：我看到罗根一直在看你们玩。罗根，你是想和她们一起玩吗？

罗根点点头。

大人：可以吗？

一个女孩：当然啦！

第二个女孩（对罗根）：你可以做弟弟。

对孩子描述一段刚刚发展的友谊:"宝贝,你和皮特已经玩了很久了,我看到你们吃午饭的时候坐在一起,还一起骑车。你是不是正在交一个新朋友?"

精神上的支持

"你想和我一起玩吗?"与此密切相关的一个问题是:"如果你不想跟我玩怎么办?那样没事吧?"和大人一样,孩子们会因为担心他人拒绝而不敢尝试。这时,你可以帮孩子一把。当孩子表达想要加入别人的游戏时,主动待在孩子身边。

"你想和萨拉玩吗?"你可以问她。(信息)
"她可能会同意也可能会拒绝哦。"(设置期待值)
"你想要我在你身边吗?"(精神支持)
"海蒂想问你个事情,萨拉。"(孩子们直接对话)
"她能加入你们的游戏吗?她可以做什么?"
"你们的游戏还缺什么?"(慢慢过渡)

友谊解析

一个人可以拥有不止一个朋友吗?朋友们总是意见一致吗?朋友意味着什么?

随着孩子间友谊的发展,你可以给他一些信息来帮助孩子度过一些无法避免的起起落落。例如,如果一个孩子觉得自己被孤立了,跟他解释一下:"凯瑟每天都在和你玩,但我看到她今天在和杰克玩,朋友们即使不在一起玩,他们还是会互相喜欢的。"

孩子在友谊方面是稚嫩的,所以他们会犯许多错,做出很多错误的假设。成人的友谊是建立在情感纽带的基础上,孩子的友谊则是以玩为开始的。孩子很容易认为,大卫现在不和我玩了,他就不再是我的朋友了。

还有,孩子往往认为朋友要在所有的事情上与自己保持一致。当被朋友质疑时,孩子会说:"你不再是我的朋友了!"另外,孩子们经常会在游戏主题和主导者上产生分歧。当关系紧张时,他们往往会采取拒绝的态度:"我再也不喜欢你了!我不跟你做朋友了!我也不会邀请你来我的生日聚会了!"

给孩子一些基本信息。他们需要知道:(1)即使你不总想跟他一起玩,你们仍可以做朋友;(2)朋友不需要总是想法一致。这两点很重要。

在詹森家一起玩的时候,卢卡斯和詹森都想扮演超级英雄。可是詹森只有一个斗篷。

詹森:我要当蝙蝠侠。

卢卡斯:不,我想当蝙蝠侠。

詹森:不,你是罗宾。我有斗篷,所以我才是蝙蝠侠。

卢卡斯:我是蝙蝠侠,我要当蝙蝠侠。

詹森:不,傻瓜!这是我家,所以由我来决定!

妈妈:詹森,客气一点,卢卡斯是客人!

卢卡斯:你不是我的朋友。

这是孩子之间很常见的争吵,但是却隐藏着一个深层的问题:怎样去做别人的朋友。找出他们友谊的问题所在。是有人太专横?还是有人随便起外号?还是孩子们在游戏主题上起了分歧?朋友之间是可以有分歧的。朋友之间是可以商量的。朋友也可以互相提出要求。你可以帮助詹森和卢卡斯从中吸取教训,就像这样:

大人:你们之间好像有什么问题啊。(态度要中立)

詹森:这是我的斗篷!(倾听问题:与他人分享一个特别的玩具)

卢卡斯:他什么事都不让我干!(倾听问题:有一个专横的朋友)

大人:詹森,你告诉卢卡斯,这是我的斗篷,我不想让你弄坏它。卢卡斯,你告诉詹森,我不喜欢你对我颐指气使。(对朋友提出要求)

大人:朋友之间会有不同的意见。这个时候要怎么办呢?你们应该都有自己的想法来解决问题。卢卡斯,你觉得应该怎么做呢?詹森,你认为应该如何解决这个问题呢?(提供信息,聆听)

孩子们可以学会聆听和灵活应对问题的技巧。他们会懂得，改变想法，换一种玩法，对朋友提要求，这些都是可以的。

促进友谊的方法
表达感情的书信

玛雅：

我很难过。一块玩了。你还是我的朋友吗？

劳伦

劳伦，三岁，她口述了这封信。两个女孩前一天还在一起玩，但今天玛雅和其他两个孩子一起玩海盗游戏。大声向玛雅读出这封信可以帮助两个孩子交谈这件事。玛雅还是想玩海盗的游戏，但是她可以让劳伦安心一点。"我只是现在不想跟她一起玩，"她澄清道。"你还把她当朋友吗？"老师问。玛雅说，"当然啦。"大人可以安抚劳伦难过的情绪，并且提醒她，"你不能强迫别人和你玩耍。你真的很想和玛雅玩，但是不能强迫玛雅。她还是喜欢你的，她很快又会跟你一起玩了。"

告示

告示对于划清社交界限是非常有效的工具。如果孩子们想要组建自己的俱乐部，建议他们做个告示，列出俱乐部的基本规则。比如，"瑞恩、约翰和贾斯汀的会所，如果布鲁迪是一个骑士的话，他也可以加入。"告示可以把孩子的喜好、恐惧和游戏主题明确地写出来。另外一个四岁孩子写道："只有外星人和骑士可以进这个房间。不许骂人。"

玩偶

讨论友情的时候可以借助玩偶，这是一个非常棒的工具。如果棕熊有一个烦恼，担心他的兔子朋友不再喜欢他了，你可以很安全地把这个问题上升到一个人是否可以在不失去第一个朋友的情况下再拥有其他朋友。问你的孩子："这种事在你身上发生过吗？"对一个玩偶讲述内心害怕的事情会让孩子感觉更安全些。

聊一聊友谊

和孩子聊一聊,"朋友是什么?"由此引出交谈:"怎样能让一个朋友顺着你的意思玩呢?"和孩子一起想各种主意,然后写下他们的想法。在这个过程中,你可以修改那些不准确的描述。

词汇示范

和任何事一样,孩子们会通过模仿来学习如何处理好友谊以及与潜在的玩伴之间的关系。给他们一些具体词汇来表达。当友谊遇到挑战时,他可以借助这些词汇来解决冲突。一个不理解友谊含义的孩子可能会说"你不再是我的朋友了",然而他的真实想法却是,"我现在很忙。我正在和萨姆玩。我们等一会再一起玩吧。"和自己说说这些话,你的孩子可能很快也就学会这么说了。

培养友谊的小窍门

1. **帮助孩子发现潜在的伙伴**
   描述其他孩子正在做的事,并指出他们之间相似的兴趣。
2. **提供精神上的支持**
   陪孩子一起主动去询问是否能够一起玩。
3. **帮助孩子注意到其他孩子的社交目标**
   描述一个正在进行的游戏,鼓励孩子思考他能为游戏做点什么,比如拿一个玩具或者扮演一个角色。
4. **鼓励灵活性**
   "游戏中可以有两个宝宝?让珍妮加入你的游戏可以吗?"
5. **提醒孩子给新来的孩子设立限制**
   如果孩子有所担心,往往会拒绝新成员的加入。设立限制可以帮助孩子减少恐惧,帮助他们接纳新来的玩伴。"你的规矩是什么?是别把城堡推倒吗?"

6. 帮孩子解读友谊的涵义

给孩子提供一些信息：朋友们也不总是在一起玩。朋友们也不总是意见一致。如果这些事发生，你们还是可以成为朋友的。使用多种方式（写信，告示，木偶）引导孩子理解友谊。

7. 解释奇怪或不适当的举动

如果一个孩子本想要一起玩却用错了方法，反而去攻击其他玩伴，此时家长需要重新指导并帮助双方理解这个孩子的行为。"当你大喊大叫地跑过来时，杰卡布以为你要伤害他。"奇怪的行为是孩子想要表达一起玩的一种方式。

试试这么说

如何加入游戏

你想和维多利亚一起玩吗？我们一起去问问她吧。

我看到你在看杰克。你想和他一起玩吗？

你们在玩什么呢？

本想帮你一起盖城堡。你想让他帮忙吗？你的规则是什么？

她能加入你们的游戏吗？她能做什么？

你的游戏需要什么？他能拿什么？你们的游戏中可以有两个坏人吗？

如何理解友谊

如果你不喜欢那个想法，那就告诉他。你还有其他不同的想法吗？

我知道即使两个朋友不能总在一起玩，他们还是朋友。

我知道孩子有时想一个人待着。（或想有不止一个朋友）

我知道孩子的想法总是在变。

避免说的话

在这里的，大家都是朋友。

我看见一个小朋友想要玩这个玩具了。

让你的朋友现在玩这个玩具吧。

家庭之外

如果其他成人把你的孩子称为"朋友",而实际上孩子们基本上不认识彼此,那介绍他们互相认识。"我觉得孩子们还不认识,这是艾米丽。"这就让孩子知道怎么去认识一个新玩伴,并且更好地理解什么是"朋友"。

在学前班和幼儿园,你可能会从老师那里听到很多关于"朋友"的看法。打破陈规很难,但是你可以提出问题。这可能会在课上引起一个关于社交关系的深度交流。

法则 12　拒绝玩伴也可以

在操场上，一个小男孩跑向他的老师。"凯文不让我跟他一起玩！"

"他必须跟你玩，"老师回答道。她又重复了一遍，"我们不允许说'你不能玩'。"

凯文正忙着和其他孩子一起玩，男孩回去找他。可是没一小会儿，他又回来找老师了。

"他还是不让我玩！"

"凯文！"老师喊道，"去凳子上坐着去！"

"叛逆"的原因

> 自由玩耍包含了自由选择玩伴的权利。让孩子决定是否接受或拒绝一个玩伴。

见到孩子拒绝他人参与游戏时，我们通常会立刻阻止他们，"这样不好，"我们说，"让卡洛琳娜也假扮一只小狗加入游戏吧。"

成年人特别想让孩子们友好相处。我们见识过世界上各种各样的麻烦，我们自身也在社交中受过伤害，而我们希望我们的孩子能幸免于此，希望他们能超越平常人，和谐相处。我们告诉一群孩子：你们都是朋友。我们命令孩子们去和另一个孩子玩。而事实却是，愤怒让我们恐惧，争执让我们不舒服，而被他人拒绝让我们十分害怕。

我童年时期所在的"幼儿学校"在孩子间的拒绝这件事情上采取了很独特的立场。选择玩伴是孩子的基本权利。它的另外一面是：拒绝他人也是孩子的基本权利。

为什么拒绝也是正当的呢？这样做的主要目的是通过保护孩子们玩的权利来满足他们不断发展的需求。孩子们决定自己想跟谁玩。这意味着一个孩子能决定他是跟一两个朋友玩，还是跟一群人玩，或是享受隐私，独自玩耍。

"叛逆"式的拒绝不会伤害任何人。这符合黄金叛逆法则：只要没有伤害到人或物就没问题。是的，当一个孩子不被欢迎时总会感到伤心，但这种挫折感与她想玩的小蓝卡车正在被丹尼占着时的沮丧是一样的。她感到挫败而气恼。大人的任务应该是帮助孩子管理他们的情绪并教会他们关心别人的感受——即使他们不一起玩。树立一种包容而尊重他人的榜样是孩子们学习的最好方式。

这一章会分析孩子为什么会相互拒绝和相互排斥，大人如何指导孩子们玩耍，包括建立友谊的技巧，如何改变一个孩子经常被拒绝的状况（请参见**法则 11：我们并不都是朋友**和**法则 14：坦然面对拒绝**）。

某一次的排斥不是恃强凌弱，它没有针对性。如果拒绝得当的话，反而会鼓舞孩子，让他们变得更加机敏，关心他人和宽以待人。以下是孩子们需要知道的：

你不必喜欢每个人。
你不必跟每个人玩。
但你必须礼貌地对待别人。

即使是拒绝别人也可以是非常礼貌的。如果拒绝了别人又不造成任何伤害，那我们就需要理解孩子排外的动机，承认他们对友谊知之甚少的现实，指导孩子如何受到别人的欢迎，教会他们如何照顾他人的感受。

"叛逆"的收获

让孩子自己选择玩伴可以培养她的社交技巧,这让她受益终生。这里的自由包括面对两种拒绝:礼貌地拒绝别人或者被别人拒绝。孩子们可以从中学会如何承担社交风险、设立限制以及如何应对负面情绪:

我不必喜欢每一个人,但我必须尊重每一个人。

就算我喜欢某个人,我也不必时时刻刻都跟他待在一起。

我可以承担社交风险。

我可以被拒绝。我可以接受被拒绝并且做些别的事情。

有时候一个人玩也不错。

我知道如何维护自己又不会对别人没礼貌。

大人们尊重我和我的做法,但我也得有自控力。

为何有效

"拒绝他人是正常的,这并不是什么不好的行为,"劳拉·戴维斯和詹尼斯·凯泽说道,他们是《成为你想成为的家长》一书的作者。虽然很少有儿童专家愿意触碰这个棘手的课题,但戴维斯和凯泽仍然主张孩子在游戏中拒绝别的小伙伴是正常的,但是不应该不听那个孩子说话或是不关心他。

孩子拒绝他人,很多时候并无恶意,有时只是为了继续一个正在进行的有趣游戏。孩子们喜欢自己设计的扮演类游戏。扮演鸟窝里的鸟宝宝或是《霸王龙》里勇斗坏人的英雄是一件令人兴奋的事情。戴维斯和凯泽解释说,孩子是觉得"我不知道让你扮演什么角色,我怕你加入进来我们就玩不了这个游戏了",所以才会拒绝他人的参与。

戴维斯和凯泽还表示,孩子们也会试着在人际关系中建立权威。如果我说,"要是你不演小狗的话,你就不能和我们一起玩,"那别的孩子会怎么做?孩子们有时也会表达不当,说,"你不能玩,因为你不是我的朋友。"其实他的意思是,"我现在想跟山姆一起玩。"

摘下成年人的有色眼镜

当我们把孩子的社交游戏看作是他们的社交学习时,"她不可以和我们一起玩"这样的话看起来就没有那么可怕了。两三岁的孩子还不能同时跟多个孩子一起玩,年龄大一些的孩子加入到别人的游戏中也需要一定的帮助。在交往中拒绝别人和被人拒绝对孩子的社交成长和情感成长都是很有价值的。经历过拒绝可以教会孩子关于交友、承担风险以及应对负面情绪方面的社交技巧,这会让他们受益终生。但是,拒绝也应该让别人受到尊重。

孩子们需要学会如何应对拒绝,因为它是现实生活的一部分,社交风险也是如此,不管是小学时的友谊,青少年时期的约会,还是长大后的工作、面试以及求婚,都有可能被拒绝。我们一生都在承担社交风险,每个人随时都有可能被别人拒绝。即使是孩子,我们也要教会他们如何来应对生活中的拒绝,孩子要学会承担风险和拒绝,不要被它们吓倒。孩子可以接受被拒绝并且继续自己的生活。如果他们从小就受到锻炼来面对生活中的拒绝,他们就既能学会如何快速地从打击中恢复过来,又能学会尊重他人的决定,这两者在未来都能帮助他们取得成功。

选择玩伴的权利

我们有时很努力地把孩子们凑到一起,而在这个过程中,我们常常会破坏游戏本身并且让孩子的交往变得复杂起来。上文例子中的小男孩凯文,他怎么样了呢?他的游戏被打断了。当他正和一个伙伴玩着的时候,第三个孩子出现了。有时候,孩子们会担心其他小朋友的接近。"他会伤害我吗?他会改变我的游戏吗?他会不会很吵?他会不会把我的玩伴带走?他会做昨天那种让我害怕的事情吗?他会遵守我设定的游戏规则吗?"这些担忧都是真实存在的,我们应该理解孩子的这些担忧。

那个向老师告状的男孩子又怎么样了呢？他也失败了。他并没有成功加入到游戏中去，当凯文坐到板凳上时，游戏也就结束了。这个男孩失去了一次学习如何正确加入别人游戏的机会，他和同伴的关系也变差了，如果他之前就不受欢迎，那他现在就是被厌恶了。同伴玩耍至少需要两个人，而且都是自愿的。事实是，不管你内心多么渴望，你也不可能强迫别人跟你一起玩。

就像她可以玩一个娃娃直到她玩够一样，孩子也有权利选择自己的玩伴。这一做法从根本上尊重了孩子玩的权利，防止游戏被打断，也教会孩子从情绪上应对拒绝给双方带来的影响。

> 孩子有权利选择自己的玩伴，我们要做的就是支持他们的权利。

把拒绝当作是对游戏的一种保护。你的孩子有玩的权利，你也支持她自己玩或选择跟另外一两个她选择的孩子一起玩。对于被拒绝的孩子来说，这是一个学习社交技巧的机会，也是学习如何处理负面情绪的机会。

家长的担忧

拒绝让我们感到恐惧，孩子们之间的拒绝使我们想起我们自己的痛楚。它击中了我们很多社交恐惧的核心问题——不被人喜欢，没有朋友，交友不善。如果你在成长过程中与人交往有困难或者曾经是被戏弄的对象，遭到同龄人的拒绝或者欺负，那么你就知道被拒绝有多么痛苦。我们想让孩子免受这个痛苦。

我们需要清楚：拒绝不等于欺凌。欺凌是故意伤害他人的行为，是一种定向、反复的行为，其本质上是一种力量的显示。四五岁的孩子就可以恃强凌弱，但是他们也可以学会变得坚定、自信并且有礼貌。这一章中所提到的方法实际上是可以帮助孩子避免欺凌行为的出现。

拒绝不可避免。孩子们需要学会如何应对。无论是与现在的朋友、以后的课间玩伴还是约会对象在一起，拒绝都是社交生活的常态之一。尽管我们非常希望，但是我们不能（也不应该）使我们的孩子免于此种伤害，然而，我们可以教给他们应对的技能。你可以引导孩子有礼貌地拒绝别人（参看本章"加进你的工具箱"）。例如，当你的孩子说"你不是我的朋友"（当孩子不知道如何拒绝时常说的话），你可以帮他们指出真正的问题所在并且改述它："我现在想自己玩。"有礼貌的拒绝的一个重要方面就是为将来留一扇门，"我依然喜欢你"，或者"这个游戏结束之后我们还可以一起玩"，或者"我们可以晚一点再玩"。

童年早期是学习拒绝技能的完美时机。不断的练习才能让孩子保持自信而且有礼貌。我们不希望孩子总是屈从社交压力或者很难对别人说"不"。我们也不想被拒绝后的孩子被他们的感受所束缚，难以迈出下一步。社交中的拒绝只是一个简单的冲突，就像其他社交中的冲突一样。

孩子们需要掌握拒绝和应对被拒绝两个方面的技能——一是，怎样在不伤害玩伴感受的情况下说不；二是，当对方对你说不的时候，你如何能很好地接受这一点。拒绝技能的训练涉及几个方面——培养孩子的自信、提高孩子的社交意识、提高孩子情绪快速恢复的能力——这些重要的性格特点在孩子很小的时候就可以去培养。

强迫玩耍的缺点

"来，友好一点，让切尔西和你一起玩，"成年人说。

我们的意图是好的，但是坚持让孩子接受一个多余的玩伴会打断她们的游戏，破坏她们的关系。游戏通常会停滞或者停止。孩子们会有什么样的感受呢？

  索尼娅和塔莎，两个四岁的孩子，在一起玩过家家。切尔西想要加入。

  索尼娅：我只喜欢塔莎，你不能加入。

  成年人：这样不好，记住我们的规矩，索尼娅。你不能那样说话。每个人都可以玩。

  塔莎：好吧，你必须扮演一个睡觉的孩子。

  切尔西假装睡觉。其他两个孩子离开切尔西在旁边一起玩。

像切尔西一样的孩子或许会觉得：

她们不喜欢我，她们只是不得已才跟我一起玩的。
游戏中有意思的部分我都不能参与。她们只是把我当婴儿看待。
在这儿一点意思都没有。
没有人喜欢我，我没有朋友。

尽管我们的意图是好的，但是强迫孩子们一起玩往往适得其反。我们想要帮助的孩子往往很难充分融入游戏之中，这也会导致更加严重的社交拒绝。我们自作聪明，反而让事情更加糟糕。不要试图避免这种拒绝，把这当作是一个新的学习机会。另外，一个孩子拒绝另一个玩伴通常有很多合理的原因。

拒绝的理由

孩子们拒绝潜在的玩伴有各种正当的理由。当他们说不的时候，请保持冷静，并思考其中的缘由。这其中通常会有两个主要原因——社交压力和孩子所处的游戏阶段——这两个方面都是孩子们自然成长的一部分。

拒绝的理由

1. 社交压力
2. 成长中所处的游戏阶段
3. 安全
4. 游戏中断
5. 一时情绪
6. 游戏的想法
7. 试验

> 8.保护空间
> 9.保护友谊
> 10.性别认同

1.人太多造成社交压力

当两个三岁的孩子声称其他孩子不可以加入他们的游戏时，或许他们是对的，因为对于三岁的孩子来说，他们很难同时跟两个以上的朋友一起玩。

社会调查显示，年幼的儿童很难处理好复杂的人际关系。所以当他们感到社交压力时，会自然而然地限制玩伴的数量。孩子太多，互动就变得比较费劲。因此，当年幼的孩子拒绝其他玩伴时，要理解他们，或许他们只是在极力维持他们正在玩的游戏，他们只是单纯没有精力纳入一个新的玩伴。

2.孩子所处的游戏阶段

我们经常会想当然地认为孩子们能够一起玩耍得很好，但是这需要他们慢慢成长才能做到。年幼的孩子要经历不同的游戏阶段：独自玩耍、旁观游戏或平行游戏阶段(参见**法则11：我们并不都是朋友**中的"游戏的阶段")。要求他们一起玩耍有时是不太可能的事情。孩子们或许需要长时间的观望，或者，只在一旁玩耍。当他们感到足够安全或是再长大一点，自然而然地，他们会进阶到下一个游戏阶段。请克制一下，不要把一个单独玩耍的孩子带入一个活跃的游戏当中。或许他正在做当时他需要做的事情。

3.为了安全而拒绝

当莉莉愤怒地对埃里克说不时，她的老师问了莉莉一个简单的问题："你是不是害怕埃里克呢？"

恐惧通常是让孩子们相互拒绝的首要原因。当孩子感到不安全时，他们会说不。让孩子感到恐惧的原因很多，在莉莉和埃里克的例子中，莉莉可能害怕埃里克T恤上可怕的图案，她也可能是害怕埃里克会抢走她的玩具。当面问孩子："你们是害怕吗？"埃里克可能会很惊讶地发现莉莉说不的原因。开诚布公的谈话可以给埃里克一个机会把事情说明白。

即使身为父母，我们可能也很难发觉孩子拒绝背后的恐惧。我们会认为那是一种粗鲁的表现。我们通常把注意力集中在孩子的言语上而忘了去提问题。当孩子说"本不准进来！"时，我们与其感到气愤，不如问一下："啊，本是不是有什么事情让你感到害怕呢？"你会惊讶地发现这些简单的提问常常会揭示出问题所在。在我四岁的时候，我很害怕长雀斑的人，因为我以为那是麻疹。所以，家长应该停下来，问一问孩子，倾听并化解所他们的情绪。

> 恐惧通常是让孩子们相互拒绝的首要原因。问一问孩子："是不是有什么事让你感到害怕呢？"

阿曼达和莫莉在幼儿园里建立了一个俱乐部。她们要求老师帮她们树立一个告示："阿曼达和莫莉的小屋。禁止男生和老虎入内。"一天，大家装扮成各种样子，在一起喧闹地玩耍。一个叫作本的男孩穿着老虎的服装走了过来。

老师：本，你进去之前必须询问阿曼达和莫莉的意见。看看，这里的告示上写着："阿曼达和莫莉的小屋。禁止男生和老虎入内。"你是否想问一问？她们可能会同意，也可能会不同意。

本：我可以和你们一起玩吗？

阿曼达：我不喜欢噪音！

老师：你担心本会在你们的小屋里制造出很大的噪音吗？

阿曼达：是的。老虎的叫声很大。

老师：本，你会在房间里吵闹吗？

本摇了摇头。

老师：如果本不吵闹，那么他可以进来吗？

女生们：当然可以。

莫莉：让我们把标语改成"友好的老虎们"。

老师：好的。这就是这个告示要表达的："禁止男生入内，友好的老虎可以进来。"

4. 担心游戏中断

艾丽森和瑞秋正一起开心地玩过家家的游戏。另一个女孩过来想要加入她们，她们感觉受到了威胁。她们的游戏会怎么样？在游戏中，她们早已经有了一个妈妈和一个孩子（的角色）。

孩子们通常不愿意接纳新的玩伴，因为他们担心新的玩伴会扰乱他们的游戏。新成员的加入会改变原本的游戏。孩子们的担心是合理的，但是如果他们愿意的话，这样的担心也是可以克服的。帮助孩子们弄清楚怎样去接纳一个新的玩伴。了解并确认正在进行的游戏，然后向孩子们提一些问题。比如说："你们在玩什么？这是什么游戏？莎莉也想加入你们的游戏，可以吗？嗯，你们已经有了妈妈和孩子。那么在这个游戏里是不是可以有两个妈妈的角色呢？"

5. 根据心情拒绝

孩子的心情一整天都在变化。前一秒他们可能会因为可以玩而欢欣跳跃，后一秒他们就有可能被其他的事情所吸引。记住，许多拒绝都是暂时的。

我儿子扎克喜欢和邻居的小伙伴泰勒一起玩耍。有一天，泰勒笑着走过来让扎克和他一起玩。那时，扎克正在玩沙盒游戏，而且玩得很起劲。他说："不行！下次再一起玩吧，泰勒！"我们都惊讶地叫出声来。

连扎克和泰勒这么好的玩伴，也不总是想要一起玩的。当这样的事情发生时，孩子也许会害怕失去这份友谊，失去他们的朋友。这时就需要告诉那个被拒绝的孩子："我知道小朋友们有时会改变他们的心意，你可以一会儿再试一下。"或者你也可以问问题，甚至是一些大胆的问题，来帮助孩子来理解这一切。比如说："你还喜欢他吗？"只是为了听到那句话："是的。他依然是我的朋友。——我只是想玩现在的游戏而已。"这样可以让被拒绝的孩子安心一些，不必担心会失去朋友。

当然，问这样的问题，有些孩子可能会回答："不，他不再是我的朋友了。"冒一下险吧！最糟糕的情况也就是引发一场冲突，吸引众人的注意。这很可能只是一个误会。孩子们通常以为，朋友就是那个可以一起开心地玩的人，所以，如果不在一起玩，那么也就不再是朋友了。你可以帮助他们解决这个问题："我知道好朋友也不会总在一起玩，但是他们依旧互相喜欢。"

6. 拒绝一个提议，而不是拒绝一个人

一个孩子提议："我们一起玩恐龙游戏吧！"然后另一个孩子说："不，我不想和你玩。"这是孩子们对游戏主题的拒绝，而不是对人的拒绝。你可以帮助孩子搞清楚一个问题：是一起玩重要还是那个提议重要？"你想和丹尼一起玩吗？他看起来不想玩恐龙游戏。还有没有其他你们可以一起玩的游戏？"对于那些说"不"的孩子，你也可以让他解释一下他拒绝的原因。"鲁比，我觉得安娜并不知道你为什么不想玩过家家游戏，你能告诉她吗？"这样的谈话可以帮助孩子达到他们真正的目的——是要找到合适的游戏还是要找到合适的人一起玩。

7. 为了试验而拒绝

孩子们的话往往让大人感到意外："如果你不挖这条沟的话，你就不能来参加我的生日聚会。"当你听到以威胁为形式的拒绝时，这个孩子很可能正在做权力试验。这是关于权力的平衡和决策制定的游戏。谁来决定游戏的主题、制定游戏的规则？谁能替换他们？帮助孩子们探讨这些问题。让他们来讨论怎么做才公平，并提出不同的游戏想法。用你作为大人的权威来帮助孩子倾听他人的声音。

8. 为了保护地盘而拒绝

孩子们的精力通常都花在保护他们的地盘上。为什么要保护？为了防止别人打扰他们的游戏。

一群四岁的孩子建造了一个藏身处来保护他们的游戏不受打扰，他们还张贴了一个告示牌，上面写道："这是肯尼、罗伯特、塞姆和马森的秘密基地，我们是好人。"

四岁的贝拉想自己一个人玩，她穿上一身斑马的衣服并在她的玩具

房外面挂了一张"只有斑马才能进入"的牌子。因为她是屋子里唯一的斑马,所以她是安全的。

只有斑马才能进入

孩子们喜欢能爬进去并归为己有的小空间:小房子、帐篷、堡垒、椅子底下。《罗杰斯先生的邻居》的编剧弗雷德·罗杰斯说:"孩子们通过创造这样的小空间来表明自己对隐私的需求。"有时候孩子只是想要单独待着或者想要一个独属于她的空间。在"幼儿学校",教师们认识到了这个需求,他们帮助孩子们搭建帐篷和房子并写上各种告示,"亚瑟的帐篷,只有亚瑟能进入",或者"玛利亚和瑞秋的俱乐部,其他人不可以进来"等。如果其他孩子想要进去并遭到拒绝,老师就会对他们说:"你难道不想要一个属于你自己的帐篷吗?"一旦隐私性和归属感被确立,孩子们就会觉得更为安全。他们通常以互相拜访各自的房子来结束游戏。

9. 为了保护友谊而拒绝

杰登和尼克是两个四岁的孩子,他们正挤在一个角落里窃窃私语。杰登指着另一个男孩说:"我们不要和他玩。"

这听起来很小气,对吗?当孩子们想要保护一段珍贵的友谊时,他们通常会具有排外性。在这种情况下,杰登担心尼克会去找别的孩子而不是和他玩。他还不懂得一个人可以有多个朋友。杰登正在试着排挤他人来保护自己的友谊。

像杰登这样的孩子需要明白,朋友也可以和其他人一起玩。尽管他是尼克的朋友,但他不是尼克的老板。这是一门艰难但很重要的功课。他自己一个人也能玩得很开心,或者,他也能试着和一个新朋友一起玩。

10. 为了性别认同而拒绝

一些孩子为了探索自我身份特征而拒绝异性伙伴。这是一个大而敏感的话题。"女孩禁入""男孩可进"这样的言论可能会带来歧视。更多讨论请参考法则 13：挂起"女孩莫入"的告示。

试试这个——加进你的工具箱

孩子们互相排斥通常是他们成长过程中的正常现象。尽管孩子的排外会让你产生可怕的想法，但是请记住，你可能想得太多了，孩子并没有把这个当回事。首先你要解决孩子的情绪问题（如果孩子情绪上受伤害的话）。之后帮孩子说明情况，然后此事就告一段落了。

如何解决游戏中的排他性

1. 尊重孩子选择玩伴的权利。

2. 考虑孩子的发展阶段以及个人性格特点。她现在处于什么阶段？她是否准备好接受其他玩伴？

3. 承认社交风险和游戏正在进行的事实"他们好像在玩老虎的游戏，你也想玩吗？他们可能会同意，也可能会拒绝，让我们去问一下。"

4. 倾听双方的感受。对排外的孩子说："本，你在担心什么？"对被拒绝的孩子说："你很伤心。你本来想和萨拉一起玩。"

5. 引导孩子如何在不伤害他人感情的情况下说不。"我现在想自己玩。我仍然喜欢你，也许我们可以过一会儿再玩。"

6. 制定计划一会儿再玩。姐姐不需要总是和妹妹一起玩，帮助孩子制定一个两个人同时都玩的计划。

7. 帮助被拒绝的孩子找到其他好玩的事情。"你还想做什么吗？你还想和谁一起玩？卢比好像在玩沙子。你也想去吗？"

8. 制定更深入的策略来解决孩子经常性的排他问题。参见**法则 14：坦然面对拒绝**。

提醒她自己的权利

如果孩子们不是被迫在一起玩耍，没有理由出现嘲笑或者不礼貌的拒绝。只有当她没有选择的时候，一个孩子才会出现上述行为。所以，给她一些选择。当一个孩子选择玩伴的权利得到保障时，她就不太可能将拒绝当作一种伤害他人的武器。

"如果你不愿与爱丽丝一起玩，没关系。只需这样说：不，谢谢。我现在不太想玩。"如果你的孩子以一种不礼貌的口吻说话，你要提醒她，她不必勉强自己去跟谁玩，但她还是应该保持礼貌。

礼貌拒绝的模板

"我现在不想和你玩。"把这句话当作模板，重点强调"现在"。"我现在不想玩，因为我在忙着拼拼图，一会儿再说吧。"孩子们往往以自我为中心，情绪善变。教孩子为自己的回答留有余地。

关注感受

被拒绝的孩子需要支持，特别是刚刚经受了很大的社交风险。首先，正确处理这些感受，承认他的情绪，并让这些受伤的情感宣泄出来。"你看起来很难过，你感觉如何？我知道你很伤心。你真的很想与南森玩，但他却拒绝了你。"

鼓励被拒绝的孩子吐露情绪："你不让我玩，这让我感觉很糟糕。"对于有些孩子，建议他们用文字或图画表达感受。即便用词尖刻，也要让他写下真实的想法。

约定时间

如果拒绝发生在兄弟姐妹或是经常在一起玩的孩子当中，可以考虑约定一个时间。这有助于他们在保护个人隐私的同时还能做到互相关心。如果弟弟总是被拒绝，教他学会提前约定玩的时间。年长的孩子可以这样解释："我现在想一个人待着，吃完晚饭我再跟你一起玩乐高。"父母也可以对被拒绝的孩子说："我听露比说她现在想和她的朋友安娜玩，在她忙的时候你是不是能做点其他的事情呢？"

找点别的事情做

做好准备，安慰被拒绝的孩子，但是不要反复提及此事。有些孩子很容易走出被拒绝后的伤感情绪。这时你可以问："那你是不是能做点什么其他的事情呢？"但有时孩子们没有心情再找其他玩伴。提供帮助，然后扔掉这个话题。走出拒绝的重点之一就是找点别的事情做。

试试这么说

找到问题所在

我听你说凯特不能来，如果她来了怎么办？

你在担心本吗？

你是想和杰里米待在一起呢，还是想做他正在做的事情呢？

被拒绝

萨拉现在不想和你一起玩，也许过一会儿她就想了。

我知道你是真的难过，你真的很想和她一起玩狮子游戏。

你是不是担心萨拉不再喜欢你了？萨拉，你是不是依然喜欢菲奥娜？

你不能强迫别人和你一起玩。

我知道你们即使不能总在一起玩，你们依然可以做朋友。

维护孩子玩耍的权利

没关系，你不必非要和丹尼一起玩。

你可以告诉他，"我现在不想玩，但是我依然喜欢你。也许过会儿我们可以一起玩。"

什么时候你们能一起玩呢？

避免说的话

要友好一点，让凯西玩吧。

你不是那个意思，她当然可以玩。

我们不能说："你不可以玩。"

我不管，你必须让他和你玩。

家庭之外

如同分享一样,大多数父母坚持让孩子接受新的玩伴。其实,只要让别的孩子和家长知道,即使孩子们不在一起玩也不要紧,这样可以缓解他们的紧张情绪。"没关系,如果阿纳贝尔想自己一个人玩的话就让她继续玩吧。"你也可以这样说:"看样子你希望布莱恩和安迪一起玩,但我觉得如果他们不愿意也没什么问题。"

有时大人会表现得十分强硬,说些类似于"怎么会呢,他当然愿意玩"之类的话。在这种情况下,你要注意事情的走向。谁说得准呢?有时孩子们也会取悦彼此。如果他们不愿意,你可以随时改变这一切。如果这种文化摩擦的情况出现在你家里,你可以说:"在我家,孩子们如果不想一起玩是可以的,但我知道孩子们有时也会改变自己的想法,然后愿意在一起玩。"

法则 13　挂起"女孩莫入"的告示

艾米莉亚和莉娅是我妈妈三岁班里的孩子，她俩一起搭了一个海盗屋。她们喊着说："我们需要挂个牌子！"我妈妈将她们的要求写了下来。告示上写着："男孩别进来。海盗男孩别进来。不准打架。不准喊叫。不准往我们的屋子里扔玉米。"

大厅对面是四岁孩子的教室，一群男孩搭建了一个堡垒。告示上写着："最优秀孩子的藏身处。只有这座房子里的男孩可以进来。只允许好男孩进来。女孩别进来。"

这些孩子正在一起探索很多想法是否可行，并尝试保护三件事情：朋友、玩耍的规则，以及性别身份。

"叛逆"的原因

孩子们经常根据性别分组玩耍。排斥异性可以帮助孩子探究他们的性别身份，帮助他们与同性交朋友。

三岁是孩子理解并探究性别角色和身份的最好时间。谁是男孩？谁是女孩？怎么识别男孩和女孩？是男孩或者是女孩意味着什么？我是谁？男孩会做什么样的事情？女孩又会做什么样的事情？所有的女孩都是长头发吗？一个成人留着短头发，是男性还是女性？所有的妈妈都是女性吗？我长大后，也会成为妈妈或爸爸吗？男孩可以变成女孩吗？

小孩子强化自己性别身份的一种方法就是只和同性别的孩子玩。女孩跟女孩玩，男孩跟男孩玩。这种同性隔离策略是孩子自己决定的，并且很多孩子都很愿意这么做。当你的孩子喊着"男生莫入！"或者在房间门口挂着"禁止男孩——只限女孩"的牌子，她不是对男生有意见，只是非常单纯地想要建立起一个女生的身份。

"叛逆"的收获

尊重孩子选择玩伴的权利。如果出现了"女生莫入"的告示，你需要询问孩子为什么这样做并向他们解释清楚里面可能引起误会的信息，但还是要让游戏继续。在游戏中，孩子对性别身份的探索和分类会让他们领悟到很多事情：

我知道我是谁。

有时候，我只想跟男生/女生玩，这是可以的。

女生和男生是不一样的。

男生和女生也会喜欢很多同样的东西。

成年人尊重我玩的权利。只要我不伤害到别人，我就可以用我自己的方式来玩。

为何有效

麦克·汤普森是一位儿童心理研究者，也是《养育该隐》和《养育男孩》的作者之一。他解释说，孩子学会与其他孩子协作玩耍之后，很快就会将游戏分成女孩类游戏和男孩类游戏。对许多儿童来说，同性之间的玩耍从三岁左右开始，并且会一直持续七到八年。汤普森说，这很正常，也很自然，并且在世界各地的文化里都有这样的现象。孩子因为性别因素而产生的排他性令父母感到震惊，因为之前他们既可以跟同性玩也可以跟异性玩。

然而，与同性玩没什么问题，但是同时存在排斥异性的时候（男孩莫入！女孩莫入！），我们就开始担心了。实际上，对学龄前儿童来说，这其中没有太大的差别。

形成自我认同是成长中的一项重要任务。"我不是谁"是儿童定义自我的方式之一。在幼儿园时期，孩子开始有了性别概念，并对性别进行分类。你的孩子可能通过很多方式来这么做——装扮、想象游戏和排斥异性的游戏。

排斥是一种建立自我认同的强有力的方式。社会团体会创造一种强烈的"我们"和"他们"意识来建立自我认同。这并没有什么恶意——它只是把一些人联合起来，凝聚成一个身份认同的象征，就像学校的吉祥物一样。女孩说"男孩莫入！"时，实际上是在集合一个"女孩"的吉祥物。儿童活动心理学家南希·库里和萨拉·阿诺德说，有时候孩子通过排斥一些人来找到对某个集体的归属感。

很多儿童早教专家不鼓励儿童基于某个"团体"（包括性别）划分排斥别的孩子。"幼儿学校"则遵循了顺从孩子天性的原则。这个年龄阶段的孩子似乎就想分成男孩/女孩阵营，学校允许这种性别排斥。只有在这种性别排斥伤害到一些孩子的情感时，教师才会介入。

摘下成人的有色眼镜

当我们看到一个"男生莫入"或者"女生莫入"的标志时，我们会感到不太舒服。这没什么，因为这只是成年人的反应。

但是，当一个四岁的孩子建立一个俱乐部，并宣布"男孩莫入！"时，记住她的世界不同于我们成人的世界。"男孩莫入"可能意味着"我是一个女孩——我要弄明白我是谁"。这个年龄的性别排斥是一种自然的社交发展，不会有什么害处。如果有人因她的话受到伤害，可利用冲突调解的方法来解决。

这其中最重要的一点是：孩子开始选择自己的玩伴，大人要支持这些社交决定。学龄前儿童开始对这个世界进行分类，并且看待很多事情的方式就是一黑二白。随着儿童对自我性别身份的认定，在随后的很多年里，他们可能会经历一个"男孩莫入"或者"女孩莫入"的阶段，就如同女孩会有一个阶段过度喜欢粉色，而男孩有个阶段会过度喜欢超级英雄一样。之后，他们的想法就会慢慢发生变化。有时，在孩子还没有形成一个更平衡、现实的观点之前，性别差别会被孩子强调到极点。

无伤大碍

在这个方面，成年人很难摒弃自己的观点。几个世纪以来，争取男女平等的战争一直在持续，而孩子们的"女孩莫入"或者"男孩莫入"的标语让成人觉得可怕。解读这个问题的关键是儿童发展的规律。你四岁的孩子在这方面有所需求。他当前需求探索性别认同，而这是通过游戏来实现的。如果他说"女孩莫入"，那他肯定有自己的理由。

> 所有的行为背后都有意义。

除了性别认同，"男孩莫入"或者"女孩莫入"的声明也会显示孩子隐藏在内心的恐惧。孩子们的无知会导致他们有各种各样不寻常的恐惧。男孩会大声说话吗？女孩不喜欢卡车吗？与男孩玩会让你变成一个男孩吗？如果你想知道孩子是怎么想的，只需要问一下："我看到你不太希望跟女孩玩，是不是女孩的某些方面让你不喜欢？"排斥异性玩伴可以给父母提供大量的信息。但不要挖掘过深。更多的时候，这是一个很简单的问题，那就是你的孩子最喜欢和谁一起玩——他的这个社交偏好是应该得到尊重的。

为什么孩子们说"男生莫入"或"女生莫入"

排斥另一种性别是为了建立自己的身份。

为了维护他们选择游戏伙伴的权利。

通过游戏，探索男孩和女孩的不同之处。

更喜欢同性伙伴的陪伴。

给出他们内心感到害怕的信号。

如果孩子可以在性别认知方面进行自由的探索，他们反而不会对此特别在意；如果这种需求被抑制，你反而不知道这些想法会以什么形式表现出来，孩子们对此也会变得越来越困惑。因而，在他们玩游戏的时候，性别排斥就开始浮出水面，最好的办法就是顺其自然。

在"女生莫入""男生莫入"的背后，体现出来的是儿童成长过程中的某种需求，如果你能认识到这一点，那么你就不会特别担心性别歧视这个问题了。但是，说"女生莫入"是不是不太好啊？这会不会伤害到某些人？在学前年龄，性别排斥是不会造成伤害的。黄金叛逆法则同样适用于此。只要没有伤害到人或物就没问题，这也包括情感伤害。如果另一个孩子因为这些言语受到伤害，那么你就要停下来，然后使用调节冲突的办法来解决问题。

走向极端

男孩和女孩除了被划分到两个阵营中，他们在童年早期就产生了极端的性别概念。孩子们对于男人和女人能做什么和不能做什么有了严格的区分。

对于学龄前儿童，他们经历了一个超男子气概的超级英雄阶段和一个超女性主义的粉色公主梦阶段。但是温和而悠闲的父亲就不明白儿子被什么冲昏了头脑，为何如此迷恋超人；不施粉黛的母亲看着女儿变成娇艳的美少女也感到摸不着头脑。这种性别化的极致可以帮助孩子弄清他们是谁，而在此过程中也包含了对异性的排斥。

虽然现实中的两性模板并不是这样，但是孩子们却经常很坚持这种性别代表的原型。例如，本杰明，一个医生的孩子，喜欢玩急救游戏。当他和另一个三岁的孩子一起玩耍的时候，他说："只有男孩才能成为医生。"本杰明的妈妈对此很惊讶，因为她才是这个家里的医生。

不管你怎样解释，年幼的孩子们有时就是会用极端的思想给这个世界分类。他们忙于给世界分类并且喜欢与自己的类别保持一致性。不过有一点是肯定的，当本杰明大一点以后，他就不会再持有这种观点了。

仅仅是孩子的游戏

最后,别把性别排斥这件事看得那么严重。如果一个五岁的男孩只愿意跟男孩子玩并不意味着他成年后会就会歧视女性。一个回避所有男孩的四岁小女生长大以后也不可能真的讨厌所有男人。小学生通常都是同性孩子之间玩耍。另外,孩子们经常自己推翻自己设立的限制。例如,阿曼达和莫莉说,"男孩和老虎不得入内",但是她们让本——一个穿着老虎服装的男孩——进入她们的游戏屋(参看**法则 12:拒绝玩伴也可以**)。

试试这个——加进你的工具箱

不要让性别成为一个问题

孩子们会全力保护他们的游戏。如果你强调孩子们玩的权利,特别是他们选择玩伴的权利,那么"女孩/男孩莫入"带来的刺激就会消失。"噢,你说'男孩莫入',是因为你真的想和索菲玩。可以,你可以只和索菲玩。"具体做法参考**法则 11:我们并不都是朋友**和**法则 12:拒绝玩伴也可以**。

找到真正的问题

这是性别认同吗?害怕别人会摧毁他们小心翼翼建造的堡垒吗?错误的信息?偏爱玩伴?"女孩/男孩莫入"的说法引起了成人的注意,但是这可能会掩盖真正的问题。询问孩子并且找出问题背后真正的原因。

悬挂一个"女孩莫入"或者"男孩莫入"的告示牌

写告示可以很好地鼓励孩子识字,给他们以力量,增强孩子对游戏的所有权和控制感。当你准确地写下孩子的话语时,她会感到你认真地倾听了她的想法。写下"男孩莫入"或者"女孩莫入"。告示上的内容不是永恒不变的,但是能让孩子强烈地感受到一种安全感和被重视的感觉。

采用积极的表达方式

虽然最好是把孩子的话准确地记录下来，但是要注意她是否会专门拒绝某一个人。例如，如果你的女儿想要你写下"亨利不能进来"，那么你要问两个问题。第一个："你想让谁进来？"第二个："如果亨利进来将会发生什么？"单独排斥一个孩子会伤害他的感情并且让他难以接受。当在告示中要特别突出某个个体时，要采用积极的表达，例如："秘密俱乐部。彼得可以进来。"

替换掉"女孩/男孩莫入"的告示

如果你真的不喜欢孩子们在俱乐部悬挂"女孩莫入！"的标语，你可以用"罗伯特和杰西的小屋"来代换。这仍然能满足孩子选择玩伴的权利，家长也会感觉更自在一些。任何想进入房子的人必须首先获得罗伯特和杰西的允许，如果要添加一个男孩或女孩的名字，也非常简单。

应对"女孩/男孩莫入"指南

1. 由孩子发起

没有理由提议一个"男孩莫入"的口号。让孩子自己提出来。

2. 不要反应过度

记住，你正在处理一个非常小的孩子的事情。这是她的需求而不是你的。她需要自己去探索性别排斥，这是她成长的一部分。

3. 用她的语言

逐字重复她的话。如果写一个标语，尽可能完全使用她的话。这会让她知道你倾听了她的话，而且也可以帮助你弄清楚这话背后的想法。

4. 问一些试探性的问题

找出是什么促使孩子希望"女孩/男孩莫入"。这是自我认同？还是内心有所恐惧？还是对友谊的保护？还是误解？

5. 强化正确的理念

增强性别认同："是的，你是个女孩，索菲也是个女孩。"强调孩子自己挑选玩伴的权利："如果你只想和索菲玩，这是可以的。"

6. 理清错误的理念

提供信息消除一些关于性别方面的困惑："你担心男孩会太吵

闹。可我知道男孩也会很安静的。""我知道女孩也能打棒球。"

7. 阐明真正的问题

在讨论之后，改述她原本的信息（"男孩莫入"）来传达她真正的意思（"我是个女孩并且我喜欢和女孩玩"）。这样强调她的本意，并帮助她了解了自己内心真正的想法。你们可以一起做个决定，把之前的告示修改得更简单。例如，"男孩莫入"变成"梅根的房子。安静的孩子可以进来"。

歧 视

孩子排斥玩伴还有什么其他原因吗？当拒绝的苗头出现时，我们会担心歧视由此开始。如果我们允许孩子们挂起"女孩莫入"或"男孩莫入"的告示，那么"黑人莫入""说西班牙语的人莫入""穆斯林莫入"或"犹太人莫入"这样的告示将来会不会出现在我们面前？

基于外表、特殊需求等方面的种族歧视和排斥是一个严重的社会问题，但是这更多与大龄孩子和成年人相关。小孩子主要是根据性别和玩耍的兴趣进行分组。有时他们只是单纯地在寻找信息。

我六岁的时候，很想和一个叫莉斯的小孩一起玩。她当时正在搭一个塔，我想和她一起玩积木，但是我害怕碰到她的手。她是非裔美国人，而我是白人。我当时以为，如果我碰到她的皮肤，我的皮肤会就会随之改变。后来，妈妈告诉我："这样的事情不会发生。"那就是我需要知道的全部信息。我知道我的肤色不会因此改变，这消除了我内心的恐惧。接下来的那一年，我和莉斯经常在一起玩。我妈妈也追问我一个问题："你为什么那么在意你的肤色呢？"我告诉她："我要像你一样。"我之所以不敢触碰莉斯，是担心自己会变得跟家人不一样，害怕失去与家人的一种联结。

孩子们有各种古怪的想法和担心；她们充满好奇心却又十分无知。在孩子眼中，不同种族的人并没有什么本质的区别，但是种族差异却能在成年人当中引起轩然大波。对待不同种族、体型或身体残疾，孩子们的言语基本上可以分为两类：起外号和无知之言。

应对差异

发现差异是孩子固有的能力，也是孩子学习的一种方式。整理、分类和识别不同的模式对语言、文化、阅读和科学的学习至关重要。随着孩子的世界的扩展，他们肯定会注意到种族和外貌上的不同。三岁以下的孩子通常只关注自身和自己的家庭。他们以自己家庭中的行为方式来假定整个世界的面貌和行为。当孩子快到四岁的时候，他们才开始真正意识到自身与外界的差异并开始分类。三四岁孩子主要的恐惧来自于那些与自家人看起来不一样的人（不同的胡须、不同的肤色或身体的残疾）。

如果你处于一个多种族的家庭，你的孩子就已经可以把不同肤色的人归类到自己的"朋友和家人"之中。如果你的家人都是同一种族，你的孩子会注意到种族间的差别，但是她可能会缺乏必要的知识。你要给她一些必要的信息。例如："我知道特里萨是一个女孩，你也是一个女孩。我知道你们都爱玩过家家。"或，"的确，她的肤色比你的白／黑。"通过询问来消除孩子内心的恐惧："那个小女孩有什么让你担心的吗？"

如果一个孩子因为种族差异或者其他原因而厌恶或者鄙视别人，这肯定是有人教她这么做的。家庭的价值观对孩子的道德发展有巨大的影响，所以家长要以身作则，明确自己的观点，反对一些迂腐陈旧的观点和歧视言论。对于游戏中的排他性，六岁以下的孩子是不会因为种族和宗教问题而排斥玩伴的，除非是家长教他们这么做。性别，的确对这个年龄段的孩子很重要。孩子们开始把自己分到男孩和女孩的阵营里，但是他们真正关心的并不是性别，而是能否与志趣相投的玩伴一起玩耍。

试试这么说

性别认同和恐惧

你是个男孩。你现在只想和男孩玩。

如果一个女孩来了，会发生什么呢？

你担心女孩会破坏你的堡垒。

我知道男孩们玩过家家也很高兴。

保护玩耍的权利

如果你只想和苏菲玩，你就和她玩。

你可以和任何你喜欢的人玩。

和谁玩由你决定。

避免说的话

那样不友好。

你不能这样说。

当然。男孩/女孩可以来一起玩。

你必须让每个人都来玩。

家庭之外

当其他大人否定孩子"女孩/男孩莫入"的说法时，他们可能还会跟着提一个问题："我听你说'男孩莫入'，如果一个男孩在沙堆里玩，会发生什么？"如果另一位家长对性别排斥感到不舒服，承认这个事实即可。"我知道我们在家有这样的告示，但是杰夫斯先生对此却感到不舒服。他担心这样会伤害别人的感情。"

"为什么那个女人这么胖?"当有关种族和身体差异的问题被当众提出来时,你可以平静地表示知道了孩子的评论,但是到家后需要给孩子一个完整的解释。还会有其他敏感问题(参见"**第七部分:敏感话题**"),并且每种情况都不一样,但这些问题都值得花时间去诚实面对。

法则 14 坦然面对拒绝

没有人想和亚当一起玩。三番五次，其他孩子成双结对，或者大家聚在一起玩，然而四岁的亚当却无法融入其中。

五岁的布莱娜习惯指挥其他孩子。不久后，班里其他的女孩都不和她玩了。

亨特总是一个人待着。当幼儿园同龄的孩子过来邀请他一同玩时，他不理睬他们。最终他们不再问他。

玩伴间偶尔的拒绝不值得大惊小怪。孩子们经常会因为心情、烦恼、害怕游戏中断、自身发展的阶段和其他常见原因而排斥他人（参见**法则 12：拒绝玩伴也可以**）。但是，再三拒绝就不一样了。对于那些经常被拒绝的孩子，要多加留意。

"叛逆"的原因

即使是长期习惯性的拒绝也会被扭转的。你要介入并帮助孩子。

有的时候，排斥会让孩子的身心受到严重的伤害。经常被排斥的孩子需要大人的帮助来扭转这一模式。

孩子比较晚才开始交朋友，发展社交能力，请不要对此感到失望。对于孩子来说，在幼儿园被同龄人排斥肯定不是一个决定性的社交宣判。例如，安德鲁四五岁的时候还不会交朋友，但在小学一年级的时候，他的社交能力迅速发展，结交了不少好朋友。

入学前几年是最重要的玩耍时间。有时候，你的孩子需要一点帮助来融入别人的游戏，受到同龄人的喜爱。

"叛逆"的益处

你可以帮助一个长期被拒绝的孩子提高她的社交能力。她可以学会：

我能学会适应。如果其他的孩子不喜欢我做事的方式，我可以改变我的行为举止。

我可以承担更多的社交风险。如果事情不顺利，我也能很快从中恢复。

为何有效

《最好的朋友，最坏的敌人：理解孩子的社交生活》的一位作者迈克·汤普森说："偶尔被拒绝，大多数孩子都能很好地应对，但在大约百分之十的例子中，大人们要采取行动，积极主动地想办法帮助孩子。"小时候经常被拒绝的孩子在之后的学校生活中会过得比较艰难，很可能经常被人欺负，陷入麻烦并且容易情绪低落。对于这些被长期拒绝的孩子，家长需要介入并且帮助克服他们面临的社交挑战。

在孩子很小的时候，家人会满足他们的很多社交需求，但随着慢慢长大，同龄人在其生活中变得日益重要。一旦遭到同龄人的拒绝，孩子们很难改变这种状况。研究者卡伦·比尔曼博士发现，即使一个孩子转学，认识新的同龄人，他也很难摆脱被拒绝的境遇。她表示受排挤的孩子和受欢迎的孩子之间主要的不同是社交经验。懂得如何"跟别人玩到一起去"的孩子们会做得很好。而那些对社交暗示不敏感的孩子却很难做好。这样的孩子们不懂得轮流玩玩具、行动具有攻击性，也不能很好地控制住自己的冲动。

摘下成人的有色眼镜

"等她长大了就好了。"有时，我们没把孩子的社交问题当回事。我们总是告诉自己说："这不过是孩子们之间的游戏罢了。"大多数情况下，的确是如此。但是当一个孩子不断被同龄人拒绝，或者遭受孤立时，这种情形就该引起大人的注意了。家长需要用心观察，并且采取具体的步骤打破这个恶性循环。你们的帮助或许会改变这一切。

有时候，大人的介入很简单。就是教会孩子某些特殊的社交技能，模仿恰当的行为或者帮助孩子理解所发生的事情。例如，"加文在跟你打招呼。当有人跟你打招呼时，人们通常会有礼貌地回应人家。"

有些时候我们则可能需要额外的帮助。如果孩子面临一系列的社交挑战，包括患有儿童自闭症的孩子，若是早一些采取行动，孩子可能会收获更多。

试试这个——加进你的工具箱

当一个孩子偶尔被拒绝，她可能只需要你安抚失落的情绪。当一个孩子总是被拒绝，她需要我们的帮助。被孤立被排斥的孩子实际上是处在危险之中。

发现反复拒绝

注意观察什么时候拒绝属于正常情况，什么时候拒绝是经常性的。允许孩子选择自己的玩伴能帮助大人早点发现反复拒绝的情况。选择玩伴的权利（包括可以排斥其他孩子的权利）可以使我们比较容易发现哪些孩子是真正被拒绝的——并且是经常被拒绝的。当家长坚持让孩子接受所有孩子都加入他们的玩耍时，这种具有破坏性的社交模式反而需要花更长时间才能发现。具体排他游戏的好处参见**法则 12：拒绝玩伴也可以**。

同时，家长也要注意相反的情况。哪些孩子正在忽视那些尝试加入他们的玩伴？当一个孩子主动示好的时候，你四岁的孩子会断然拒绝他们的邀请，不加入他们吗？ 不能很好地与同龄人互动的孩子显示出他们需要额外的帮助——不管是强烈的社交焦虑，还是对社交暗示或其他一些事情的注意。

教孩子如何交朋友

不是每个孩子天生都会交朋友。参考**法则 11：我们并不都是朋友**，找到一些帮助孩子融入游戏的建议。

改变孩子的名声

奥利弗特别想要玩。他是一个四岁的独生子。在他眼里，玩得最好方式就是用身体撞击或者攻击别人。所有人都对他避之唯恐不及。

当一个孩子有了打人的名声，就很难再去改变他在别人眼中的形象了。如果一个孩子已经改变，那么就要向别的孩子指出他的变化。以奥利弗为例，他在上学前班之后就不再冲撞他人了，并且他学会了如何加入孩子们的扮演游戏。他的老师们可以向大家宣布说："你和奥利弗玩耍是很安全的，他现在不再打人了。你需要我给你保证吗？奥利弗，你还会打莉迪亚吗？不会？好的。"

询问"你会打我吗？"或者"你会拿走我的小铁铲吗？"对于两个孩子来说，这都是一种很简单有效的技巧。内心害怕的那个孩子由此确保他是安全的。这也会让大家注意另外一个孩子的行为，他最好循规蹈矩，不然他就会失去玩伴。

组织团队

亚当今年四岁，但身边一个同龄玩伴都没有，没有人愿意跟他一起玩耍。当别的男孩子在操场上做游戏时，亚当得不到邀请，只能在一旁干看着。达伦老师留意到这种模式后，就想办法让亚当融入进来。当他们一起做户外游戏时，达伦老师会说："我想让亚当跟我一队。""跟亚当玩真开心！"当其他的男孩子看到达伦很欣赏亚当，他们便不再拒绝亚当。就这样，达伦向其他孩子证明：亚当是个有趣的小伙伴。

孩子总会对他们的同龄人进行分门别类。一个小孩可以被认作是一个有趣的玩伴，或者是大家躲避的对象。你可以向别人证明一个受排斥的孩子其实是多么有趣。你去做他的朋友，和他一起开怀大笑。向别人证明你遇到的每一个小孩子都很重要，是值得被接受的。你怎么对待别人非常重要，因为你的孩子一直在看着你。

展示好的想法

有些孩子能通过想出一些很酷的点子来吸引小伙伴。在学前班，当大家一起玩游戏的时候，诺亚总会受到冷落。有一天，他想到了一个游戏，把滑梯想象成一个巨大的巢穴，并向别的孩子宣布了他的新点子。他大声喊道："我是只猫头鹰。我吃老鼠。"诺亚的这个想法变成了一个很刺激的追逐游戏，其他的小孩子都对此很着迷。那天以后，诺亚就再也不愁没有朋友了。他的同龄人都把他看作一个能想出好点子的领导者。如果你的孩子总是有好主意却交不到朋友，那么你就帮他一把，让他学会如何展示自己的想法。

提供合适的道具

在学前班的时候，有时候一个孩子只需提供合适的道具便可以获得认可。"这个游戏需要什么？有什么是你可以提供的？"而这时，你就可以帮你的孩子留意这个游戏需要用到什么或者是有什么新鲜的道具可以用得上。如果大家正在玩"好人，坏人"的游戏，那么就让你的孩子提议用头盔或者披肩做道具；如果孩子们正在挖隧道，那就找一个好用的铁铲。这个年纪的小孩子很有可能会被别的孩子的新鲜事物所吸引，这个新鲜事物有可能是一个很酷的道具，又或者是别人家的一条狗。而那个没有被邀请的孩子有时只要有个有趣的东西就可以吸引别人的注意力。就像在成年人的世界里，掌握人脉的人往往掌握着资源。

改善社交技巧

布兰娜过去常常坐冷板凳，因为她跟大家一起玩的时候太过强势。她总会这么说："你们要按照我的方法去做。"其他的孩子因此会说："我不要玩了"，然后他们就把布兰娜撇到一边。这让布兰娜很是窘迫。布兰娜的妈妈和老师都在努力地帮助她去理解什么是霸道以及怎轮流玩大家的游戏提议。从这个案例我们就可以看出来，小孩子在成年人的指导下往往是可以有效改善自己的社交技巧的。

有一天，布兰娜正在与艾娃玩玩具厨房的游戏。她对艾娃发出各种各样的指令，并告诉艾娃必须按照"我的方式"去做。渐渐地，艾娃对这种被人呼来喝去的感觉产生了厌倦。

艾娃：我不想玩这个了。我想玩猫咪游戏。

布兰娜：那你必须听我的。

艾娃：可我也不想跟你玩了。

大人：艾娃不想玩这个游戏了，她想玩猫咪的游戏。

布兰娜：什么猫咪游戏？

大人：你可以问她啊。

其实家长只是重复了艾娃的话，但是这却让布兰娜听了进去。布兰娜问艾娃怎么玩猫咪游戏。就这样，游戏的掌控权就发生了转变。猫咪游戏是艾娃提出的，所以怎么玩自然由艾娃决定。在这个游戏中，布兰娜就要听艾娃的话，同时，她也意识到了自己刚才的一时强势。

寻求外界帮助

有的时候，你能给孩子的帮助远远不够，他们需要更多社交技能方面的帮助。如果你的孩子在解读社交暗示、感官融入方面面临极大的困难，并且有高度的焦虑感或者有其他一些棘手的问题，你最好寻求外界的评估。从不同的方面对孩子的社交技巧进行早期干预会对孩子的一生发生很大的影响。

试试这么说

你和奥利弗在一起玩会很安全的。他现在玩的时候不打人了。你想问清楚吗？奥利弗，你会打琳达吗？他说不会的。

亚当是一个有趣的玩伴，我喜欢他和我一组。

这个游戏需要什么？你有什么？

我发现如果你不听伊娃的想法的话，她很不高兴。

多数孩子都不喜欢太蛮横的玩伴。你知道什么是蛮横吗？我们来说说吧。

避免说的话

来吧，别害羞。

你怎么了？

就这样，你应该与大家和谐相处。

你太蛮横／害羞／粗鲁了，那是你的问题。

家庭之外

对于我们自己的孩子，有时别人可以发现一些我们没有注意到的事情。尽量倾听你所尊重的人的看法，包括一个亲近的家人，或者是孩子的幼儿园老师。大多数幼儿教育者不具备诊断（幼儿）孤独症或者其他社交问题的能力，但是他们会分享观察到的情形，比如，"我没有看到瑞安跟别人有眼神交流。你也注意到这一点了吗？"

你也可以和其他成年人分享你是怎么对待你的孩子的。"蕾拉正试着去理解她的专横问题，因此，如果你发现她什么时候指挥格蕾丝时，请告诉我们，这会帮到我们的。"向那些真正关心你孩子的人寻求帮助。

第四部分

奔跑屋：孩子、力量和行为

童年决定未来。

——让-保罗·萨特

法则 15　搬走椅子，玩抓人游戏

我记得自己小时候，幼儿园里最好的教室是"奔跑屋"，里面非常开阔，有几个垫子，一个爬梯，一个秋千钩子，除此之外，什么也没有。在这里你可以跳跃、匍匐、追逐、打闹、撞东西、大喊大叫。那里是孩子们的天堂，我们在里面可以任意玩任意闹。

做了父母后，我记得曾给三岁的儿子买过一把儿童椅。因为他喜欢画画，所以我想为他房间里的那张桌子搭配一把椅子。事与愿违，椅子反而成了障碍。迈尔斯更愿意站着画画，或者四肢摊开趴着画画，有时他还抱着画板到处走动。最后，椅子终于派上了用场，他用椅子搭了一个毛毯堡垒。

椅子对于儿童并没有太大用处（除了吃东西的时候），他们需要充足的空间可以四处活动，特别是男孩。

"叛逆"的原因

> 儿童需要空间跑、跳、爬、喊叫和打闹。疯玩是童年最重要的组成部分。

五岁的泰勒非常好动，由于不能安静地坐着参加课堂活动，他所在的私立幼儿园不愿再要他。

不过,"幼儿学校"接收了他。泰勒可以一直在奔跑屋里跳跃、攀爬、与其他孩子嬉戏追逐、在屋外骑三轮车,他结识了很多新朋友,迅速融入"幼儿学校"的生活。

如果孩子的行为出了问题,那通常意味着我们对孩子的期待出了问题。小孩子们喜欢嬉戏打闹、故意玩乐着攻击周边的孩子,但这其实并不是真的有恶意(参见**法则 17:不打不相交**),他们的行为只表明他们的需求没有得到满足,这可能是因为我们错误的期望,或者不合适的环境所导致。扔掉椅子,让他们跑起来。

"叛逆"的收获

只有孩子的运动需求得到了满足,你才会感到他们变得更理智、更安全。同时,疯玩还能帮助孩子培养体力、智力和社交能力,孩子从中可以收获到:

我能有自己的想法。

我不是坏,我只是喜欢运动。

外边很广阔,户外是探索的圣地。

找到合适的地方奔跑和喊叫,不是在所有的地方都可以这么做。

我开始知道自己的极限,世界上有危险的事情,我不能总是指望别人来拯救我。

感到我的身体越变越强壮,并且,学习新技能的感觉棒极了。

为何有效

孩子们需要活动,活动中的孩子们会经常陷入"麻烦"之中,这对孩子来说也是一种机会。大部分孩子的"不当行为"都源于缺少活动的空间和机会。

摘下成人的有色眼镜

很多家长抱怨，"他根本就不听我说什么！"运动型学习者就是要在运动中学习。如果你家孩子天天上蹿下跳，那就满足他运动的需求。很多男孩都是运动型学习者，当身体在运动时，他会更好地注意你说的话。我们总是过多地要求孩子端坐整齐。想想孩子最需要什么，改变一下他生活的环境，给他更多的空间随意喧闹、疯狂跑动。记住，孩子的不当行为通常源于大人的错误预期。

从生物学的角度看，男孩要比女孩好动。心理学家沃伦·伊顿指出，这一现象从两岁开始，到七至八岁时达到顶峰。

长期对重男轻女的担心导致很多育儿理念有些矫枉过正，很多教养观念对男孩尤其不利，特别是在男孩小的时候。大人们完全不考虑男孩的天性，让三五岁的男孩长时间安静地坐着。《养育该隐》和《这就是男孩！》的作者迈克·汤普森表示，男孩子在家中和幼儿园中的正常行为却被妖魔化了。

"许多女性忍受不了男孩旺盛的精力，""幼儿学校"的主管斯蒂芬妮·罗特梅耶表示。"她们不理解男孩子，反而认为男孩太具有破坏力，也不重视男孩的天性。她们试图让男孩表现得像女孩一样。"

在学前阶段，男孩的语言表达能力远不如女孩，但是却比女孩更好动。耶鲁儿童研究中心发现，在幼儿园被开除的男孩是女孩数量的五倍。男孩在活动中学习，他们充沛的体力应该得到尊重和正确看待。

体育活动对所有孩子都很重要，如果家长能让生活更"男孩气"一些，女孩也会从中受益。

精力旺盛不是不良行为

美国很多小学削减了休息时间，甚至完全取消了休息时间。有些学校禁止很多成人眼中的过激游戏，比如抓人游戏。这表明大人并不认

> 给孩子运动的空间。孩子需要一个地方大喊大叫，玩一些快节奏、刺激而激烈的游戏。

同，也不理解孩子对运动需求的天性，也表明家长对激烈游戏的过度担心。

那些剧烈运动的游戏有什么问题呢？问题就出在女性身上。的确，这样说很极端，当然也不总是对的，但是基本上是这么回事。虽然越来越多的爸爸们成为"家庭主夫"，爸爸们也更多地承担起育儿的责任，但是大部分孩子仍处于女性的看管之下：母亲、老师、祖母和保姆。许多女性认为精力旺盛的孩子（多指男孩子）很烦、很野蛮、很吵、很可怕、太粗野而且容易破坏东西。在孩子眼中，成年女性就是在控制他们的精力。在美国，经常能听到看护者一连串的喊叫声："别跑！……从树上下来，别摔了……把棍子放下！……你们俩都放手……别弄脏了……小心点……小声点……别瞎转悠，安静坐好！"

当孩子上了幼儿园，教室里通常是一排排整齐的桌椅。有些孩子能接受，但是好动的孩子经常会被称为捣蛋鬼。很少儿童项目会设置像奔跑屋那样的运动房，让孩子们可以随时释放自己过剩的精力。一般来说，跑步都有特定的时间。但是孩子的运动模式并非如此。他们不仅仅需要在上午11：25到11：45期间运动。运动是他们生命的一部分。大部分孩子，只要不睡觉，就需要释放自己的体力。

运动中的大脑

我们通常认为"学习"是需要坐着完成的，实际上孩子的大脑一直都在学习——不论是在他们挥舞棍子还是在把冰块扔过池塘的时候。事实上，有些孩子在运动时能更好地学习，这些孩子被称作"运动型学习者"。大部分男孩都是如此，他们的大脑需要行动起来。

不论男孩还是女孩，成人还是孩子，运动都能增强大脑的能量。《大脑规则》的作者约翰·梅迪娜表示，人类的大脑在不断运动中进化，而运动是大脑处理信息的最佳途径。当我们运动时，大脑会获得更多氧气。众所周知，身体两侧的运动（从左侧到右侧）可以增强左右脑的配合。研究发现，运动可以促进新神经细胞的生长和脑血管的发展,这些都有益于学习、提高记忆力和精神集中度。

对于高度活跃的孩子来说,偶尔的运动远远不够。他们甚至需要在睡醒后的每一分钟都运动。五岁的洛根在幼儿园根本坐不住,幸运的是,他的老师理解这一现象。她告诉洛根的父母他需要运动,并让他随时可以在教室后面溜达。洛根是一个聪明的孩子,只要他的运动需求得到了满足,他就能够在学习上飞速进步。

试试这个——加进你的工具箱

儿童需要空间、力量和运动,尽可能满足他们这些基本的需求。

为他们提供活动空间

儿童需要一个宽敞的活动空间,一个不仅可以让他们活动并且能够快速行动的空间;一个可以让他们大声喊叫,可以让他们疯狂玩耍的空间。抑制他们的体力发泄没有任何好处,每天尽可能多地给孩子所需要的空间。对于大多数家庭来说,孩子通常是到户外活动,到后院或者当地的公园。这个空间也可以设置在地下室、走廊,或者其他指定的空间。

在孩子活动的时候读书给他们听

盖比三岁的时候很喜欢听父母给他读书,但是他却不能长时间坐在那里认真地听。他在客厅走动的时候,妈妈就大声读书给他听,想办法将运动和需要孩子坐着进行的活动结合到一起,比如讲故事和画画。让孩子在活动中学习。

把安全放到第二位

"杰克逊!赶紧把那根棍子放下!你会戳到别人眼睛的。"

我们担心很多不需要担心的事情。比起其他的事情,我们的孩子更容易在车祸中丧生,但是我们从他们宝宝时期就一直开车带他们出去。除非违反了黄金叛逆法则——"这会伤害人或财物吗?"否则就鼓励孩子们在户外玩耍,让他们合理地体验风险。这就意味着要允许他们做一些类似于爬树、爬墙、玩棍子、跳水坑和攀岩的运动。教孩子如何安全着地（打滚），帮助孩子远离真正的危险（繁忙的街道、悬崖）。孩子的身体具备了跳跃、平衡和攀爬的能力后，就会从中获得经验从而规避危险。他们逐渐清楚哪些可以做，不断提高协调性，并且开始了解自己的极限。

别再说"小心"

"小心"是我们对孩子说的最没用的话之一。它不仅没有提供任何实质性帮助，还会增加焦虑感。经常说"小心"和"当心"会让一些孩子避免风险，还会让孩子们停止尝试新事物。不要说"小心"，如果没有必要的话，什么都不要说，如果需要则提供一些信息，诸如"你快走到边上了""看看你的脚下""有人在你的身后"，或者只是问一个基本的问题，"你觉得安全吗？"

询问：你觉得安全吗？

下次你的孩子爬树爬得太高，你想让她注意的时候，问她一个简单的问题："你觉得安全吗？"

这个问题对孩子认清现实有很大的作用，它促使孩子观察他所处的情况。通常情况下，孩子可能会说："哦，我没有意识到已经爬了这么高，现在我要怎么下去呢？"这能帮助孩子听到他们内心的预警信号。

六岁的卡梅隆准备吃点零食，他爬上了厨房的灶台，翘着脚尖去够放在高架上的曲奇饼干。他的妈妈问他觉得这样是否安全。"不，不是很安全"，他承认，然后爬了下来，他的妈妈把曲奇拿下来递给了他。

当然，孩子们性格迥异，因而反应也不尽相同，有些孩子可能就不想慢一点或者爬下来。如果你觉得一个孩子的行为已经超出了你的安全忍耐范围，你可以说，"我必须确保你的安全"，然后制止他的行为。提前决定你是否愿意让孩子为自己的安全做决定。问问你自己：这个情况足够安全吗？你愿意让她冒险滚落下来或者撞到膝盖吗？有时答案是很明确，不可以（比如从三四米的混凝土墙上跳下来）。在一般情况下，忍住你想去保护他们的冲动。问问你自己："那会伤害到她吗？"让她冒一点险，经历一点挫折。

直接说清楚

如果你三岁的孩子在玩的时候尖叫，直接告诉她你不喜欢这样。"这样太吵了！"很多小朋友在音量调节方面很糟糕。告诉孩子用"室内的音量"并不能给他提供什么信息。可以直接告诉她声音太大，也可以直接捂住耳朵给她视觉上的提醒，然后找一个可以让她随意喊叫的空间。大声大叫或快跑是孩子们玩耍的重要部分，所以尽管可以加以限制，但是同时尽可能为他们提供合适的场所。如果孩子们疯跑着穿过厨房，不要说"不许跑"或"记住，走路"，而是要给他们具体的信息，比如，"不能在这个房间里跑，如果想跑要到外面去。"

让孩子爬树——并且不要帮他们下来

摩根喜欢爬树，但是只要爬得过高，她就会喊妈妈帮她下来。不要解救孩子，不要把他们举起来抱下树。这个例子很典型。孩子爬得过高，超出自己的能力，然后大声求救。但是不要强化这个习惯，无论是一棵树，还是运动场攀爬，告诉孩子，"如果你爬上去，就必须能够自己下来。"这是一个关于适度冒险的早期课程。如果你的孩子被困在上面，你站在一边看，安慰他并且用你的声音指导他，"我不会把你抱下来，但是我会站在这里。现在该把脚放在哪里呢"，这个方法会提高孩子的身体意识，帮助他们了解自身的极限，建立自身的安全意识。

开拓一个奔跑屋

把房子的一部分改造成"奔跑屋"。如果你有空间，给孩子一个游戏室或一个地下室，让他们骑自行车、扔球。把窗户和灯泡罩起来，那样孩子就不会担心在房间里破坏任何东西。不要任何家具，只是准备一些球、翻滚垫和一些类似于迷你蹦床的物品或一个大纸箱。创造一个让孩子疯玩的空间对所有人来说都是一种解脱，尤其是在冬天的时候。如果空间有限，你不能提供一个独立的空间，那就指定一把椅子或一张沙发，让孩子尽情打闹、攀爬。

找鼓励孩子运动的场所

找一个鼓励运动的幼儿园。看看教室里面是不是全是椅子？这里有没有室内运动空间？孩子们多久户外运动一次？每次运动多长时间？孩子们最好能够自由地在室内和室外玩耍。

让孩子出门，甚至是雨天

孩子坐的时间太长了——坐汽车、坐在幼儿园和家里的塑料椅上。让他们到外面去。不要在意下雨。让他们赤脚出去或者给他们买一双雨鞋。一代又一代的父母都明白一个道理：户外是天下最理想的活动空间。

试试这么说

运　动

如果你想跑步，到户外去。

这个游戏需要更多的空间，去地下室。

你可以在地下室旧沙发上跳。

这不是攀爬的地方。

如果你想尖叫，你可以到外面去叫。

太大声了，我耳朵受不了了。

风险和安全

你快走到边上了。

看看你的脚。

用你的双手。

有人在你后面。

你是否感到安全？

我的工作是保证你的安全。

如果你爬上去，就必须自己下来。

避免说的话

要仔细。

停止跑步。

用脚走路。

小声点。

把棍子放下来！

不要爬上去，你的脖子会断的。

你会受伤的。

不要弄得很脏。

当心，你会淋湿的。

坐好，安静，注意你的表现！

家庭之外

即使在公园，你也会遇到很多不赞同随性玩耍的家长。两个孩子的妈妈朱丽叶，每次让孩子爬矮墙的时候，都会满脸紧张。你要决定什么行为是安全的并且遵循黄金叛逆法则。你的孩子的疯玩会伤害他人或者财物吗？如果不是，那就可以。身体冒险的一个很好的地方就是户外徒步远足。这里人们很少去评判，孩子可以不断地跑，跨过小溪，在木材上走平衡木。大自然，就是一个原始的游戏场。

法则 16　给孩子力量

我的侄子罗宾在两岁的时候给自己起了一个力量感十足的名字——"罗宾·乔森·弹珠轨道挖掘机"。

五岁的斯黛拉喜欢扮演老师，从幼儿园回家后，她会把毛绒玩具一排排摆好，手中摇着一个铃铛，告诉玩具们该怎么做。

六岁的迪亚戈到处跑来跑去，他喜欢扔东西。他能把成熟的胡桃果旋转着使劲扔到树干上，让它摔得粉碎。

"叛逆"的原因

孩子通过扮演强大的角色或者假装拥有力量来获得力量。给孩子时间，让他们去扮演超人，玩一些激烈的游戏。

我的儿子扎克三岁，一旦玩上玩具火车，就一刻也不能安静下来。"哦，不！撞车了！"随着一声大喊，火车头紧接着就脱离了轨道。每一辆卡车、火车、轮船，甚至是玩具娃娃都会在扎克的世界里面遭遇意外、车祸。火车经常会坠落山崖，轮船会侧翻入海，乐高玩具的水手会被鲨鱼吃掉。霸王龙来了，把小宝宝吞下肚子。"哦，不！大恐龙来了！快救救宝宝！"他首先大喊，之后就组织救援，扎克会把玩具们从危难中解救出来。英雄就是拯救世界末日的那一个人！

我们家里没有电视，所以扎克头脑中的灾难和英雄并不是来自电影。他所扮演的一切不过是很多学龄前儿童所喜欢的——超级戏剧性的场面和自我的强大感。

在学龄前儿童的游戏中，力量是一个核心主题。通过扮演有力量的角色——无论是火车碰撞，像超人一样俯冲，还是对着一棵树打坏一根树枝——孩子们会感觉到自己的力量和重要性。另外，孩子还通过游戏获得支配地位，比如过家家或者扮演老师之类的游戏，让孩子们可以体验到权力和掌控感。不管哪种形式的游戏，孩子们需要一些机会，来感受自身所想要的力量。

"叛逆"的收获

当孩子在游戏中找到体验力量的机会，他们会收获很多：

我很强壮，我可以做很多事情。

帮助别人或者拯救别人的感觉很好。

我正在辨别正确与错误。

我能够面对自己的惧怕。

我体会到了充满力量和无助两种感觉。

我可以控制我的游戏，但是我的父母实际上掌控一切。

为何有效

你有没有想过为什么有些孩子喜欢扔卡车、挖掘车或者那些建筑车？为什么有些孩子喜欢扮演蜘蛛人、消防员或者妈妈？有的喜欢扮演恐龙？原因各种各样，也很复杂（科学家正在研究孩子游戏背后的进化和社会原因），但是这些游戏拥有一个共同点，就是能够满足孩子们对力量的渴望。

"我讨厌这些超级英雄道具以及那些假胸肌,"一个妈妈说,"感觉像是吃了兴奋剂一样,我不希望孩子认为这就是真正人类的样子。"孩子们的游戏并非总能符合大人的判断标准。但是,对孩子来说,这些假的橡胶胸肌就代表着力量。

对小孩子来说,变得"很大"很重要,那样就会变得很有力量。一旦"变大",他们就有了决断能力。他们开始尝试去控制,在游戏中做决定,试着扮演强大的角色。通过这些,还未上学的孩子们大胆尝试新的身体和社交技巧,并尽力去理解他们的社交角色。

在孩子眼中,成年人充满力量。他们身材高大,拥有成年人的磁性声音,能够给孩子们发号施令。成年人胳膊强壮有力,一下子就能把一个学龄前儿童整个抱住。由于在日常生活中几乎没有什么权力,所以孩子们非常渴望体验自身的强大,渴望自己变得重要。在游戏中,孩子寻找机会体验力量的强大,并且想办法不断增强力量,对事情进行掌控。

对孩子来说,这个世界上有很多事情都让他们感到困惑和害怕。有的时候,扮演强大的角色可以帮助儿童面对内心的恐惧。下面这个例子就揭示了孩子是如何体验游戏中的力量,并收获安全感的。

凯尔:我是一只大老虎!呜!
利亚姆:我也是一只大老虎!呜!嗷嗷!
他们嬉笑着利爪相向,然后两个男孩拿起玩具奶瓶,坐下来,假装喝奶。

小孩子就是在自身需求和安全感之间寻求平衡:他们需要像老虎一样勇猛,也需要像宝宝一样喝奶瓶。

超级英雄游戏中的道德观

露比和伊丽莎白想要在积木区玩,但是一群四五岁的男孩子已经占据了那里,他们正在玩超人游戏。露比举起一个布娃娃,大声喊道,"有人要绑架这个宝宝!"男孩们很快就上钩了,争先恐后地跑去救孩子，把积木扔到了一边。女孩子趁机而入，开始了她们自己的游戏。多年来父母、幼儿园老师和心理学家发现了这一点，女孩们也发现了：超级英雄的游戏对男孩子们具有无穷的魅力。

这个年纪的孩子，特别是男孩子，经常喜欢幻想一些行为，包括暴力和攻击。这种角色扮演游戏实际上是孩子亲社会的一种表现，这是心理学家常用的一个术语，用来描述那些积极、有益，并且能够提高社会认可和促进友谊的行为。这样的游戏不仅会涉及救人，通常还涉及孩子之间的相互合作。当孩子与坏人做斗争，或者杀死想象出来的怪物，他们就是跟同龄人一起在尝试一些复杂的解决问题的技巧，这里面经常会涉及谈判和妥协。"好人，坏人"游戏对孩子来说十分有益，也很刺激，所以孩子们愿意在游戏中进行各种尝试，解决互相之间的分歧。

超人游戏让孩子着迷，但是这样的游戏需要有人扮演坏人。孩子们需要轮流扮演好人和坏人：一会儿他们是保护人类的英雄，一会儿是入侵者，同时他们还是受害者或者是被征服者。有的时候，在游戏中，没有人想当坏人，所以他们就会想象出一个坏人，但是孩子们更喜欢大家轮流扮演角色。这种想象游戏对孩子而言非常"真实"，因为他们非常入戏，情绪强烈而真实。能够从不同的角度来看待事情是培养孩子道德观比如同理心的基础。一个孩子会想，"这对猎人是件好事，但是对熊来说糟糕透了。"

在超人游戏的身体冲撞和语言咆哮背后，却是孩子们理解世界并培养自己道德和价值观的过程。戏剧性的游戏充满了打闹、灾难和不幸的磨难，在游戏中，孩子们有机会去解救并帮助人们。《养育该隐》的作者之一迈克·汤普森提到，暴力的超人游戏有深层次的意义：它可以开发孩子的同理心、勇气和同情心。他说，"超人游戏是培养勇气和忠诚的游戏，孩子们在邪恶的势力面前要冒险去救自己的朋友。"

> 当坏人是何种感受？在游戏中从不同的角度来看问题可以帮助孩子培养同理心。

孩子们扮演魔法或者超人角色，可以帮助他们获得更多在现实生活中的自信。

我可以当英雄。

我能想出好主意。我可以领导大家。

我会坚持正确的做法。

在游戏中扮演"好人，坏人"时，孩子们开始探索什么是对的，什么是错的。正义和邪恶能够引起这个年龄的孩子的极大兴趣，扮演"好人，坏人"会做一些动作，并且会有点暴力。不过，如果仔细观察的话，你会发现，这个游戏根本上还是关于英雄的游戏，最后，胜利的总是"好人"，因而，这个世界对朋友和家人而言是安全的。

摘下成人的有色眼镜

幻想和攻击性游戏并不会导致日后的暴力倾向。如果孩子喜欢灾难、爆炸或者充满力量的坏蛋，那么，请接受他的想象力。想象出来的游戏往往富有创造力，而且这样的游戏通常需要孩子间的合作，有利于孩子间的交往。想象游戏中会有暴力的内容，但那是一种让孩子感觉到自己强大的古老方式。大人需要对孩子的行为加以限制（不能伤害到人或者物），但是要保证孩子的游戏想法能够自由地进行下去。

布莱恩·埃德米斯顿把超人和战争游戏称为"神话游戏"。作为俄亥俄州立大学教育方向的教授，埃德米斯顿花了六年的时间研究自己儿子的游戏。刚开始，他也认为这样的游戏是暴力行为，无法接受。但是如今他发现，"神话游戏"就是关于力量的故事，可以帮助孩子形成自己的伦理身份。埃德米斯顿的儿子在三岁的时候喜欢战争游戏，现在，13岁的他已经可以当着国会议员的面表达自己反对伊拉克战争的想法了。

直面孩子对现实的恐惧

想象出一个怪物，与其英勇战斗，这是孩子战胜自己内心恐惧的一种方式。在游戏中，孩子能够直面恐惧，探究那些可怕的想法，并且一遍又一遍地打败自己内心的这些恐惧。

基本上，孩子内心恐惧来源明确，就是孩子平时见到的那些让他害怕的东西。老虎很吓人。我会被老虎吃掉吗？后院里面会有老虎吗？它们会伤害我吗？小孩子害怕的另外一样东西就是疼痛。他们总是想着避免疼痛，也会在游戏中把这种内心恐惧表达出来，并想办法应付这个问题。此外，孩子们也

> 不用干涉：孩子有权选择他们游戏的主题。

会对自己的冲动和攻击性感到害怕。对于稍微大一点的孩子，四到六岁，他们开始对死亡感到害怕，所以，他们的游戏中就会经常出现死亡这一主题（参考**法则27：与死去的小鸟做朋友**）。

请记住，孩子选择的每个游戏主题都是基于他们的自身需求。如果孩子玩很多关于力量类的游戏，包括那些带有暴力行为的力量游戏，说明这些游戏满足了她当时的内心需求。皮特·格雷是一位心理学家，他在儿童游戏方面做过很多研究。他说，我们大人总希望孩子能玩一些甜蜜而天真的游戏，但是实际上，我们的世界并非如此。"我们总想着可以通过控制孩子的游戏来改变我们所在世界未来的样子，但是这是不对的，"他写道。孩子总是会玩那些让他们着迷的游戏，以及眼下对他们来说重要的事情。

面对成人对幻想的恐惧

作为成年人，我们有的时候害怕幻想游戏。当孩子们的嘴巴发出各种射击的声音时，我们似乎看到了未来的恐怖分子。当我们的孩子玩《星球大战》游戏时，我们担心他们之间的打斗，而忽视了抗争一直存在于我们这个世界的事实。看到孩子拿着一根树枝敲打树干，我们甚至担心他们长大后会变成一个没有爱心、不尊重大自然的孩子。我们害

怕这种游戏，由此试图控制孩子的游戏。因为害怕孩子在将来会失去良善，所以，我们从心底里排斥这些游戏。可以说，此类游戏击中了父母内心深处最担心的东西：那就是当孩子长大成人后会变成一个无情无义、没有爱心的人，甚至是一个暴力狂。

家长需要放松心态，享受孩子的童年。如果你发现自己正在忧虑未来可能发生某些伤害（一个未来的谋杀犯），那么，就让自己停下来，全面分析一下当下的情况，你会发现，很可能没有任何担心的必要。问问自己：这种创造性的游戏有没有伤害到现实生活中的人或者物？这个游戏有没有伤害到其他有生命的东西？

早期教育专家、《表象之下：揭示儿童暴力游戏的含义》的作者简·卡契，和其他一些专家认为，孩子在玩想象游戏的时候并非是真的暴力。在这些游戏中，孩子是假装很暴力，很具攻击性，但是孩子的游戏中还充满了合作精神，并且，孩子们知道，这一切都是想象中的。

我们担心孩子分不清幻想和现实，但实际上是我们大人把二者混为一谈了。遇到这种情况，我们想想那些写谋杀悬念作品的作家们，是不是就能想开了。你会害怕这些作家吗？构思出这些故事的人会是充满危险的人吗？肯定不是的。而且，多数时候，我们还会为这些作家的想象力鼓掌叫好，感觉他们的故事很刺激，甚至会排队购买作者签售的书。

如果你为孩子的游戏主题感到担心，还可以考虑减少他们对一些传媒作品的接触。比如，有暴力倾向的电影、午夜新闻，还有其他一些不适合小孩子的媒体。减少他们看电视的时间，但不是限制他们的游戏。

成人对孩子应该有一定的控制，以避免他们伤害到现实中的人，但是成人并不应该干预孩子们的游戏主题。能把握住这一法则，不管是孩子还是大人，就能清楚把握现实与幻想之间的界限。

试试这个——加入你的育儿宝典

所有孩子都需要尝试拥有力量的感觉，而且某些特别的孩子更需要经常参加此类游戏。如果你的孩子精力特别充沛，或者表现出过度的攻击性，那么他就需要更多释放自己体力的机会，体验力量的感觉。那就应该满足她这方面的要求,要给孩子更多的机会,通过此类力量游戏扮演,让孩子感觉自己充满了力量。

什么是力量?

有力量的行为

充满力量的行为可以释放很多精力。它们挑战孩子的体力,帮助他们增长力气以及空间意识。有力量的行为可以满足孩子对运动的强烈需求(参见**法则 15:搬走椅子,玩抓人游戏**),让他们感到自己的强壮和重要性。只是为了玩得高兴,孩子们也会展示有力量的行为。有力量的行为包括很多内容,可以是互相追逐、举起重木头,也可以是疯狂跳舞、用锤子敲击泥团。

力量型任务和行为

跑步和激烈的动作
  跑步和追逐游戏
  激烈打闹
  踢(球、盒子……)
  击打(报纸团球、沙袋)
  空手道劈打树枝或者纸张
  用木棍打树
  扳手腕
  摔跤或者拳击
  站着荡秋千
  爬上滑梯

扔、跳、爬
  爬树
  爬任何东西(梯子、墙……)

从高处跳下来

　　跳进树叶堆或者气泡垫上

　　吊在绳子上然后掉进一堆纸盒中

　　后院疯跑

　　扔球（或者打雪仗）

　　往水里扔石块

　　扔出大块泥巴，让它摔得稀烂

　　打出大的水花

快速和大声

　　大声说话

　　使劲吹号角或者喊口号

　　快速骑自行车

　　秋千荡得特别高

肌肉力量和锻炼

　　砸橡皮泥

　　用真正的工具在工具桌上做东西

　　举起重物（木头、砖头）

　　移动大的东西

　　搭建什么东西

　　挖地（特别是用那些结实的金属铲子）

　　玩橡胶管子

幻想游戏

　　超人游戏（"好人，坏人"）

　　幻想游戏以及角色扮演（老虎、怪物、巫婆、海盗）

　　使用佩剑、激光或者其他玩具武器

> 玩具汽车或火车撞击
> 扮演有权力的人物（妈妈、爸爸、老师）
> 英雄游戏（医生、士兵、消防员）
>
> **创造性**
> 任何艺术手工
> 画一幅大的作品
> 站着画画
> 讲故事——复述一个故事或者表演一个故事
> 做领导——提出一个点子让大家听从自己的安排
> 跳舞

充满力量的角色

孩子扮演充满力量的角色能够在幻想游戏中获得支配权。不管是拯救游戏、英雄游戏（扮演医生、警察和消防员）、凶猛的动物（熊、老虎、恐龙或者鲨鱼），还是激动人心的幻想和超人游戏（海盗、蝙蝠侠、蜘蛛侠、星球大战），比如过家家或者学校生活模拟类的假想游戏，孩子们扮演充满力量的角色，能够在游戏中体验当妈妈、爸爸或者老师的感觉。

创造的力量

创造性是另外一种力量。超人游戏和体力活动力量感十足，游戏中还有另外一种能带给孩子力量感的方式——创造。创造有很多方式，比如讲故事，或者是提出一个新主意。例如，四岁的威廉发明了一个"被捕的小鸟"游戏，有其他七个孩子加入进来。通过这个游戏，威廉感受到了领导和创造的力量。他的想法很吸引人，其他孩子愿意听他的安排。孩子在游戏中写下自己名字的时候会感受到一种强烈的力量感和自我重要性。

你要善于发现各种各样的力量游戏，这非常重要，而不能被游戏表现出来的形式吓倒。当孩子玩的时候，他们会找到吸引自己的游戏主题。我们成人对孩子的这些体验越是加以限制，越有可能激发他们得到这种力量的渴望。

为孩子多创造一些机会感受自己的力量。尽可能为他们提供空间进行一些力量型运动；鼓励他们玩多样的角色扮演游戏；为他们创造游戏的想法提供道具材料；此外，如果在现实生活中能多给孩子一点掌控权也很有帮助。让孩子帮你做一些事情——搭建一个什么东西或者搬运一个重物。如果孩子行动能力稍差，或者爱生气，那么，试着多给她一些能感到自己拥有力量的机会，她很可能需要这一方式释放自己。

父母和权力的平衡

力量十足的孩子并非就是失控的孩子。大人依旧是掌控者。让孩子在游戏中感到自己的力量可以满足她深层次的成长需求。但是真正的权力还是掌握在父母手中，这也很重要。

有些家长对于放手让孩子去玩这件事情感到很担心，让孩子充满力量的想法让我们害怕。"让我的孩子开始尝到权力的滋味？让一群四岁的孩子做力量型动作？哦，天啊！"我们把时间浪费在了如何控制我们孩子的行为上面，其实只需要简单地尝试一下：鼓励孩子参与力量游戏，那么，你的孩子会玩得很尽兴，结果可能也会让你感到很惊讶：当孩子释放被压制的对权力的欲望的时候，大多数孩子的行为举止相比以往都会变好。

允许孩子尝试体验权力的感觉并不意味着你要放弃大人所设定的界限和权威。如果孩子在家庭生活中得到过多的权力，他们会变得缺乏安全感，并因此感到焦虑。家长需要设立家中持续的规则：安全规则、睡觉时间，等等。虽然孩子们非常希望体验拥有权力的感觉，但是当他们知道父母有掌控权的时候，他们的安全感会更强烈些。让孩子在游戏中体验权力就是给了他们适当的权力。

试试这么说

你们的游戏都需要什么？

你扮演谁？

你是一头凶猛的狮子还是一只友好的狮子？

你真的在使用自己的肌肉。

避免说的话

这个游戏不好。

不准穿超人的服装。

为什么不让霸王龙跟其他恐龙做朋友呢？

别拿那块木头。

不许扔雪球

家庭之外

一些学校不允许孩子玩超人游戏。其他成年人也可能不赞成你的孩子的游戏主题，要求换成其他的游戏主题。如果你的孩子就爱玩想象游戏，那么，尽可能去找能够接受的人一起玩。有的时候，你也许得尝试着换一个幼儿园，或者一个托管所，告诉照顾你孩子的人任何游戏主题你都可以接受。"只要她没有伤害到人或者东西，我们就应该鼓励她玩各种角色扮演的游戏。"如果你的孩子不能在幼儿园里玩她想玩的游戏，那你就想办法让她在家里面有很多机会尽情玩力量十足的游戏。

法则 17 不打不相交

丹打了利奥一拳,利奥马上回了一拳。大人就在旁边,但是并没有阻止他们。这是两个四岁的孩子正玩得兴高采烈的时候。丹和利奥都戴着紫红色的儿童拳击手套,光脚站在摔跤垫上,咯咯地笑着,十分开心。

"叛逆"的原因

打闹——甚至拳击——是孩子们健康交往的方式。不过,如果有一方带着情绪上场,就不能再闹了。

我正在写的一本书中有关于幼儿园拳击活动的内容,当我把这些告诉一位妈妈时,她显然很吃惊:"拳击?你在开玩笑吗?我时时刻刻都在防备着他们打起来!"

那可不容易。小孩子天生好动,他们喜欢肢体接触,有接触的需求。尤其是在语言表达能力的培养阶段,孩子们对朋友表示好感的方式之一就是肢体接触。有的时候是拥抱,有的时候是打闹。"幼儿学校"的创始人李和珍妮特发现了这一点。看着孩子们玩耍的时候,她们发现摔跤特别受孩子欢迎,孩子们会像小狮子或者小狗一样翻滚在一起。李和珍妮特觉得,孩子们喜欢以这种方式玩耍有着深层次的原因。既然如此，有何不可呢？李和珍妮特在教室配备了摔跤垫和拳击手套，从此，搏击游戏就成了"幼儿学校"坚持了40多年的传统。

诸如拳击和摔跤之类的搏击游戏让孩子们有机会释放自己旺盛的精力，同时还能增进孩子之间的友谊——但是，必须要在大家都能从中获得乐趣的情况下才能达到这样的效果。而一旦有人生气了，那么它就不再是个游戏。搏击不能作为解决冲突的方式。游戏应建立在自愿的基础上，而且双方都是以玩为目的。

> 搏击游戏应建立在自愿的基础上，双方都是抱着玩的心态来进行。它只是个游戏，不是解决冲突的方式。

另外，像拳击这类激烈的游戏存在的价值，除了有趣之外，它还在促进孩子发育方面起着积极有效的作用。

"叛逆"收获

疯玩有助于孩子全面成长。孩子可以了解到：

我强壮有力。

剧烈运动，身心舒畅。

我可以交朋友并且应对新的挑战。

我可以限制别人并且叫停一件我不喜欢的事。

我能倾听朋友的话，知道什么时候该停手。

即使受了点小伤我也能应对。

如果有人受伤了，我们可以制定新的规则避免这种情况再次发生。

为何有效

疯玩是童年很重要的一部分。《亲子打闹游戏的艺术》一书的作者之一安东尼·迪本德博士，将追逐打闹游戏视作孩子游戏中的"圣杯"。

打闹游戏有助于孩子身体成长和大脑发育。当两个孩子扭打在地板上，或者翻滚纠缠在一起时，他们展现出来的是搏斗的需求。如果阻止这种游戏，我们就阻碍了孩子这一需要的满足。与其发出警告（手放开他！不许再打弟弟！我不想看见任何肢体接触），不如想想怎样能最好地满足这个年龄孩子这方面的需求。

孩子无拘无束的胡闹表面上看是完全失控的瞎打瞎闹，但实际上，却有着深层次的意义。杰克·庞克赛普的研究表明，打闹游戏有助于大脑额叶的发育，包括额叶前部的皮质层，而这部分组织控制着人类的执行能力，这也是人类活动最复杂的一部分。人类执行能力包括自控力、抵制诱惑的能力、推理能力、注意力的集中、记忆力、解决问题的能力和认知灵活性等。正如锻炼可以使肌肉强壮一样，额叶前部皮质也可以通过强化而促进发育，所以，孩子们在生活各个方面也会取得进步，包括社交、情感，也包括学习。阿黛尔·戴尔蒙及其合作者开展的一项研究表明，执行力的强弱是判断孩子未来能否成功的最关键因素。

大脑的这个部位如此重要，而这也正是孩子们最擅长的事——兴奋地在地板上打闹翻滚——能够很好地促进额叶前部的皮质层，你说这是不是很让人惊奇的一件事情？所以说，必须要鼓励孩子追逐打闹的游戏。

就像幼儿教育学家丹·哈金斯说的那样："对于孩子们来说，打闹玩耍和听故事同等重要。"

摘下成人的有色眼镜

孩子之间大部分的模拟战斗都是欢乐的，孩子和成人之间的打闹游戏也是一样。不要不假思索地叫停这些"打斗"。先问问："你们俩玩得开心吗？"肢体上的打闹游戏自然而又健康，这不会导致真正的打斗，也不会使孩子变得更好斗。相反，打闹游戏有助于孩子培养友谊，增强大脑功能，有助于拓宽孩子的理解能力，增强阅读感受，发展同理心，提高冲动控制能力。

时机和场所

当然，不能把日常所有时间都用于打闹游戏。如其他育儿守则一样，你需要设定游戏限制条件。你得让孩子们知道，可以玩打闹游戏，但并非什么时间在哪里都可以，而是必须在合适的时间和场所。

如果在某些必要情况下，孩子的打闹必须停下来，那么请给孩子提供其他的选择。比如："你不能在这儿玩，但可以在外面玩。""现在不能打闹，我们得先去杂货店，等回家的时候再玩。"

摔跤可以更随意一些。比如看到孩子们开始你推我挤，上蹿下跳，如果确保没有惹谁不高兴，那么可以把游戏转移到合适的地点，比如："看来你俩想要摔上一跤，那么我们下楼去拿练习垫吧。"

有助于理解社会行为的游戏

在加利福尼亚州，五岁的萨拉所在的蒙特梭利幼儿园的老师们非常担心疯玩会让孩子们变得好斗，因此他们主张禁止孩子们在家打闹，让家长"禁止孩子在家打闹或玩其他有攻击性的游戏"。

但是这类游戏真的会让孩子们的侵略性增加吗？事实完全相反。《情商》的作者丹尼尔·戈尔曼指出，游戏中的打闹能够帮助孩子提高控制冲动和愤怒的能力，正是这种能力帮助预防发生真正的打闹。儿童成长专家大卫·富尔尼教授认为，家长们觉得游戏中的打闹，尽管如开玩笑一般，但打闹会让孩子变得好斗，这样的想法完全是错误的。教授的研究表明，三到六岁的孩子打闹得越多，他们在现实生活中，越能够更好地进行社交，而不会变得好斗。以娱乐为目的的打闹游戏，更多的是带给孩子们快乐，从而更有益于他们的社交。

打闹游戏能够为社交服务，而其他的身体运动，诸如翻筋斗、荡秋千或者打沙包等，尽管也能释放体能，但它们都是个体行为。而在拳击、摔跤或者打闹游戏中，孩子们一般都需要搭档。在游戏中与其他人搭档，这就是社交行为。同时，剧烈运动对增进友谊也有一定的促进作用。当两个孩子互相打闹的时候，他们有肢体交流，能够帮助他们增进友谊。

不打不相交

"啊！"杰克大叫着倒在米洛身上。

"我搞定你了！"

推搡、打闹，这些都是友谊的增进，而非打架斗殴。杰克和米洛都四岁了，他们喜欢在一起打打闹闹，他们的肢体交流没有任何问题。学龄前儿童的语言表达能力仍处于持续发展阶段，相较于男孩子，女孩子在语言和交际方面更为突出。渴望肢体交流是孩子们的天性，这对男孩子尤为重要，甚至可以将其看作为男孩子的社交生命线。通过肢体交流，男孩子之间相互接触，而打闹给了他们发展友谊的机会。

许多妈妈和女性教师都不喜欢男孩这种身体上的冲突，但是《小小男子汉》的作者威廉·波莱克觉得，通过直接剧烈的打闹游戏，男孩子们的情感需求得以释放。打闹游戏也同样适合于女孩子，不过，对于男孩子来说，它更为重要，他们通过打闹来建立健康的人际关系。

情绪解读

表面上的追逐和打闹游戏蕴含着深刻的社交技巧。孩子们在游戏中需要观察自己是不是伤到了别人？一起玩的朋友是同样乐在其中，还是并不喜欢？通过打闹游戏这种剧烈的行为方式，孩子们学会了如何解读玩伴的情绪。

"我的朋友玩得还开心吗？游戏的时候我是不是出手太重了？我要怎么调整自己的行为才能让朋友继续参与游戏并且玩得开心？我自己呢——我喜不喜欢他刚才的做法？"《身体对对碰：为什么吵闹、激烈、狂野的肢体游戏对孩子的发展和学习至关重要》的作者弗朗西斯·卡尔森说："这绝不仅仅是肢体活动。"

获准进行打闹游戏的孩子们能够学会处理与同龄人的关系。他们通过观察肢体语言和相互倾听使游戏持续进行。只需一点点引导，孩子们就能学会坚持自我，相互设立限制，在一个孩子"叫停"的时候，其他孩子都能及时做出反应。

赢家和输家

在孩子的打闹游戏中没有人被征服。这只是游戏，并非竞赛。孩子们气喘吁吁并且和朋友乐在其中；之后，游戏结束了。通常情况下，孩子们在玩完之后都会感觉自己变得更加强壮。"我现在的胳膊强健有力！"四岁的卢卡斯大声喊道。"我的胳膊也是！"他的玩伴凯蒂也叫道。

打闹游戏的益处

培养友谊

释放精力

感受力量

控制冲动

承担风险

锻炼脑力

培养肢体及空间意识

满足运动需求

满足肢体接触需求

练习在同龄人间设立限制

培养谈判技巧

在同龄人间之建立信任

培养自尊心

解读情绪

培养同理心

获得乐趣

冒险的益处

打闹对于孩子们来说是愉快的游戏，但同时其中也包含一定的风险。作为父母，我们应尽量帮助孩子排除生活中的风险，但估计风险大小以及适度承担风险对孩子来说都是有益的。诸如贝夫·博斯等早教专家认为，孩子需要通过冒险获取自信，冒险能够让孩子不断成长。"是风险不断激励我们进步，"她说，"同时让我们获得自我认同。"诸如拳击和摔跤一类的游戏为孩子提供了相对安全的空间来练习承担风险，剧烈的身体运动帮助孩子们挑战自我极限，加深自我认识。"天哪！我竟然能做到这样！"

受 伤

如果玩得过于激烈，孩子们偶尔也会受伤。无论是追逐还是打闹游戏，小磕小碰都不可避免。每个成年人对安全有不同的态度。如果你是那种无法忍受看见任何疼痛的类型，那么忍住不说"不要跑！小心点"可能会非常难，更别提主动鼓励孩子"摔跤去吧"。尽力减少担心吧。你看到孩子们的笑容了吗？听到那咯咯的笑声了吗？如果孩子们在打闹中得到乐趣，那就让他们承担这点风险吧。孩子们受点伤没什么。提醒你自己（还有孩子），受伤并不意味着世界的终结。剧烈游戏开始之前提醒他们："你可能会受点伤，可能会擦擦碰碰，如果不喜欢，你可以随时叫停或者休息一会。"

事实上，受伤有益于全面提升孩子的技能。如果孩子双方自愿在安全的地点进行打闹，那就不要过于担心，让孩子们自己决定何时玩尽兴了。让他们自己学着去承担一点风险，去处理受伤的情况，去解决问题，并将再次受伤的可能降到最小。这些是孩子们通过游戏开始学习的技能。当一起打闹的同伴受伤了，孩子们会学着去解读彼此的情绪暗示，并学会相互照顾。问问他们："你该怎么做才能不受伤？"

四岁的梅森在和朋友杰克玩拳击的时候伤到了好几次。"噢！"他叫了一声，然后继续玩。之后杰克猛烈地撞到了梅森的头，梅森疼得喊了出来，但是游戏仍然没有结束，他告诉杰克不要再撞他，之后两个人继续玩，而且笑得很开心。"那真有趣！"梅森大喊道。

如果你没法适应孩子们如此疯玩，任由他们疯玩你会感到失控和害怕，那你就只能自己承担风险，看着孩子们茁壮成长了，因为这种玩法有百利而无一害。

试试这个——加进你的工具箱

打闹游戏带来了诸多益处，其中一项就是，孩子可以从中提高自己的素养，这对孩子来说是十分重要的。以下是一些如何接受它的想法。

打闹游戏的"叛逆"指导

1. 确认，"你们俩都玩得高兴吗？"
2. 如果一方生气就叫停，通过冲突调解处理负面情绪。
3. 重新指导，将游戏移到合适的时间地点。
4. 制定场地规则，"有人叫停就停止游戏。"
5. 让孩子设置规则，"你们想制定什么规则吗？"
6. 当孩子受伤时决定下一步怎么做，"你现在想建立一条新的规则吗？"
7. 确认，"你们俩现在还玩得很高兴吗？"

寻求最佳

当你看见孩子们摔跤的时候，不要立即阻止，而是确认他们是在玩而不是真的在打架。问问他们，"你们俩都觉得这很有趣吗？"简单的问题能够帮助你获得最佳答案，让孩子们能够快乐地进行打闹游戏。需要注意的是，要确定每个孩子都回答你的问题。有的时候，一方认为这是游戏，而另一方则不这么看，如果有人在生气，或者并不是两个人都愿意进行这个游戏，那么用冲突调解的方式解决矛盾。

有人叫停就停止

再激烈的游戏都有一个简单的规则：当一个人叫停的时候就该停止。

这真的是你需要设立的唯一规则。打闹游戏中最重要的是，孩子们尊重对方设立的限制。每个孩子都应在有人叫停的时候立即停止，他们需要明白，如果游戏不再有趣，任何人都有权退出。

打闹游戏的限制

1. 打闹游戏的黄金法则如下：只要不伤害到人或物就没有问题。
2. 有人叫停就停止。
3. 选择合适的地点。
4. 选择合适的时间。
5. 遵守搭档的规则。
6. 成年人有最终的发言权。

让孩子们自立规则

一旦你已经帮助孩子们找到打闹游戏的恰当时间和地点，大家也知道该何时停手，那么剩下的规则就交给孩子们自己去决定吧。有些父母喜欢列出一长串的安全规则（不许穿鞋，不许揪头发，不许搞小动作……），但是如果把建立规则的机会留给孩子们，他们将能学到更多。学会倾听和设立规则也是打闹游戏益处的一部分。

建立规则很简单，我们看看两个五岁孩子是如何制定规则的。

家长：你们可以在这儿打闹，不过必须做到如果有人叫"停"就马上停手。你们还想立什么规则吗？没有吗？开始吧。

莱恩和詹姆森互相笑着，开始打闹。

莱恩："停！"

家长：詹姆森，我听到莱恩说"停"，他说"停"的时候你就得停下来。

继续一番游戏性打闹之后，詹姆森的眉头皱了起来。

詹姆森："嘿！"

家长：詹姆森，你喜欢莱恩拉扯你的衬衫吗？不喜欢？那你现在想立一条新规则吗？

詹姆森：是的。不许扯衣服。

家长：好的，莱恩，如果你想和詹姆森打闹，你就得遵守他的规则，"不许扯衣服"，你还想继续打闹吗？想？好的。

当孩子们想出规则来的时候，把它们记下来。孩子通常会不断增加自己的规则。

罗列清单可以把规则清晰地摆在眼前，这样能有效发挥孩子们自己制定的规则的效力。同时，通过记录下来孩子们自己提出的规则，能够帮助他们在生活中明白字的意思，还有什么比这更好的吗？（参见**法则7：记录孩子的言行**）。下面是两个四岁的孩子在游戏时提出的规则：

搏击规则——麦克斯和奥莉薇

1. 不许打脸
2. 不许用脚踢
3. 如果想停下，说"停"或者离开拳击垫
4. 不许穿鞋
5. 中场休息，喝水

如果有人提出一条新的规则，那么每个孩子必须同意去遵守。"如果你想和汉娜玩，那么就要遵守她的规则。"等待孩子给出肯定的回答。只要有一个孩子不同意，游戏就应立即停止。

让孩子们自立规则能确保游戏中孩子的安全。一方面，孩子可以感受自己的权力，同时，你的工作也会因此而变得容易——你不用想着所有可能出错的鸡毛小事。如果孩子们觉得重要，他们会提出来的。如果孩子们忘了，大人需要提醒他们注意规则："你觉得这样行吗？因为我听到你说'不许用拳头打'。"规则制定和打闹游戏有机结合很好地提高了孩子的学习能力。

如果有人不高兴

如果有人不高兴了，游戏就要停下来。孩子们还处于学习读懂他

人情绪的过程之中,所以他们可能不会注意别人从笑容到恐惧间的转变。这个时候,大人需要介入,并理清已经过火的游戏。

例如,杰森正在公园和其他三个男孩打闹。一开始游戏很有趣,但突然间杰森的脸上显露出害怕的表情,并且开始拳打脚踢;当妈妈出现时,他又开始号啕大哭。其他几个男孩立马停下来。"我们以为他仍然玩得很开心呢,"他们说。

大人可以告诉孩子:"你们看他的脸。他看起来很害怕,他也不笑了。"可能他只是需要休息一会——"所有人都停下来,去喝点水。"无论游戏已经多么过火,一切都还在你的掌控之中,你可以停止游戏。当有人感觉游戏太过激烈,流露出这样的神情时,你就可以叫停他们的游戏。

也要看孩子的大小和性格。当他们在屋子里摔跤和打闹时,你不需要一直陪着他们。你在场陪着,对于年龄稍小的孩子可能更有帮助,不过,你没必要一直徘徊在他们身边,因为一旦游戏过火了,孩子们会喊叫,会自动停止的。

观察与安全感的建立

对于剧烈的游戏,有些孩子更愿意站在一旁观察,那么就不要强迫他们,随便他们观察多久。这能够帮助孩子建立"安全角",让他们能够安全地观察。我通常会找一张纸,画上红色"十"字标志,放在一个固定地点,作为安全角,告知大家不要在这个位置搏击、打闹和追逐。如果有孩子需要这样的安全空间,那么,他们可以自由选择待在这里。

性格谨慎的小孩往往喜欢观察剧烈的游戏。亚丽珊迪亚四岁,很喜欢穿着公主装,怀里抱着心爱的小毯子,站在一旁,观察其他孩子打打闹闹。"我不喜欢拳击,"她说,"但是小毯子喜欢,所以我总是得带它来看。"后来有一次,她终于也去试了一下拳击,不但玩得很高兴,还击败了两个小伙伴。"预备,开始,搏击!"她喊道,"我爱拳击。"搏击需要孩子们全力以赴,所以这样的游戏有助于孩子建立自尊心,尤其对于那些相对内向的孩子。

小弟弟／妹妹和差别很大的伙伴

孩子们性格迥异，即使同是五岁的两个孩子，也不一定适合在一起玩耍。但搏击和摔跤游戏不分身材，不分年龄，大家都可以一起参与，并获得乐趣。这样的游戏能够帮助孩子认识到自己与他人的差异，同时还能够让性格不同的孩子团结在一起。也许你五岁的孩子和一个三岁的孩子没法一起玩糖果乐园游戏，但他们可以在一起摔跤。

四岁的凯西热衷搏击。她是个需求感特别强烈的孩子，而她的搭档、五岁的卡尔森，相比同龄人个子更高，并且经常参加打闹游戏。凯西绕着垫子跳舞，挥动自己的拳击手套。

卡尔森：把我打倒，凯西！快快快，推我！

凯西咧嘴笑着，然后戴着手套推向他。

卡尔森：对了！再推我，快，打倒我！噢，你赢了！（他夸张地倒下去）

凯西很高兴，她举起双臂，开心地大笑起来。

像卡尔森这样年纪稍大、稍强壮的孩子，常常会控制自己的行动力度来配合一个岁数更小的玩伴。这样的游戏可以很好地提高孩子对冲动的控制力。这类不同年龄孩子合作参与、对体能要求高的游戏有助于孩子提高肢体控制力，增强社交意识。如果一个稍小的孩子对这类游戏感兴趣，那么就让他加入。如往常一样，设立规则和限制，向他们确认："你们两个都玩得很高兴吗？记住，如果你觉得游戏太过激烈，随时都可以喊停。"

当然，年龄稍大、更强壮的孩子也不是总能清楚地认识自己的力量，或者能一直很好地控制自己的身体。当发现一个孩子用力过猛时，告诉他："看来你很难不伤到山姆，所以我不能让你再玩了。"孩子们通常都会自我监督，当打闹过于激烈时，他们会主动拒绝玩得过于激烈的玩伴。而被拒绝的孩子很可能非常渴望再次参加游戏，因而他也会很努力地控制自己的肢体动作，以便让别的孩子再次接受自己参加游戏。

与成年人打闹

我三岁的孩子一看见他老爸就会喊,"我们来摔跤吧!"爸爸们经常通过打闹跟孩子们打成一片。孩子们喜欢和一个大人扭打在一起的刺激感,但并非每个成年人都喜欢这样。"我不能和我的孩子们打打闹闹,"一位妈妈说,"那感觉不像我自己。"如果你不喜欢和孩子打闹,那么不要强求。但如果你愿意尝试一下,你的孩子会很喜欢这样的。躺在床上(或躺在室外的平地上),避开袭击者的入侵;或者跪在小毯子或其他表面柔软的东西上,让你的孩子试着把你推倒。或者,你可以试试是否喜欢追逐游戏。

重要的是,不要失去自制力。成年人需要随时留意孩子的反应并且停止游戏,这保证了孩子在不开心的时候可以停止游戏。成年人身体上的优势会让孩子在心理上觉得难以接受,有的时候,孩子在不知所措的时候会想要停下来,这时他们可能会声嘶力竭地大笑。仔细观察孩子的情绪变化,随时停止游戏。

试试这么说

允许孩子打闹

怎么样?你们俩玩得开心吗?

感觉你俩想打一架?

你们有什么规则吗?

我的规则是,"有人喊停就得停。"

你们可以玩,但不能在这儿,可以出去玩。

受伤时

打闹时可能会有磕磕碰碰。

有什么问题吗?你看起来很担心。

你想休息休息吗?

看起来真的很痛。

下次你该怎么做才不会受伤?

建立规则

你们俩玩得高兴吗？

你喜欢这样吗？

记住，如果你不喜欢，你可以说"停！"。

他可以拉你的上衣吗？你可以制定一个新规则。

如果你想和詹姆斯玩，你必须遵守他的规则：不许拉上衣。

停止搏击

你看他的脸。他看上去非常害怕，他都不笑了。

我得让你停手，我担心你会伤到他。

看来不伤着山姆的搏击游戏对你来说太难了，所以现在我不能让你再玩了。

避免说的话

别打了！

友好点。

别碰对方！

停下来，注意行为！

我不想看见你们碰到对方，我不希望这里有任何打打闹闹。

好了，就这样，游戏结束。

为什么你们就不能像娜塔莉一样安静地玩耍呢？

家庭之外

你可能会遇到不喜欢打闹的另一家人。"不，不，男孩们！停下来，离对方远点。布鲁克，你去那边玩。"你可能发现自己置身于这样的境地：当你（和孩子们）还想继续的时候，另一方家长打断了这种健康的打闹游戏。

要是某个公园里的陌生人，或者你不认识的某个人，那也就算了。或者说，"我对这种游戏没意见，如果你也没意见的话就让他们玩，我看孩子们玩得挺开心的。"一般听到这样的话，另一方家长都会变得不那么紧张。

如果有小朋友来家里玩,这样说起来更容易一些。你可以提前说:"在我们家,我们允许孩子们打打闹闹。我们有一个垫子,专门让他们用,孩子们通常玩得很尽兴。你想要卡尔特也加入这种游戏吗?"或者事后说:"我们很开心卡尔特来家里玩。他们玩了很长时间的沙子,然后疯玩了一会儿打闹游戏。卡尔特玩得很开心,而且当雅各布喊停的时候,他很乖地听从了。"

要是另一方家长还是不喜欢这样的游戏,那么尊重他(她)的意愿。告诉你的孩子:"卡尔特家不喜欢这样的游戏。你只能回头再玩。现在不要打闹了。"

法则 18　玩具炸弹、玩具枪和扮演坏人都可以

马克斯的家中禁止玩玩具枪,所以他只能在后院拿着一个疏通马桶的撅子,一边挥舞,一边模拟打枪的声音:"砰!砰!砰!"加布想玩"星球大战"的游戏,但是幼儿园不允许孩子玩此类游戏。他的老师让他把他的激光枪变成一支魔法棒。

激光枪、激光剑、手枪、刀剑。武器游戏让成年人十分害怕,所以很多家庭和学校都禁止此类游戏。但是对那些渴望玩武器游戏的孩子来说,射击和刺激是无法压抑的能量,这种能量应该被尊重并通过游戏释放出来。

"叛逆"原因

玩具武器并不会让一个孩子变得更暴力。要尊重孩子玩耍的权利。

当我们看到一个孩子打扮成海盗时,我们会微笑,因为那很可爱。孩子戴着一顶骷髅帽,用细小的声音喊着:"上吧,伙计!"不知为何我们并不介意孩子装扮成海盗。为什么海盗游戏就被默许并被看作是无害的呢?事实上,海盗是暴戾、凶残、偷窃成性的暴徒。即使我们

赋予他们一种传奇色彩，事实上海盗如今还活跃在海洋上，在亚洲或非洲的海域偷袭船只。然而在美国，没有一个父母会担心自己上幼儿园的孩子长大后会变成海盗，我们知道这只是一个游戏。

其实武器游戏也是如此。挥动玩具枪或刀剑并不会让孩子长大后变成一个残暴的罪犯。这是一种正常的、充满想象力的社交活动，一些孩子特别需要这种游戏。如果你四岁的孩子喜欢对着小伙伴射击，这并不代表他会变成一个反社会的暴力青少年。事实上，如果他不这样，长大后反而可能更危险。借由认可孩子的需求，允许孩子和小伙伴一起天马行空探索自己独特的需求，我们可以培养孩子理解、合作和团体的意识。

"叛逆"的收获

武器游戏不过是一种表演的形式，如果我们为它保留一丝空间，孩子将会感到自己是被接受和理解的。

我可以做我自己。

大人尊重我的游戏。

我和朋友们玩得很开心。

不是所有人都喜欢玩具枪指着自己。我必须事先询问一下。

玩具武器和真刀真枪并不一样。真刀真枪才真的危险。

为何有效？

看到一个三岁的孩子手中拿着枪，即使这是一个亮蓝色的塑料玩具，还带着橘黄色的安全提示，这一幕也会让我们心中一颤。即使是孩子的武器游戏也让我们难以接受。再加上新闻中常出现的校园枪击案和恐怖分子，这也就很容易理解为什么大多数人会有这种感觉。

我们对孩子可能会变成暴力分子这种想法深感厌恶。以下三件事使我们感到害怕：

1. 战争游戏会使孩子变得很暴力。
2. 战争游戏会让孩子混淆玩具与真正的武器。
3. 战争游戏很残酷。

但是，如其他以动作为主的力量游戏一样，武器游戏在孩子与在大人的眼中是不同的。与其他想象类游戏相比，对待武器游戏，我们更需要摘下成人的有色眼镜。

当孩子口中喊着"砰！砰！"或者手中拿着刀剑时，请记得使用黄金叛逆法则：只要没有伤害到人或物就没问题；要依情况而定，看看是否真的有人因为这个游戏受到伤害，看看孩子们是否融入其中，开怀大笑。激烈的剑术游戏或是激光枪大战通常来说会让孩子感觉特别高兴，这些游戏都是力量游戏中的一种，对孩子来说是培养友谊的绝佳机会。这个游戏没有问题，相信它吧。

然而，大人担心的是其中潜在的暴力因素。武器游戏是否导致未来的暴力行为？答案很简单：不会。暴力分子会显露出危险的迹象，包括虐待动物、极度自闭、认为自己被迫害或被误解。角色扮演正相反。这种游戏通常需要孩子们一起来进行，而且在提出游戏想法的时候需要贡献自己的力量，也要接受别人的意见，这是一个复杂的过程。游戏的构思可能会过于戏剧化（发射激光、毒气弹），但是当小伙伴在真实生活中受伤时，孩子会展示自己的同理心。很多孩子都是在这个游戏当中建立了坚固的友谊。游戏产生的影响与真实的暴力正相反。

摘下成人的有色眼镜

战争游戏和过家家一样平常，当一个学龄前儿童喊着"砰！砰！"时，这只是个游戏，不是暴力。不要因为主题暴力而被欺骗。这个游戏具有典型的社交性和合作性，它会教会孩子培养友谊的技巧甚至启发他早期道德观的形成。如果我们害怕武器游戏并且禁止它，孩子们可能仍会痴迷于力量和武器，而且经常是在我们看不到的地方。玩玩具剑和手枪并不会对孩子造成伤害，但你的反应可能会伤害孩子。相信孩子，让他们自己去选择属于自己的游戏主题。

想一想你自己的童年。我们大多数人小的时候都有玩具枪、水枪，都玩星球大战的游戏。我的哥哥斯科特在五岁时就非常喜欢扮成丹尼尔·布恩（美国历史上著名的拓荒者），晚上甚至会抱着玩具枪睡觉。现在，他是一位超级奶爸，也是他所在教区的人权积极分子。我丈夫说他也喜欢玩水枪和水球炸弹的游戏，他童年的大部分时间都在玩爆炸的游戏。当父母为三岁孩子的新爱好——炸弹和刀剑感到苦恼时，另外一个声音却又不断重复在耳边：我们小的时候都玩这些游戏，长大后却成为负责任的父母。这样不就行了吗？

当然可以。当我们提及扮演游戏时，什么样游戏的主题或者玩具都没有问题，关键看孩子在现实生活中的表现，因为现实生活才是最重要的。对孩子来说重要的是学到两方面的道理：一是用和平的方式解决真正的冲突，二是如何应对激烈的情绪。这关系到孩子怎样对待别人。

我们怎样对待孩子也十分重要。当老师让加布把激光枪变成魔法棒时，会发生什么？大部分孩子遇到这种情况都会有挫败感，感觉很糟糕，感到没有人理解自己。孩子可能会在心里抱怨："他们从来不让我愉快地玩。"或是："我是个坏孩子。我喜欢的游戏也不好。"因为加布是在上幼儿园，他可能会想："他们最喜欢女孩子。"或是："学校一点都不好。我不适合待在这里。"

每一次我们禁止武器游戏，像加布这样的孩子就会认为：

我的想法很糟糕。
大人们不喜欢我这样的孩子。
他们并不关心我真正对什么感兴趣，他们想改变我的喜好。
我是个坏孩子。
对他们说谎更好，我可以告诉他们那是个魔法棒，但对我来说那仍是一支枪。
我不适合待在学校里。

我的父母不让我和朋友们开心地玩。他们就是不想让我高兴。

我玩枪时不得不把它藏起来。

这些不是我们希望孩子学到的道理。它们会摧毁信任，伤害关系。如果孩子对武器的兴趣被迫掩饰起来，这将会变成严重的安全问题。

你也可以改变想法和策略。很多家庭一开始就制定了家中禁止武器玩具的规则，但是往往半途而废。"在我的第一个儿子还小的时候，我就非常严格地在家中禁止玩具枪。"一位妈妈告诉我，"但是随着第二和第三个儿子的出生，这条规矩明显失效了。他们有各式各样的流行枪支。"对马克斯的妈妈来说，她能意识到这一点，是因为她看到窗外的儿子和拿玩具枪的小伙伴玩得十分开心。而马克斯只是拿着撅子在射击。"我开始意识到，马克斯对玩具枪的看法和我十分不同。我总是用成人的眼光看待事情，带着社会政治色彩。"

在看到无数父母经历过从"禁止武器"到接受这种游戏的转变之后，我确信，父母对武器游戏的态度取决于孩子，一些孩子对武器游戏有强烈的兴趣，但有些孩子没有。我们要遵从孩子的意愿。对很多父母而言，再多的科学论证也不能动摇我们的想法，但是如果我们的某个孩子非常需要这个游戏，我们就会重视它。

游戏道具

孩子玩的时候需要道具。或许是因为进化的需求，工具很重要，孩子在游戏和学习的过程中需要不断移动和操纵物体。男孩子尤其如此，他们更具有空间感。《男性，女性》的作者、心理学家大卫·吉尔里说，男孩在游戏中使用东西比女孩多。当然，孩子可以用手指比画出一支手枪或激光束的形状，但是他们更喜欢拿着玩具或者捡一根木棍。"在各种游戏中，我们不拒绝给孩子道具，""幼儿学校"的简·沃特斯说道，"我们会给孩子玩具娃娃做道具，那么为什么我们不能给孩子玩具枪做道具呢？"

当我们限制孩子玩武器玩具时，孩子经常会逃避这个规矩，并且通过其他方式得到玩具。需要玩具武器的孩子会把饼干咬成手枪的形状，或者把勺子、乐高玩具，甚至是抽马桶用的撅子当成枪，就像四岁的马克斯那样。如果不让孩子玩这些玩具，很多东西会成为替代品，有些听起来都觉得十分可笑。父母不让四岁的本杰明玩手枪，在他拿起一支手枪开始射击前，他说："这不是手枪。"即使孩子在安静画画时，对枪的强烈渴望也不会消失。"这是一个女巫。这是她紫色的胡须。长长的、邪恶的、紫色的能射击的胡须！不许动！"

对一些孩子来说，他们仅仅是非常需要这种方式去玩耍。不论孩子的游戏主题是否被尊重，他们都会找到一种游戏方式去实现它。面对这么深层的需要，给孩子机会去探索世界，让他们成长于一个被接纳的环境下，这样不是更好吗？

用作玩具枪的物品（部分清单）	
糖果棒	木马槌
撅子	木棍
手指	汤匙
椒盐饼干或者薄脆饼干	乐高玩具
扫帚柄	泡泡棒
拖把	雪铲
哨笛	游泳棒
冰柱	

恐惧与安全

四岁的赖利在同龄孩子之中表现得很安静，他喜欢随身带着六把塑料刀剑，有塞在腰带上的，有手里拿着的。带着这些武器让他觉得很安全。几个月之后，赖利开始减少刀剑的数量。最后，他可以完全不带刀剑和其他孩子一起玩了。

正如孩子扮演超级英雄或是玩其他力量型的游戏，他们利用玩具武器来帮助自己战胜恐惧，使自己变得强大。一把塑料刀也许会带来安全感，就像赖利的那些塑料剑一样；或者在玩黑武士达斯维德的游戏时可以疯狂地挥舞，比如，四岁的山姆在大厅里一边走一边挥舞着玩具剑一边对同学喊道："我来救你！我来救你！"《杀死怪物：为什么孩子们需要幻想、超级英雄和虚假的暴力》一书的作者杰勒德·琼斯曾就为什么喜欢幻想的暴力采访过各个年龄段的孩子。琼斯多次说道，孩子们玩射击和武器游戏是为了克服内心的恐惧，体验一种力量的感觉。

"武器游戏并不总是暴力激进的，""幼儿学校"的主管斯蒂芬妮·罗特梅耶说道，"尤其是对三岁的孩子来说，玩具武器能给孩子安全感，让他们感到更多一些力量。"（**法则16：给孩子力量**）

如果你担心孩子会因此产生攻击性，那就承认一点：小孩子的恐惧、气愤以及不成熟的情感会引起孩子的攻击性。以攻击性表现出来的恐惧有：

害怕受到伤害
害怕一些人会拿走自己的东西（分享）
害怕可怕的事物（怪物、黑暗、狗、陌生人、巨大的噪音）
社交恐惧（不知道怎样交朋友及维持友谊）
害怕分离（失去母亲或父亲、小毯子或泰迪熊玩具）

武器游戏是一种道德游戏

孩子通过武器游戏去探索人性深层次的主题，诸如对与错、美与恶、安全与危险、力量和保护。武器游戏同样也可以帮助孩子探索关于生命与死亡的意义，以及人类生命的有限性。

早教专家薇薇安·佩利认为，所有虚构的游戏包括战争游戏，都可以为孩子的道德发展提供一个学习的平台。如同心理学家迈克·汤普森说的那样，武器游戏让孩子在游戏中培养起同情心和勇气，让他们敢于在危难的时刻鼓起所有的勇气去拯救朋友。如果你认真倾听孩子虚构的情节，你会发现故事经常是消灭怪兽和坏人，为家人和朋友守护世界和平。这就是孩子目前成长所处的阶段。灰色阴影随即而来。（怪兽有什么感觉？坏人真的存在吗？还是只存在坏的情况？）只要她的游戏没有违反黄金法则（只要没有伤害到人或物就没问题），就允许她玩这个游戏。

以上谈论的都是道德层面的东西。假如你的孩子对战争游戏不感兴趣会怎么样？不要担心，她会通过其他方式得到道德的发展以及对力量的需要。

幻想 vs 现实

但是如果把幻想和现实混合在一起会怎样？事实是，即使是很小的孩子也懂得扮演游戏的乐趣。在游戏中，你可以做任何想做的事情，你可以成为任何想成为的人，而且没有人会受伤。

孩子明白假装受伤和真的受伤之间的区别的一种表现就是——如果他们真的受伤就会大声抗议。有时候，游戏中会有人越界。一次，扎克和我的丈夫在一起玩玩具剑，我丈夫开玩笑地戳了一下扎克的肚子，扎克叫嚷着说："打在剑上，不要戳我的肚子！那很疼的！"尽管真剑是用来伤人、杀人的工具，但他们都知道这只是个游戏。

孩子明白游戏的含义，这是他们最懂的东西。只要他们想从中得到乐趣，这就是游戏无疑。孩子可以玩几个小时牛仔大战或星球大战，但如果有小伙伴受伤，他们会立即围上来对他表示同情和安慰。对他们来说，这都是没有任何害处的游戏。

战争游戏和暴力

暴力故事中的台词和玩具武器游戏不会在现实生活中创造出暴戾的孩子。长期的研究都没有发现儿童时代玩武器游戏和长大后的暴力行为之间有什么联系。虽然人们对玩具武器一直有所争议，但是关于这方面的研究却很少。《儿童、青少年及媒体暴力：一个重要的研究视角》一书的作者史蒂芬·基尔什博士查阅了现存的研究文献，发现在过去的

50年中，这方面的论文只有15篇，而且其中大多数内容都是关于具有攻击性的虚构游戏。然而，很多例子却证明，那些在青年或成年后有暴力犯罪行为的人往往在童年时期都经历过社交和情感的挣扎。虚构的武器游戏并不会导致人的暴力行为，它往往是亲社会的游戏，能帮助孩子面对各种情感。

什么可以阻止暴力？是那些可以处理自己情绪的孩子；是那些可以设立限制，倾听别人话的孩子；是那些为交朋友提升自控能力和技能的孩子；是那些知道怎样说"停止！"并且知道什么时候可以寻求大人帮助的孩子。这都是游戏和冲突调解的作用。

战争游戏和攻击性

即使孩子不会变得更暴力，那么枪剑之类的游戏是否会使他们变得更有攻击性？"幼儿学校"的简·沃特斯一直在观察四五岁孩子的战争游戏，前后持续了35年，她看到了相反的一面。当孩子被允许玩自己的游戏主题时，他们会感觉自己被接纳和理解。像战争游戏这样的高体能游戏会恰当地释放孩子的攻击能量，这样他们反而不会在其他时间释放这样的能量。英国的一名教师、研究员彭尼·霍朗德十分同意这个观点。她本来对战争游戏也抱着零容忍的态度，但最后她却发现，在战争游戏被允许之后，班上的孩子反而变得更加和平。当大人反复要求孩子停止战争游戏，他们就会认为自己很"糟糕"，然后就会从社会团体中分离出来，之后变得更有破坏性。

孩子会玩他们需要的游戏。正如心理学家彼得·格雷指出的那样："一些人认为暴力游戏会创造出暴力的成人，但事实恰恰相反。毫无疑问，是成人世界的暴力在引导孩子玩暴力游戏……如果我们想改变这个现象，我们就必须改变这个世界，那么我们的孩子也会效仿。"

心理学家艾伯特·班杜拉在1961年进行了一个经典的实验，实验内容就是观看暴力行为如何会导致孩子更具有攻击性。"鲍勃娃娃"研究是让孩子看一个电影，在里面成人用棍棒敲打充气小丑。观看之后，孩子击打这个小丑次数增加，也更用力。这样的结果一点也不奇怪，孩子一向都是通过模仿而学习的。当然，小丑不是真人，也不会感觉到疼痛。媒体暴力，无论是卡通还是新闻，都会对孩子的游戏造成影响。但是游戏中的暴力情节并不一定会增长孩子的攻击性。孩子可能再度上演星球大战或其他战争故事，但他仍然会友好地对待周围的人。科学家们总是想找到暴力游戏与暴力行为之间是否有必然关系。最近的调查有些自相矛盾，但几个研究证明攻击行为和暴力游戏没有太大的关系。心理学家杰米·奥斯特洛夫近期的一项研究指出，甚至连观看暴力电影或视频游戏都不是一件坏事。他的发现表明，使孩子变得攻击好斗（相互不友好）的原因，是在现实中或在屏幕上看到人们侮辱对方。儿童电视节目充斥着侮辱。心理学家辛迪·沙伊贝的研究发现，几乎每个儿童节目中都有侮辱的情节，甚至是教育类节目，而且大多数的侮辱还被配上了笑声。

当你看到孩子在玩战争游戏，请留意一下：孩子对现实中的玩伴是否友善？换句话说，她是否遵循了黄金叛逆法则：只要没有伤害到人或物就没问题。

试试这个——加进你的工具箱

孩子各不相同。迈尔斯更喜欢看书，他绝不会碰玩具枪。扎克自小就喜欢射击，还喜欢制造各种爆炸的噪音。如果你的孩子喜欢刀枪之类的游戏，请不要阻止他。压制孩子的游戏不是正确的做法，你可能也压制不了如此强烈的欲望。相反，要想办法让孩子可以在家中轻松地玩这类游戏。

强调"禁止伤害"的规矩

无论孩子的虚拟游戏有多暴力，你都要确保孩子明白"不能伤害人"。孩子是知道的。他们明白自己可以在虚构的世界里做他们想做的，但是不能伤害现实中的人。当问题出现时，用冲突调解的方法帮助孩子把事情说清楚。

要以尊重的态度设立限制

"我要对你开枪了。"我三岁的儿子扎克说道。他将拖把像枪一样托起,"你想被射中吗?""好,你可以朝我开枪。"我告诉他。

"砰!砰!"他喊叫着,挥动着他的拖把枪:"你死了!"

"啊!"我大叫一声,假装被打中。紧接着他转向他的哥哥。

"你想被枪射中吗,迈尔斯?"

"不想。"正在画画的迈尔斯回答。

"好吧。"扎克说着,摘掉遮阳帽放在地上,"我射我的遮阳帽。砰!砰!"

对战争游戏有探索需求的孩子应该得到我们的尊重,他也要尊重身边的人。这是基本的礼貌和限制。例如,孩子在树叶堆里玩,一个孩子将一堆叶子扔到另一个孩子头上,这时就需要有点限制。"你愿意让他往你脸上扔树叶吗?她说不想。你可以向我扔,但别向索尼娅扔。"同样的道理,向孩子解释,发出射击的声音是可以的,但不是所有人都愿意被射倒。告诉孩子:"你必须先征得别人的同意。"

为武器游戏做准备

如果你仍对武器游戏感到不放心,那就制定一个让自己感觉舒服的规矩,而不是完全禁止它。你不是唯一这样做的人。甚至是主张母乳喂养、涵盖婴儿衣着和健康知识的育儿杂志,也曾专门深入探讨幻想游戏中玩具武器的好处。

让孩子知道你不喜欢某些游戏是完全可行的。但是正如《这就是男孩!》的作者之一迈克·汤普森说的:"如果你即将成为一个男孩(或者喜欢武器游戏的孩子)的父母,你就必须相信他的童年幻想,即使那并不合你的心意。"如果一个孩子对这类游戏有着很深切的需求,她很可能会遵守你制定的规则,这样她可以继续她的假扮游戏。战争游戏令人激动且充满力量,孩子渴望加入其中。以下是一系列由一些父母设立的不同层次的限制。

武器游戏的家庭限制

请记住这些限制是为了让大人感到更自在。孩子几乎普遍会选择第八条。

1. 玩具刀剑可以，但玩具枪不可以。
2. 玩具刀剑很好，但不许碰它们。（需要很强的冲动控制能力。）
3. 玩具枪可以，但只能用找到的物品代替枪（比如木棍或手指）。
4. 玩具枪可以，但仿真枪不可以。
5. 玩枪战游戏可以，但不可以用玩具枪指着别人。（这很困难，因为这个游戏需要用枪指着别人。）
6. 枪战游戏可以，但不能用枪指着别人的头。（孩子可以做到这一项。这可以让枪战游戏看起来没有那么可怕，也可以强调真枪的危险。）
7. 允许玩武器游戏，但只能在特定的地方。（只能在家中，因为有很多大人不喜欢；或者只能在外面。）
8. 任何武器游戏都可以，但孩子需要互相听取对方设立的限制。（例如，"不要对我射击！"）

父母对玩具枪经常感到十分紧张，对玩具刀剑和激光枪却没那么在意。其实对孩子来说安全玩枪也很容易。手枪永远不会碰到其他孩子；孩子在一定距离外拿着枪，只是喊一声"砰！"需要提醒的是，玩具刀剑游戏让孩子聚在了一起，当刀剑相互碰撞时，确实也会造成更多无意识的伤害。

帮助孩子感到安全

小孩子通常最害怕受伤。"我会受伤吗？我的朋友会受伤吗？"要解决这些恐惧。对拿着玩具武器的孩子说："海蒂很害怕，你们会伤害她吗？"通常正在玩耍的孩子会感到很吃惊，他们会想一想，然后说，"不，当然不会。我们只是在玩游戏，我们甚至不知道她在那儿。"

一个害怕的孩子可能弄不清楚游戏里的打闹是不是真的打闹，武器是不是真的武器。这时，大人需要让游戏中的孩子澄清这些恐惧："罗伯特很害怕你手中的枪，这个玩具枪是真的吗？"或者，"阿瓦想知道你们是不是都很生气。你们真的在打架吗？哦，他们说那只是个游戏。"大声重复这些话，即使这对你来说是显而易见的事。答案直接出自孩子口中更有力量。通过让两方孩子有所交流，你就能帮助孩子辨别哪些是真的，哪些不是，帮助他们提高感知他人情绪的能力。

如同在任何游戏冲突中一样，你可能必须教会孩子怎样维护自己的权益。一天，扎克把沙铲当成枪，想和邻居的孩子泰勒玩。两岁半的泰勒边躲边喊："不行！不要！"

"说，'不要朝我射击！'"我说着，比画出停止的手势。泰勒有力地模仿我的动作，说道："不要朝我射击！"

扎克主动射向他人，但这却使泰勒改变了想法。

"朝我开枪，"他边说边微笑。

"砰！"扎克喊道。泰勒演戏似地摔倒在地，躺在地上咯咯地笑。随后他跳起来，央求扎克再做一次。

有时，仅仅是发现自己可以给别人设立限制并且具有掌控力，孩子们就会感觉很自如，并由此很快加入游戏。

一些孩子不喜欢武器游戏，这可能是大人教的："我们不玩玩具武器。"或者这些孩子有自己的顾虑。假如邻居的孩子和你家老大正在吵吵嚷嚷地玩射击游戏，而你较年幼的孩子开始害怕地缩在角落。这个时候你要了解发生了什么事情，然后通过某种方式让年幼的孩子感到安全。设立限制或者找到一个单独的区域供他玩耍。告诉孩子："我会让你安全的。"如果一个孩子说："枪是坏东西。"同意他的观点："你可能听到你的妈妈说枪是坏东西。她是对的，真枪是危险的东西。但这是一个玩具，它不是真的。"

> **当玩具枪游戏让孩子感到不安全时**
>
> 1. 认同他们的恐惧。"是的,真的武器很危险。"
> 2. 向孩子解释发生了什么。"这是一个玩具。这些孩子在玩游戏。他们玩得很开心。"
> 3. 直接说出孩子的恐惧。"你担心被伤到吗?"
> 4. 让正在玩游戏的孩子再三保证:"我们不会伤害你。"
> 5. 设立限制。划分出一个安全的区域或者定一个以孩子为基准的规则:"不要朝我射击。"

教导孩子有关真枪的安全隐患

在每年的新闻中,都会报道关于孩子意外射中兄弟姐妹的悲惨事件。在真枪面前,孩子总是处于危险之中——无论她是否玩过玩具武器。

我住在密歇根,那里将近40%的家庭都至少有一把枪。在某些州,持枪家庭的数量高达50%到60%。无论你住在什么地方,枪支的存在都是个大问题。即使你自己没有枪,你认识的人当中也可能会有。禁止玩具武器游戏不能保护你的孩子,你必须教给他们真枪的安全隐患。

真枪是真正的危险物品。但是这种危险和游戏没有关系。父母担心如果孩子玩玩具枪,他们就无法将玩具枪与真枪区分开来。实际情况是,如果孩子碰到真枪,他们总会陷入危险——无论他们玩不玩武器。即使孩子说自己知道枪是真的,他们也不能理解枪支惊人的威力。

> **孩子与真枪**
>
> 美国1/3的家庭都拥有枪支,在有些州甚至更多(高达60%)。即使你的家里没有枪,你的孩子也可能在小伙伴的家中见到过真枪实弹。悲哀的是,有太多的大人都不会把枪放在合适的地方。阻止枪支事故完全是成人的责任。

对孩子的安全教育

叮嘱孩子真枪是危险物品。在孩子三岁时或在他开始对玩具武器感兴趣时，对他进行这一基本的安全教育。

1. 停！
2. 不要碰。永远都不要碰真枪。
3. 如果朋友想要让你看看真枪，对他说不。
4. 离开那片区域。立刻远离枪支。
5. 告诉大人。

枪支安全的要素（每一位监护人都应该知道的事项）

1. 永远永远不要用真枪指着别人（包括你自己）。
2. 把枪锁起来，并卸掉弹夹。
3. 把子弹和枪分开放置，锁起来。
4. 如果你不确定弹夹是否卸掉，请确认。单独保管弹夹。
5. 教给孩子枪支的安全隐患。如果你有枪，请告诫孩子"永远不要碰枪匣"。孩子的好奇心重，易被禁止的事物吸引。所以要对孩子进行彻底的教育。
6. 在孩子去新朋友家玩之前，要询问："你们家里有枪吗？"记得说："我们正在教凯特关于枪支的危险。你家里有几支枪？它们都放好了吗？"如果对这次拜访不放心，就取消它。

关于枪支安全隐患的教育看起来十分艰巨，但是看看周围，你会发现很多好的资源。你可以尝试看看 YouTube 网站上埃迪·伊格尔的视频。这部卡通片清晰地传达了枪支安全的主要知识，并且很适合学龄前儿童。

当孩子去同伴家玩耍时，一上来就对四岁的苏西的父母询问枪的问题的确看起来很尴尬。我现在仍然记得我和儿子第一次去小伙伴家的情景。一进门我就看到车库的墙上悬挂着一杆步枪。"啊，我看到你们有一杆枪。"我说道。所以我们的见面语并不是"你们好",而是干干巴巴地说了一通"锁起弹夹"的事情。通过电话或者邮件来说这个事情会更好一些。但是时间长了,也就没那么难了,这是一个你不能跳过的话题。

孩子负责玩耍,大人的职责就是保证孩子远离真枪。

试试这么说

伊娃很担心你们的游戏。那个是真刀吗?

你担心自己被伤到吗?我们来问问孩子们:"你们会伤到他吗?"

这是玩具刀,不是真的。

不是所有人都喜欢被射击。你首先必须征得同意。

说:"不要朝我射击!"

记住,如果你想玩玩具枪,你就不能用枪指着别人的头。

记住,不能用刀剑击打别人的身体。

这个游戏只能在家里玩,不可以在珍妮弗阿姨家里玩。

有些人不喜欢这个游戏。

为了让所有人都感到安全,我们能做些什么呢?

是的,真武器非常危险。

避免说的话

这里不玩玩具枪。

这不是枪,这是魔法棒。

这不是好游戏。

不要靠近枪匣。(激发好奇心)

家庭之外

如果你决定允许孩子玩武器游戏,你要清楚周围的一些父母可能会不高兴。这是一个极其敏感的话题。如果你在托儿所或者幼儿园里让孩子玩武器游戏,你肯定会因此失去一些家长朋友。不要打退堂鼓——让他们离开。态度上要有礼貌，因为你们都正在做认为对孩子最有益的事情。

为了避免文化上的冲突，一些家庭会制定规则，只允许孩子在家中玩武器游戏。这样会给孩子提供更多的空间自由表达，但同时也能让他们意识到，在操场和班级里有着不同的规则。"这是在家里玩的游戏，记住了吗？不是所有人都喜欢玩具刀。"

如果你认为无论在何地都要维护武器游戏，请做好准备好随时解决面对的问题。对不赞成射击游戏的大人坦言相对，认同他们的不安。"我知道这个游戏让你不舒服。你在担心游戏会导致真正的暴力对吗？"不要试图当时就改变其他成人的想法，但是也不要就此停止，而是要向他们分享你的故事。比如，"我和姐姐小时候玩过类似的游戏，但她现在是个和平主义者。"或是，"我们本来也在家里禁止玩这个游戏，但是康纳让我改变了想法。我意识到这是个很有创意的游戏。"你可能会发现分享亲身经历是很有效的。

当我们与邻居、朋友或陌生人意见相悖时，你也必须向孩子解释。将它作为一个应当考虑和关于安全的问题交给孩子。试着对孩子说："我知道你正玩得开心，但是一些人不喜欢射击游戏。他们很害怕，因为真枪可以杀死人。我们应该怎样让别人感到安全呢？"

我们往往在成年人的威压面前低头，他人的评判会让我们犹豫，不论是操场上不认识的家长还是家庭聚会时的姑嫂。请保持信心。当你为了孩子玩耍的权利站出来时，你会赢得她的尊重，满足她的需求，这是巨大的好处。

法则 19　男孩也可以穿芭蕾舞裙

我儿子扎克想当灰姑娘。他穿上灰姑娘的裙子，把绒拖鞋假装成灰姑娘的水晶鞋，还故意装作被自己弄丢了。"哦，不！半夜了。当！当！当！"另一天，他又把自己假扮成《绿野仙踪》中的多萝茜，怀里紧抱着狮子鼻毛绒狗，假装是多萝茜的小狗托托，"我是多萝西，你是那个坏巫婆，"他对我说。

有时，扎克穿着蕾丝裙，头上戴着凌乱的假发，在客厅里跑来跑去，我的丈夫微笑着看着他玩这些。

"真高兴你不介意他这样玩，"我对他说。

"介意？为什么要介意？"丈夫答道，"这不过是小孩子的游戏。"

的确如此，但是这种性别转换游戏有时会吓着我们大人。男孩子穿裙子？见鬼！男孩还玩娃娃？在我们的文化中，女孩被默许可以扮演男性或者女性，但是男孩却被严格地限制只能扮演男性角色，即使只有三岁，很多男孩已经不能随意扮演异性角色，不敢轻易跨越性别的界限。

"叛逆"的原因

扮演异性的游戏富有创造性，本身没有害处。放心让孩子去玩吧。这不会影响他们本来的性别特征的。

男孩子康诺假装自己怀孕了，他把一个枕头塞进自己的衬衣里面，"我是个妈妈了，我肚子里有个宝宝，"他说道。

马泰奥和盖博想要穿女士连裤袜，当他们装扮好了以后，他们为自己的妈妈们上演了一部儿童剧。

格蕾丝，四岁，特别喜欢恐龙。她不想头发上面带蝴蝶结，也不愿意穿妈妈给她买的裙子。一连好多年，她每年过生日都要恐龙图案的蛋糕。

如果你五岁的儿子戴上女孩的假发，或者你的女儿想贴一个假胡子，戴上领带——这都不要紧。孩子们是在尝试不一样的想法和角色，这样的游戏与其他探索性游戏或者虚拟游戏没什么区别。要玩，并且在玩耍中进行探索，这是学龄前儿童的任务。我们应该鼓励这种富有创意的游戏，特别是孩子小的时候，千万不要打压它。

"叛逆"的收获

在异性扮演游戏中，如果能得到大人的支持，孩子将会更加受益。

我可以尝试新的东西。

我可以从别人的角度来理解生活。

我可以按照自己的想法来自由玩耍。

我可以有时安静、保持礼貌，也可以有时喧闹、举止粗野。

我可以通过游戏了解女孩和男孩的事情！

我可以按照自己的想法做事，长大以后，我能够成为自己想成为的那个人。

我可以做我感兴趣的事情，我不用担心别人怎么看自己。

我父母喜欢我的样子。他们支持我。

为何有效？

每次扎克去保姆家，保姆问的第一句话总是"今天你是哪位啊？"，而不是"你好吗？"，这是因为扎克扮演的角色几乎每天都在变化。有时，扎克会穿着一件熊外套，而第二天，他又会扮演成一只大象，然后会是消防员，再或者是海盗王，还有的时候他会假扮成一条美人鱼。不久前，扎克喜欢上了白雪公主的故事，在接下来的两个星期里，他一直穿着公主服，并且见人就唱《我的王子会来救我的》，不管遇到的是教堂里的阿姨，还是杂货店里的店员。

三岁的时候，扎克就有了性别意识，知道自己是男孩子。曾经大概有一年左右的时间，他总是说："我是男人！爸爸是男人！大男人！"他开始喜欢做一些喧闹、快速、激烈的事情，喜欢玩玩具卡车、老虎、恐龙和匕首。不过，扮演游戏依旧是他的最爱。如果哪个故事激发起了他的想象力，扎克会立刻蹦起来，把这个故事演出来。三岁的他是完全以自我为中心的，所以总在故事中扮演主角，因此，有时他是绿林好汉罗宾汉，有时又成了美丽的白雪公主。他通过戴上假发、穿上裙子来探索生活，尝试不同的角色，通过假装女孩儿获得快乐。"我不是扎克，扎克不在这儿，我是小红帽，看到我的篮子了吗？不，不，现在我是大灰狼了！呜！"

> 扮演不同的角色有助于孩子培养同理心。

角色扮演是一种能力，这种能力有助于孩子增进关注他人的意识。成为另外一个人是什么感觉？从另外一个人的角度来看待生活会是什么样子？心理学家威廉·戴蒙认为，换位思考是培养同理心和道德感的重要一步。《成长中的大脑》一书的作者艾伦·加林斯基认为，换位思考有助于孩子转变攻击行为，学会用和平的方式解决问题。

从不同角度看待生活是人类了不起的优点之一。教师、社会工作者、谈判人员、演员、牧师、作家，无不从中获益。例如作家，一位男性作家，如果他笔下一个人物需要从女性角度来思考，那么我们关注的不是这个作家是否真够"男人"。我们也不会为他写出的女性思维感到奇怪，而是会为作家好的作品中呈现的敏锐观察力和想象力而鼓掌。他能看透生活对于女性意味着什么，并且能够把我们带到女性的世界中去。

这就是学龄前孩子应该做的事情。尝试生活中的各种角色，探索生活，大胆游戏，把脑子中的奇思怪想付诸实践。如果剥夺孩子们通过游戏对此进行实践的权利，那么，本质上，我们是否定了他们的很多想法，压制了他们的部分天性。

玩耍的自由

在辛迪的幼儿园，孩子们正在听《胡桃夹子》的故事。他们边听边跳，演绎着故事里的情节。最初是吉娜扮演克拉拉，后来奈特想扮演这个角色。其中一个四岁的小女孩反对说："克拉拉是个女的，所以不能由奈特扮演，而是由我来扮演，我也是女孩儿。"但是，奈特依旧伸手抓住胡桃夹子，说："谁都可以扮演克拉拉。"老师说："咱们按照次序，奈特先来，他扮演一会儿，然后换你。"奈特听了很高兴，拿着手中的胡桃夹子，在教室里面跳了起来。

孩子好奇心很强，他们想模仿，希望尝试——不管是妈妈在花园里面做的事情，还是爸爸在厨房里面做的事情。而一旦在游戏中涉及讲故事，他们总是想扮演主角。

在迈尔斯的幼儿园里，刚好在情人节那天，老师把两个胡桃夹子发给同学们，其中一个给男孩子，另一个给女孩子。迈尔斯想要接"女孩的那个核桃夹子"，因为上面有一个装饰性的小熊，而迈尔斯喜欢小熊。"你不能拿着个，"有的孩子告诉他，"那是给女孩子的。"

孩子选择自己的游戏主题时，应该允许他们跨越传统意义上的性别分界线。五岁的男孩可以获准根据自己的意愿选择装束，选择玩具，以及扮演角色。女孩也一样。虽然可能以往无法想象女孩子爬树或者穿裤子，但是现在的女孩子有充分的自由做这些事情。一个女孩可以此时扮演公主，而下一分钟又穿上迷彩服，也可以去参加各项运动、艺术活动、跳舞，甚至是练习跆拳道。同龄的男孩子相较女孩子被大人限制得更多，有些孩子甚至才三四岁，玩的游戏就已经开始被大人限制在"男孩准则"的范围内了。

摘下成人的有色眼镜

孩子的游戏没有任何伤害。如果一个男孩子想穿裙子或者一个女孩想摔跤，不要无谓地为他们担心。孩子的游戏想法得到尊重，这对孩子非常重要且有益。大人应该尊重孩子选择自己游戏主题的权利——孩子也会因此而受益。如果因此遭到别人嘲笑，那就让他们自己通过冲突去解决问题吧。

男孩准则

"男孩准则"这个词是由哈佛大学的心理学教授威廉·波莱克提出的，但我们都很清楚其中的含义。大家都认为男孩子不应该喜欢粉色，男孩子不能玩娃娃，男孩子不能唱歌，男孩子应该擅长体育，男孩子不能哭，男孩子要一直都很坚强，并且要能隐藏自己的情感。男孩有同情心过多的弱点。如果做一些女孩子做的事情或者跟女孩子做朋友，那么就会被别人认为不像个男子汉。

男孩从父亲、母亲、媒体和其他孩子那里得到这些信息。《真正的男孩：把男孩从男孩神话中解救出来》一书的作者波莱克指出，"到了五岁，很多男孩子就已经开始隐藏自己的情感了。""柔弱"（女孩式的）的情感，比如害怕和伤心，在男孩这里，都被以愤怒的形式掩盖了起来。学龄前的男孩子就已经开始压抑自己的情感，压制自己的想象力和好奇心了。

> 问题不在孩子的游戏，而在于大人对孩子游戏的反应。

我们给女孩的选择更多，允许她们做很多男孩子能做的事情，但是，对于男孩子，我们实际上传达的信息是：不要像女孩子那样哭泣，不要像女孩子那样扔东西，不要穿女孩子气的衣服，诸如此类。基本上就是说，不要像女孩子一样。男孩子会怎么理解这些信息呢？"女孩的很多方面不好——如果我像一个女孩的话，那就是最糟糕的事情了！"同时，我们还告诉女孩：你可以成为你想成为的那样。这样，男孩女孩得到的信息是矛盾的，男孩会觉得做女孩不好，而这种感觉也会被女孩感知到，因此无论是男孩女孩都受到了伤害。

区别对待男孩女孩

我小的时候，男孩女孩在很多家庭都会受到区别对待。20世纪70年代，男孩子们都留着长头发，女孩子则都留着男孩般的短发。玩具卡车被推销给男孩，娃娃屋则被推销给女孩，但很多玩具盒子上都印着男孩和女孩的图案。

现在，在商店里寻找中性图案的牙刷已越来越困难了。女孩的牙刷都是公主粉，而男孩的牙刷基本上都印着蜘蛛侠和汽车的图案，颜色基本是红色或者黑色。中性的东西越来越少，男孩女孩之间的界限越来越明显，孩子的角色被严格地区分限制开来。如此一来，孩子们更是难以抗衡强加在自己身上的性别角色，难以按照自己的方式去实践生活。

三岁的时候，迈尔斯特别喜欢保姆涂的红色、蓝色和粉色的指甲油，他喜欢这些绚丽的颜色，也想在指甲上涂上这些颜色。我自己从不染指甲，所以家里也没有指甲油。我就打电话向一个朋友寻求帮助。"什么颜色？"她问道。"红色和粉色，"迈尔斯回答道。我们一起去海边，迈尔斯的脚趾甲被他涂上了鲜艳的颜色，两岁的雅克布看到了，也想在指甲涂上颜色。"好吧，"我的朋友叹了一口气说道，"我真希望你爸爸别介意。"

不久之前有这样一则广告。母亲为五岁的儿子涂指甲油，母子开怀大笑，广告中打出一行字幕："我很幸运，我儿子最喜欢的颜色是粉色，霓虹灯下，涂了指甲油的脚趾更有趣！"这震惊了很多家庭。此外，在美国另一端的西雅图，《我的男公主》一书中，五岁的蒂森穿着喜爱的粉色公主裙，带着亮闪闪的首饰，也震惊了媒体。

一旦男孩做了很多女孩喜欢的事情，很多大人内心就会有深深的忧虑。我们怀疑孩子的男子气概，担心他男性特征会减弱，害怕被人说闲言碎语——会不会有人因此而欺负孩子？还有一个更深层次的焦虑影响着很多父母，"这是否意味着他是个同性恋？"而换作是女孩子，我们就不会担心她戴海盗帽假扮胡克船长，不担心她玩吊杆，也不担心她与男孩子一起开怀大笑。但是，这一切对我们之前的两三代人来说都是不可想象的。时代在变，我们大人的观念也在变。男孩蒂森的妈妈曾尝试引导孩子玩玩具卡车，不过后来逐渐接受了他喜欢各种亮晶晶的东西，还写了一本书叫《我的男公主》。正如蒂森的爸爸说的，这又不是传染病，没什么可怕的。

游戏只是当下

有些孩子可以一整天都扮演异性角色，而有些孩子的兴趣会持续得更久，整个学前阶段都迷恋这种游戏。无论是哪一种情况，千万记住，孩子玩这样的游戏只与当下有关，绝不代表着将来。

例如，亚历山大四岁的时候整天穿着公主内衣和睡衣，头戴发卡，但是到了青春期，亚历山大根本就记不起来自己曾经穿过女孩的衣服。但在当时，大人阻止或者禁止了他的某个游戏，他至今仍会清晰地记得父母当时的严肃态度，"肯定是我哪里做得不对了，我的玩法错了，做女孩子不好。"

菲利克斯三岁的时候羡慕姐姐穿晚礼服，自己也想拥有一件，妈妈就带他到一个二手店让他自己挑选了一件丝质的舞会长裙，翠绿色，带着桃红色的衬边。妈妈把裙子简单修改到适合他的长度，还帮他配上水晶耳环和一顶黄色的硬边礼帽。但很快，菲利克斯就对此失去了兴趣。如今，菲利克斯 20 多岁了，穿的是男生的服装。妈妈说，"他只是依然喜欢绿色。"

某位老师曾说过："孩子喜欢玩卡车并不意味着他长大后想成为卡车司机。"同样，学龄前男孩喜欢女孩的服饰也不意味着他长大以后会成为异性服装迷。

我们大人容易把现象简单化，但是别忘了，孩子与我们不同，他们的小脑袋中有大量让人叹为观止的探索和幻想，这些都是当下，而绝不是未来。

学龄前儿童会成为同性恋吗？

有此可能，只是太早了，我们无法预知。学龄前儿童还太小，你无法对他们进行定性归类。但是我们确定，孩子的游戏决不会导致他成为同性恋。目前，心理学家以及其他一些研究者认为，同性恋现象是诸多因素共同作用的结果，其中包括基因遗传、荷尔蒙因素以及环境因素。育儿方法在这个方面影响不大，性取向主要是生理问题。

宝宝出生，我们决不会看着他的眼睛说，"只要你性取向正常，我就会一直爱你。只要你成为一个工程师，接管家族生意，并且生儿育女我才会爱你，我会一直爱你。"我们不会想这些，我们只是单纯地爱他们。

这就是为人父母的我们最需要做的：无条件的爱。得到自己家人的尊重和支持，这样的孩子和青少年才能更健康地成长，而那些缺少家人支持的同性恋和变性人患抑郁症和自杀的比率则非常高。

我们无法改变一个人的天性，我们只能猜测一个孩子未来会变成什么样子。像蒂森那样的孩子会长成一个异性服装迷吗？没有人知道答案。他才五岁。他对女孩衣服的兴趣很可能会减退，也可能不会。一些孩子对异性的行为方式会保持很高的兴趣，但是艾德加多·蒙维耶勒博士的研究团队认为，五岁时喜欢扮演异性的孩子到了 10 岁或者 15 岁并不必然还喜欢那样。

不管孩子长大后如何发展，大人的任务就是在她成长的路上爱她，支持她！

试试这个——加进你的工具箱

谨慎大人的反应

我记得自己小的时候曾想当一个男孩，我甚至在一段时间给自己改名为蒂莫西。如果女儿告诉你说她想成为一个男孩，或者儿子说想成为女孩，都不要表现得很震惊。可以和孩子聊一聊。"你想当一个男孩。男孩的什么地方特别吸引你，才让你想变成他呢？"如果有人这样问我，我会说："天气热的时候男孩子可以脱掉衬衣，玩得更尽兴，而女孩子却不能。"

如果你的儿子想要尝试"女孩"的行为，或者想穿女孩的衣服，不用担心，那只是一场游戏，轻松地和他聊聊。"你今天玩了布娃娃。"或者，"我看见你今天戴了一条羽毛围巾，穿了一双亮闪闪的鞋。"这些话会让男孩觉得，自己尝试新事情是安全的。

当然对女孩子说话也要注意。性别研究者认为，大人更倾向于表扬女孩子的外貌，表扬男孩子的行为。"哦，你真漂亮！"我们总是对小女孩这样说。这些话总是脱口而出，甚至我们自己可能都没注意。如果你四岁的女儿长得很可爱，这么说也可以，但是尽可能地多认可她所做的事情，而不是她的外貌。"你今天穿了一件很漂亮的裙子。"或者，鼓励她说出自己喜欢做的事（"妈妈，我喜欢快速旋转的感觉！"）。当女孩正在尝试一些很难的事，或者是一般属于男孩子做的事时，请放手让她去探索。控制住自己，不要说"友好点！""别弄脏衣服！""小心点！"之类的话。

注意同龄人的评论

"女孩不能扮演海盗。"

"这是女孩的颜色，你不能用粉色。"

"男孩子不能穿芭蕾舞服，芭蕾是女孩跳的。"

有的时候孩子本身就是性别角色的强烈推行者。当一个孩子宣布"女孩不能这么做"或者"男孩不能那么做"的时候，向他们说出你的观点。这么做就是在帮孩子们一个忙。请牢记，孩子们需要的不是你来上性别平等课，但是，你说的话对他们有权威性，结果会更有效。你的话可以消除误会，并且给了那些尝试角色转换冒险的孩子以支持。"我知道无论是男孩还是女孩都可以做海盗，只要他们愿意就行。""很多女孩喜欢粉色，但是我知道男孩子也可以喜欢粉色，这不过是个颜色。""跳舞是一种运动,男孩女孩都可以跳。""装扮服谁都可以穿,如果男孩愿意,也可以穿,我就觉得挺好的。"孩子们在互相监管对方的时候并没有带着恶意,在这个年纪,他们只是好奇男性和女性究竟意味着什么。

如果某个男孩或者女孩说的话很伤人,那就用冲突调解的方法来处理这个问题。"我想那个男孩这么说让你伤心了,是吗?"帮助孩子把内心的想法说出来。有了你的支持,孩子可以让自己的世界变得更大更包容。你同时还会发现,那个嘲讽别人的孩子自己也会跨过性别的界限并因此感到舒适。

寻找安全的场所

在"幼儿学校",所有的孩子都可以尝试装扮服,在创造性游戏中超越性别限制。男孩子穿着亮闪闪的红色多萝茜鞋子在地板上小步快走;女孩子带着拳击手套在那里摔跤;男孩子玩过家家,穿芭蕾舞裙。这是一个安全的场所。

给孩子找到一个安全的场所,让他们尽情尝试。可以是朋友家,或者是奶奶家,但是一般来讲,自己家里通常是孩子进行性别扮演、拓展游戏思维最安全的场所。你得仔细考虑需要提供给他们什么样的道具。给屋子的每个男孩一个娃娃,在装扮箱子里多放一两件好看的裙子;或者只有女孩的时候,给她们几个恐龙玩具、几顶海盗帽或者家用工具的玩具。玩具厨房、项链和有趣的帽子,是男孩和女孩都喜欢的玩具,这些可以在男孩女孩混合的场合提供给他们。提供道具,实际上是大人向孩子在传递支持的态度。

但是不要热情过度。你可能没有想过玩具会放在那里无人问津。针对孩子游戏行为的研究结果表明,女孩还是更喜欢娃娃,而男孩更喜欢卡车。有些家庭为了让孩子摆脱性别原型给女孩配备了很多卡车和火车轨道玩具,结果是导致这些玩具被丢在一边无人问津。关键是为孩子提供多种选择,而不是强行让他做什么。你的孩子真的很愿意告诉你他真正的兴趣是什么。

试试这么说

我知道女孩子也可以摔跤，男孩子也能做饭！
粉色只是一种颜色，我知道很多男孩子都喜欢粉色。
如果你想穿那条裙子，我觉得没问题。
这个道具谁都可以玩。
你可以装扮成任何人。
这里的任何东西你都可以玩。
在这里你可以随意试穿女孩的衣服。
这是一件很漂亮的裙子。
我看到你穿了一双很炫的鞋子。
不同的地方有不同的规矩，在家里你可以穿那件裙子。
我想她那么说让你觉得难过。

避免说的话

男孩不能那么做，女孩不能那么做！
仅限女孩。
为什么一个大男孩想穿裙子呢？
你是一个男孩，要有男孩子的样子。

家庭之外

迈尔斯一直都喜欢绿色和紫色。当他在幼儿园选择紫色彩笔的时候，偶尔会有其他孩子笑他，说那是女孩的颜色。在幼儿园，文化规范有很强的约束力。如果你觉得孩子有可能步入社交陷阱，可以提前帮他做好准备。告诉孩子一旦出现涉及性别的问题应如何应对。"男孩子想玩什么都可以。"或者，"紫色是王室的颜色。"

说出来。让其他大人和孩子都知道你的观点。如果你认为男孩穿女孩的衣服没问题，就这么说出来，别人因此就知道你家是一个孩子可以玩新东西、可以尝试新东西的安全地方。"在这里，男孩如果愿意可以穿芭蕾舞服，我觉得没有任何问题。孩子们可以穿任何他们想穿的衣服。"

有时候，家里的一个大人能够接受性别转换游戏，而另一个却不能。那么，可以尝试读一些相关的书籍并与对方分享，如果对方还是难以接受，那么尊重对方，同时让孩子了解到爸爸妈妈对某些游戏有不同的观点是正常的。只要你在家里制定好规则，给他们创造空间和时间，孩子就可以安心地去玩那些打破传统的游戏。

　　但是如果是在公共场所，或者去别人家拜访，那么你就需要做决定，怎样会让自己感到舒适，也让别人不觉得难堪。这时候，家长的任务实际上是要教会孩子什么是文化期待。有个朋友曾和我讲过，她带着儿子去姑姑家过感恩节，儿子穿了一件裙子，姑姑见了当场就把他们拒之门外。"回家把衣服换掉，"姑姑对她说，"我不会让一个穿着裙子的男孩坐在我家餐桌旁的。"

　　孩子会学到，不同的地方有不同的规矩。有些家庭会不惜一切代价保留男孩子的裙子，哪怕是牺牲一段友谊；有些则不会，而是选择尊重主人的要求。还有很多人会选择在家里给孩子更多的自由，但是在公共场所还是要遵守大众的标准。对你的孩子来说，这可能不是一件什么事——也可能是件大事，这需要你自己做出判断。

第五部分
创造力、坚持和空洞的表扬

每个孩子天生都是艺术家,问题是怎么在他们长大后仍然保持这种天赋。

——巴勃罗·毕加索

法则 20 画的画不一定要好看

三岁的小萨姆非常用心地画完了一幅画。"喔,画得真好!"他的妈妈赞赏道。而萨姆却径直走开了。"我画完了,"他说。

两岁大的卡拉正在用海绵作画。她的爸爸在旁边指导她如何让她的艺术作品更漂亮些。"再在画面上加点红色怎么样?那样看起来会更漂亮。你还没有用过蓝色呢。我们在这里加上一点蓝色吧。"

这个年龄段的孩子正忙于在颜色的世界里探索。上一分钟,他们可能会画得很漂亮,而下一分钟,他们就可能把画面搞得黑乎乎乱糟糟。让孩子随心所欲地画吧。蹒跚学步和学龄前的孩子很少会画出非常漂亮的画作。这些画仅仅是他们探索和表达自我的一种途径。事实上,小孩子们根本不在乎自己究竟画了什么。画画只是一个行动。

"叛逆"的原因

小孩子重视过程而不是结果。对他们来说,画画就是动手做一件事。

当一个孩子努力完成一幅画之后,家长总是会忍不住说:"喔,画得真好!真漂亮!"然后把画贴在冰箱上。在你夸奖你的宝贝之前,先要想想画画对你的孩子来说可能意味着什么。

孩子们的美术作品不都是漂亮的。其中的一些就是一团黑的涂鸦、杂乱无章的线条和色块。你的孩子可能想画一幅吓人的而不是好看的作品。有时你仅仅问一句"你画的是什么啊？"甚至都可能会给"小艺术家"们带来苦恼。因为这样的问题暗示着他们的画必须表现出一些东西。不管孩子画成什么样子都不重要，最重要的是，这幅画对孩子来说是有意义的。

我儿子迈尔斯在三岁的时候喜欢把不同的颜色搅和在一起画画。颜色一混，就变成了棕色，混得越多，颜色越深。有时候，他加的颜色太多，以至于画纸直接被泡出了一个洞。如果有人问他画的是什么，他也答不上来。但是如果你问他："你是怎么画画的呀？"他就会很开心地与你分享他画画的种种小细节。

许多小孩子并不在乎如何处理他们的作品，对他们来说，画完了就是画完了。如果你把画贴在冰箱上，这挺好，但是你必须意识到，你这么做很可能只是你喜欢，孩子可能并不这么想。

"叛逆"的收获

帮助孩子探索艺术创作的过程，而不是一味表扬他们的作品。孩子可以从中学到：

艺术让我探索自己的想法，表达自己的感受。这让我觉得很棒。

我不必遵循其他人的做法。

我可以大胆尝试新东西。

我对我的想法和能力充满信心。

我能独立思考。

大人很关心我，所以会向我提问题。我知道答案，因为这是我的创作。

为何有效？

创造力并非仅仅只在艺术上表现出来。有创造力的人喜欢独立思考，勇于尝试新的方法，并且不怕被人质疑。尤其在艺术创作上，应该鼓励孩子去探索和冒险。

《让你的孩子拥有更具创造力的生活》一书的作者弗雷德尔·梅纳德指出，一开始，大多数孩子对自己的想法都充满信心，但太多的批评却最终限制了他们的创作力。我们经常遇到的情形是，害怕犯错误、害怕别人不认可和害怕丢人浇灭了孩子冒险和探索的热情，最终会导致孩子学习兴趣的下降。

珍妮特·斯托克是"幼儿学校"的创始人之一，在她看来，大人们以何种方式回应孩子们的努力非常重要，太多的手工反而会损害孩子的创造力。手工能帮助孩子实现某一个具体的目标。她认为，让孩子们利用各种材料进行形式自由的探索才更为重要。儿童早教专家贝夫·博斯也同意此观点：手工可以为孩子们带来快乐，尤其是在假期，但是不应该把它与艺术相混淆。孩子能够独立使用各种材料的时候，他们就会创作出独特的艺术，而大人的任务就是提供工具和材料。

在小孩子们看来，艺术和科学的区别很小。他们会尝试每一种新的颜色和材料。小孩子们需要去触摸、挤压甚至有时需要去品尝每一样东西。一些艺术专家说，在孩子们开始用艺术表达自己的想法之前，他们需要时间去探索和把玩各种艺术材料。例如，在瑞吉欧·艾米丽幼儿园，两三岁的孩子被鼓励在玩耍中体验黏土和颜料。只要孩子有足够的时间去了解、认识颜料和其他材料，他们就会利用这些东西来表达自己的想法。

摘下成人的有色眼镜

乱糟糟、墨迹斑斑的画可能就是你的孩子探索颜色和材质的方法。让孩子随意涂鸦吧，不要在意最后的成品如何。画成什么样子也许并不重要。小孩子们享受的是艺术创作的过程，并不在乎自己到底画的是什么。艺术重在行动。

手工和创新

一天，麦迪逊从幼儿园回到家。因为这一天是艺术日，所以妈妈问她这一天有没有做什么艺术作品。"嗯，"麦迪逊答道，"老师说那就是艺术。"妈妈说："哦，那是什么呢？""我不知道，"麦迪逊说。"那就不是艺术啊。"妈妈说。于是母女两人讨论艺术究竟是什么，五岁的麦迪逊最后给出了自己的定义："艺术就是当你决定好了自己要做什么东西，然后按自己的想法把它做成。"

事实上，麦迪逊上的是一节手工课。

做手工是有趣的，但是应该把手工看成是一种有组织的游戏，就像玩糖果世界一样。有时，在家下棋或是做手工都是不错的选择，但是要客观地看待这个事情。手工并不等同于艺术，手工应该只占据孩子艺术实践的一小部分。真正的艺术和真正的自由玩耍一样，是关于尝试和创新的。创新来自于孩子自身，是孩子的一种自主行为。

那么，我们为什么要求孩子们做那么多的手工呢？首先，许多大人喜欢做手工并且乐意和孩子们一起分享这项活动。在假期里，家长们总会花上不少时间让孩子做手工。因为手工作品通常比孩子们尝试的大多数艺术作品看起来更漂亮，所以我们会叫孩子做手工，这样就可以在孩子奶奶的生日上为她送上一个可爱的自制生日礼物了。当然了，想让孩子们不闲着，让他们做手工也是一个不错的选择。这些都是合理的解释。然而，我们不应该过分看重手工。手工通常会有一个最终设计好的成品，例如一道彩虹、一棵树或是一个雪人。对小孩子来说，做手工的过程——涂胶水、上颜色、画画——比最终的成品更为重要。

如果你个人喜欢做手工并且想和孩子一起分享手工的快乐，你得保证要为孩子的想象留下足够的空间。尽量不要给孩子一个样板。如果你三岁的宝贝没有按照指示去做手工的话，就随他去吧。不要拘泥于既定的概念。比如，你打算为即将到来的假期做一条彩纸链，这时你需要卡纸和胶水。如果你的孩子更喜欢按照自己的方式把彩纸带粘在一起的话，不要干涉他。你可以自己做自己的彩纸链。

家庭环境比学校环境更适合孩子进行探索。因为在集体环境中，集体压力很大。通常情况下，老师会给出一个样板，要求孩子们循规蹈矩地做一件与样板类似的作品。

拒绝样板

"同学们，今天我们要来画一个小丑。每个人拿出一张白纸，在纸上画上两个圆圆的眼睛，一个方形的鼻子和一个三角形的大帽子……"到幼儿园和学前班的走廊上走一圈，你会发现许多相似的艺术作品。老师展示一个样板，孩子们复制。

假设你正在尝试去临摹一幅雷诺阿的油画，你会感觉如何？力不从心。模仿样本会使孩子们讨厌艺术。当一个四岁的孩子尝试去复制一个成年人的作品，他们通常会半途而废。孩子们的线条画得不直，鼻子画得歪七扭八。手工和样本经常是成年人的兴趣所在而不是孩子的。它们会把想法强加于你，但却不鼓励新的想法出现。

布兰登是个小男孩，他不想和别人一样制作小丑。当老师递给他纸盘和胶水的时候，他就躲到了椅子下面。老师让他从椅子下面钻出来和其他同学一起参加活动。海蒂是一个四岁的小女孩，她很喜欢做这个手工，但是她想做出一些改动。她在小丑的帽子下塞入了一些纸做的头发，但是这些头发做得很细小并且被很隐蔽地塞到帽子里，这样老师就不会发现了。

像布兰登和海蒂这样的孩子会认为：

艺术有正确和错误的创作方法。
老师的样板就是完美的，可是我做不到那么好。
你应该和别人做得一样。
艺术是大人们要你做的事。
我的想法一点也不重要。

哈利·夏平的歌曲《花儿是红色的》对此总结得很好。歌词讲述了一个富有想象力的小男孩的故事。在学校，老师告诉他花是红色的，树叶是绿色的。每个人都必须按照老师教的那样涂成一样的颜色。但是这个小男孩不同意:"彩虹、朝阳、花儿都有那么多种颜色,我看到的是一个色彩斑斓的世界。"直到有一天,他遇见了一位赞赏他的创造力的老师,但是一切都太迟了。这个小男孩已经只会把所有的花都涂成红色了,并且,他一边画一边背诵着:花儿是红色的,树叶是绿色的……

与此相反,下面请看一个三岁的孩子是如何自由发挥,并带来了一点混乱的。凯茜和其他的孩子在给帆布包涂色。不一会儿,她放下了画刷,把手指浸到了颜料里。刚开始,她用手指头涂画,接着,她用上了手掌,再然后不久,凯茜开始动用起了手臂和手肘。颜料是可以洗掉的。这次画画的尝试让凯茜很开心。

> 样板把既定的想法强加于你,并且期待完美。

允许可怕的题材

我爸爸五岁的时候喜欢画投炸弹的飞机。父亲的童年是在20世纪40年代度过的,那时正好是第二次世界大战期间,所以炸弹和战斗机深深地印在了他的脑海里。即使在和平年代,许多孩子也被爆炸、车祸和其他灾难发生时所产生的能量和刺激感所吸引。因此,他们会以此类主题画画。他们脑袋里想着坏蛋和炸弹。

在孩子的画作里看到暴力的主题会让你感到不安。但是通过画画和故事来自由表达想法对孩子来说是很重要的。这和想象游戏中允许孩子自由选择主题是一样的。画画只不过是另一种用来表达情感和思想的方法。

关于死亡、炸弹或是打闹的画可能令人兴奋。小孩子喜欢力量。也许你的孩子正在努力去了解关于死亡的一些东西(参见**法则27:与死去的小鸟做朋友**),也许他是在再现一个他喜欢的故事。不管怎样,这些恐怖的东西里有一些东西在吸引着他。美术是表达想法的绝佳(也是安全的)方式。最好让你的孩子把自己的想法表达出来而不是藏在心里。如果孩子在画上画了某一事物,就意味着他想探索它。他正在思索它。

鼓励为创新而做的努力

创新就是解决问题、冒险和实验。让孩子尝一些苦头。当一个孩子说，"我不会画房子，你来帮我画吧。"你要坚定一些，告诉他："我可以帮助你，但是我不会替你画。"帮助孩子画画可以是站在他旁边为他加油打气。"如果我来画的话，那就是我的房子啦。你的房子长什么样呢？"

我们做父母的有时会插手，帮助孩子解决问题，或者甚至直接决定孩子们的画画风格。如果孩子只在一张纸的一角作画，这也没关系，没有必要告诉她把画面展开。如果一个孩子把整张纸都画满了，你可以说："瞧，你把整张纸都画满了。"又或者，你可以跟他说——"如果你想要更多的纸，就到桌子上去拿。"——而不是直接帮孩子拿一张白纸过来。孩子的画也许就是把所有的颜色一层又一层地涂在一起。

在你夸赞"这只小鸟画得真好！""多漂亮的山啊！"之前，先要了解孩子对这幅画的想法。也许他画的并不是一只鸟或者一座山。要仔细观察，再提出几个重点问题，以此来对孩子的作品做出回应。你可以问他："你愿意跟我讲讲你画的这幅画吗？"你可能会得到否定的回答。

当你让孩子的艺术潜能无拘无束地发挥并且鼓励孩子阐述其作品的重要性时，也许有一天她就会用艺术来表达自己内心最隐秘的想法。

试试这个——加进你的工具箱

让你的孩子自由地施展他的艺术才能。为孩子提供材料和足够的空间去探索。孩子们可能只是尝试材质和颜色，他们对完成品并不在意。孩子经常会"拓展"一个艺术想法，并采取一种新的方法。请尊重他的创造力。

例如，你可能教孩子滴染画——把颜料泼洒在一个物体（比如枫叶）的周围。如果你的女儿拿来了其他品种的树叶、树枝或是树皮，她就完全理解了滴染画的精髓并对它进行了"拓展"。也许接下来她就要开始用吸管来吹颜料或是把树叶蘸到颜料里。但是当小艺术家的创造力威胁到了人和物的安全时，你是可以制止他的。

为艺术创造条件

备好必需品（马克笔、蜡笔、橡皮泥、胶水、颜料）。

指定一个不怕脏的空间——厨房、门厅、浴缸、美术台、室外。

更多关于应对凌乱的建议，请看下一章：**法则21：画到纸外边了。**

重视过程

问关于"怎样"的问题。

让孩子另辟蹊径。

试试这么说

你愿意跟我说说你的画吗？

你是怎样画成那样的？

你用了很多红色。

你画这幅画用了很长时间。

把这些盒子粘在一起很费劲，但是你做到了。

看，你把整张纸都画满了。

如果你需要更多的纸，桌上有一些。

我可以帮助你，但是我不会替你做。

如果我来画的话，那就是我的房子啦。你的房子长什么样呢？

你现在打算怎样处理这幅画？

避免说的话

这幅画真漂亮！

你画了什么？

你画的这只小狗真可爱。

好，这就是你的房子。

你需要更多的纸，来，给你这张白纸。

不，你画得不好，你不应该这样画。

你真棒！你画得可真好！

家庭之外

样板、相似的美术作品、被规定好了的手工最有可能出现在幼儿园和学前班时期。如果可以的话，找到一个可以让孩子自由发挥的艺术学习项目。如果你去一所学校参观，很容易就能发现这所学校是否符合这个条件。你只要在走廊上溜一圈，看看墙上贴的画，有多少是模仿的就知道了。如果孩子的学校很重视手工，你就应该在家里为他创造更多的机会让他随心所欲自由地进行艺术创作。

法则 21　画到纸外边了

我的童年里并没有太多规则，但是有这么一条令我印象深刻："不能在别的孩子身上画画，除非他们同意。"

这是因为颜料并不总是画在画纸上，孩子们会尝试着把颜料画在他们的手指、肚子、膝盖和鼻子上。有时候，一个孩子会把自己的全身涂成绿色，或是把他朋友的胳膊涂成紫色——但是要首先得到对方的同意。

"叛逆"的原因

有些孩子会逃避艺术活动，除非你让他们玩起来。开拓思路，带他们到户外去进行艺术活动。

只有很少一些孩子喜欢整洁。通常来说，艺术活动需要待在室内、坐好、穿上罩衣并保持清洁，这可能会使一些孩子失去兴趣。有时，好动的孩子对此完全没有兴趣，不愿意加入进来。但是，好动的孩子也应该在艺术活动中体验那份别样的快乐。

艺术活动不一定非要坐在桌子前。要扩大孩子们的活动范围。把艺术活动带到室外也完全可以。在一个大纸箱上画画如何？丹是一个五岁的孩子，他总是喜欢待在户外。他不喜欢坐在桌子前古板地在纸上画画。当老师把画具搬到了室外——那可是丹的天地——他就可以画上很长一段时间。他画了很多大长条纹。他喜欢在户外的画板上涂鸦，并抓住机会装饰自行车棚的门。像丹这样的孩子可能对室内的艺术活动毫无兴趣，但是如果让他们在大件物品上涂鸦，他们会很是欢心。

"叛逆"的收获

> 制作大件的艺术作品、带孩子去户外进行艺术活动可以为孩子的创新探索带来新的欢乐：
> 玩艺术，我也行。
> 我的想法可能跟别人不一样，但是总能找到地方来实践它们。
> 我知道在有些地方可以随意折腾，但有些地方需要保持清洁。
> 我可以创造和发现新事物。这真让人兴奋。

为何有效？

大件作品给了小孩子更好的艺术体验，因为它适应了孩子发展的需要。许多孩子，尤其是男孩子，还不能很好地控制自己的精细动作。使用剪刀和小画刷的活动会让他们感到沮丧。在孩子能很好地控制细小的肌肉之前，他们必须先锻炼好大块肌肉来获得力量感和协调感。

另外，有些小孩子会画到纸的外面，因为他们还没有培养起空间界限的概念。总之，孩子的身体需要运动。

丹·霍丁斯多年来一直在一所幼儿园教孩子们画画，这所幼儿园坐落在密歇根州富兰特市的摩特社区大学。他发现男孩子喜欢画大件的美术作品，这样他们可以动用全身来画画。于是他给孩子们提供了大刷子——超大的洗瓶圆刷和马鬃刷——这让男孩子们更愿意接近并喜爱画画。霍丁斯一直以来最钟爱的绘画工具是马桶搋子。马桶搋子体积较大，可以画出整齐的图案，并且把搋子拔起来也需要一定的力气。

如果孩子从小就养成了进行艺术活动的习惯（甚至在他们可以精确控制小块肌肉之前），艺术就可以成为他们自我身份认同的一部分。一个喜欢奔跑，还不能握笔的孩子也会认为自己是"一个会画画的小孩"。待他长大一些，能够控制自己的精细动作之后，他仍能继续享受艺术带来的乐趣。

如果学龄前儿童可以充分活动他们的身体，他们的创造力就会被激发。让孩子运用大块肌肉、小块肌肉和尽可能多的感官——触觉、听觉、嗅觉和视觉——会让艺术变得更加有趣。让孩子把自己的情绪体验融入其中也可以让艺术活动变得更有意义——这有趣吗？太难？快乐吗？可怕吗？对于小孩子来说，艺术是一种全身的体验。

孩子眼里的"艺术"就是对材料的探索和创新的培养，这和我们对艺术的看法不总是相同。例如，杰西卡把剃须膏挤到浴缸里玩泡沫。一开始，她把玩具埋在泡沫下。然后她把泡沫抹在自己身上。她觉得很有趣。她在自己的肚脐、肩膀、手臂、腿、手指和头发上都涂上了泡沫，直到她的每一寸皮肤都被白色的泡沫覆盖。杰西卡在探索剃须膏的过程中，也在进行着艺术创作。

摘下成人的有色眼镜

艺术活动并不非得要孩子安安静静地坐着弄弄蜡笔和胶水，它也可以是吵闹而又快乐的活动。让艺术活动加上点运动吧。到户外画画。给大件物品上色：墙壁、盒子、大张的纸或是木头。对小孩子来说，艺术就是对材料富有创新的探索。如果我们仅仅把艺术局限在桌子前，好动的孩子可能会毫无兴趣。创造条件让孩子多多进行艺术体验，让每个孩子都能发现创新是一件多么有趣而有力量的事。

以行动为导向的艺术活动可以让孩子在创作过程中体会快乐，也可以防止成年人过多注重孩子最后做成的东西。

不拘一格

在我儿时的幼儿园，孩子们会把树涂成紫色。他们把彩色的染料喷射到挂在栅栏上的纸板上。他们赤脚踩颜料，然后来装饰操场上的运动器材。也许你并不想把树涂成紫色，但是指定户外的某个区域让孩子随意创作还是可以的。孩子们在爬山虎、俱乐部小屋或是工具室的后墙上涂上颜色会怎么样？

一位母亲让她的孩子们在旧的百叶窗上随便涂抹。孩子们用手指蘸颜料涂抹百叶窗，然后用软管接水冲洗车道。五岁的雅各布既喜欢这样画画，也喜欢用水清洗车道。两岁的伊莎贝拉则花了很多时间在百叶窗上涂鸦，这比她在家里画画所用的时间要多很多。第二天，伊莎贝拉又说想去涂百叶窗。

一边活动一边画画会吸引更多的孩子。好动的孩子，尤其是那些喜欢力量型游戏的孩子，可以在其中发现新的乐趣。创作是一项充满力量的活动。

允许凌乱

凌乱不可避免。如果你允许孩子们放手去玩——比如他们把脚涂上颜色——这样家里会更乱。为孩子们留出一些空间允许他们随意涂鸦——可以是美术桌、门廊、厨房（厨房里会有很多易清洗的光滑表面）甚至是浴缸。户外是进行艺术活动的理想之地，不可能不带来混乱。如果室外活动弄得太乱，那就换一个地方，但不要改变在室外活动的想法。

例如，迪伦刚刚还拿着画刷在纸上涂鸦，下一分钟他就把刷子浸在颜料桶里，然后故意把颜料滴在地板上。迪伦着迷地看着颜料滴落时飞溅开来的样子。

像迪伦这样的孩子，你会对他说什么呢？你可以无视眼前这乱糟糟的一幕，也许还会赞赏他的创新精神，然后眼睁睁地看着颜料在椅子周围蔓延开来，然后流到冰箱下面。你也可以阻止他把颜料滴到地板上,并告诉他:"把颜料画在纸上!如果你不能老老实实地画画,我就会把颜料收走。"

还有另外一种方法,设立一条明确的限制,换一个地点,如果可能的话,让孩子继续他的想法。例如:"如果你想滴颜料,你得到屋外去,不能在厨房里这样做。"迪伦就会知道,"哦,我不能在厨房里滴颜料。但是如果我还想玩的话,就需要换个地方。我可以尝试我的新点子。"一旦孩子到了外面(也许是在阳台上,在这里打扫残局更便利),你也许会这么说:"哇!看你滴的那些红点点!"大多数儿童颜料都是可洗的。让孩子一起来打扫残局,这也是整个艺术过程的一部分,通常也是充满乐趣的一个部分。

孩子造成的凌乱经常让我头疼,如果你也有这样的感觉,不必担心。每个家庭对孩子造成的凌乱都有不同的忍耐限度。你可以决定孩子在什么地方能玩,在什么地方不能玩。事先告诉孩子你的要求。如果孩子超出了你的忍耐范围,你就应该干涉,并重申限制。"你可以涂在身上,但是别在这里涂,你只能在浴缸里涂。"又或者,"你想在地板上挤颜料是吧?如果你要挤颜料的话,必须到外面去挤。"

忍受不了任何凌乱?那你可以把孩子放到允许凌乱的日托所、她的堂兄或朋友家。不同的家庭对混乱的忍耐程度不同。

控制艺术造成的凌乱

把颜料放在托盘里或是洗碟盆里。

到户外去。

在易清洗的台面上(比如厨房)画画。

在浴缸里进行那些容易引起凌乱的活动。

在地板上铺上旧浴帘、床单或是桌布。

在二手商店给孩子买游戏服装。

让孩子穿大人旧的 T 恤衫。

材 料

创新的体验并不非得花费昂贵才能得到。水和泥巴就可以让孩子玩得很开心。可回收的材料也很适合进行艺术活动。用过的纸的反面、旧盒子等都可以利用起来。没有必要去商店买昂贵的艺术材料。

孩子对材质和颜色的探索同等重要。什么样的材质都让孩子接触一下，糙的和滑的、稠的和稀的、粘的和光的都可以。

罗斯维尔社区学校的贝夫·博斯建议家长去五金商店寻找艺术材料并自问一下：孩子们可以用这个来画画吗？几乎所有的东西都可以用来画画。她用狗狗玩具、按摩器、旧的桌子腿在颜料中蘸滚。她最大胆的艺术想法之一就是在尼龙长筒袜里灌满沙子，蘸到颜料里，然后再从高处扔下。

孩子们总是想要得更多：更多的胶水，大堆的小串珠。一些儿童早教专家鼓励无限制地提供艺术材料，尤其是在学校里。但这并不总是可能，也不总是有这个必要。我们生活在一个资源有限的地球上。一些材料——沙子、泥土、水——也许是充足的，但孩子也要知道资源是有限的。我还记得，我五岁的时候，经常在父亲的旧教案的反面画画，我从中学会了重复利用纸张。当材料有限时，孩子们同样也会有创新的灵感，不见得非要有那么多的材料。哦，没有珠子了吗？那我加上一些松球怎么样？

试试这个——加进你的工具箱

让你的孩子在画画的时候动起来。把艺术材料带到户外，看看孩子有怎样的突发奇想。除了传统的艺术用具如蜡笔、颜料、黏土和马克笔，你还可以去五金商店看一看，到分类回收箱搜一搜，或者直接从大自然中寻找天然的艺术材料。

以行动为导向的艺术活动

站着画画

到户外画画

让玩具小车在颜料中滚动

赤脚奔跑踩颜料

用梳子、刷子或是其他物品在颜料中踹来踹去

用吸管或吹风机吹颜料

用小滚子画画

为一些不寻常的物体上色——南瓜、贝壳、树叶

涂树木或是自己搭建的小会所

装饰大纸箱

用大刷子：粉刷房屋的刷子、洗衣刷或瓶刷

把有颜色的水或颜料喷洒在户外的纸上

从梯子或墙上往下扔彩色炸弹（把装了沙子的长筒袜蘸上颜料，然后从一个梯子或者墙上扔下来）

在颜料里撒上沙粒或玉米粉，看看会出现什么样的图案

用手指、鼻子或是手肘来画画

一边听音乐或故事，一边涂涂画画

用粉笔在地上画大幅的画

在五金商店买大块的白板，在上面涂画

使用各样材料：实木和钉子、回收的物品、金属丝、泥土和水

把一些东西连在一起（把箱子粘在一起或是木工活）

去掉一些东西（在肥皂或是包装海绵上雕刻）

试试这么说

你可以在哪里画画？

如果你想把颜料滴在地上，你需要到户外去。

如果……会怎样？

避免说的话

在桌上画画。

你不能这么做

家庭之外

涂鸦树木、投掷颜料炸弹的小小艺术家并不是到处都受欢迎，他也不必如此。孩子们需要知道在哪里可以疯玩，在哪里不可以。这都属于设立限制的一部分。告诉孩子们他们要怎样做。如果你的女儿正在户外欢快地在胳膊上乱画，你要告诉她："我们应该在家里做这件事。"这一天的晚些时候，你带女儿到图书馆，那里有做手工的工具，你要告诉女儿在这里她应该怎么做："在图书馆，纸和胶水要放在桌子上。"设立限制，但还要不拘一格。

法则 22 别再说"真棒！"

做到这一点很难。"真棒"这个词已经充斥在我们的话语中，被使用的频率已如同"你好！""祝你愉快！"一样。然而像"好棒""你真聪明""真漂亮"这样的话实际上空洞无力。孩子们不需要空洞的赞赏，他们需要有意义的关注，并需要机会来培养他们的耐力、主动性和内在的自我价值。

"叛逆"的原因

认可胜于赞扬。内心的自我满足胜于外在的肯定。

这是为什么呢？让孩子沉浸在赞美声中并不等同于帮助孩子树立健康的自信。孩子们需要在生活中感受到自己的能力，相信自己能够做许多事情，并且能够迎接挑战。当他们在生活中尽显本色时，他们需要感觉到自己是被爱的，是有价值的。我们可以帮助一个孩子树立起自信，但并不是通过一味的表扬来实现的。事实上，这样做可能适得其反。让我们来比较一下两个五岁的孩子听到的两种截然不同的赞美后的不同表现。

"快看我！"比安卡喊到，她在供儿童攀爬的猴架上荡来荡去。她爬到了一半然后从上面掉了下来。"好样的！"她的妈妈说，"哦，你真棒,比安卡!"

娜塔莉在爬操场上的攀爬架,但是因为恐高,她爬到中途停了下来。"我就在这儿,"娜塔莉的奶奶说,"我不会扶着你上去,但是我会站在边上保护你不掉下来。"娜塔莉继续向高处爬去,最终爬到了顶端。"你做到了。你通过努力爬到了那里,"奶奶说,"哇,你爬得可真高啊!"

那么,比安卡和娜塔莉从中分别学到了什么呢?

比安卡从妈妈的表扬中明白,爬单杠就可以让妈妈高兴,她不必冒险或更努力,只要讨好别人就够了。下一次,她还会这么做来得到妈妈的认可。

娜塔莉知道奶奶已经注意到爬到顶端对她来说有多么重要。她学会了要靠自己,自己解决自己的问题。爬到了顶端以后,她感受到了强烈的成就感以及奶奶对自己的重视和关心,这让她心里美滋滋的。下一次,她还会不畏艰难地去尝试一些新事物。她会一直尝试直到获得这项新技能。

孩子们又可爱又努力,家长很难忍住不去表扬他们。我们想让孩子对自我有良好的感觉。我们总忍不住奖励孩子们小贴纸,称赞他们很棒。但是,培养孩子持之以恒的精神和自信心比表扬孩子更为重要。否则,时间长了,孩子会养成寻求赞扬的习惯。这种习惯很可能是致命的,因为只有终身的自信和坚韧的个性才会引领孩子走向成功。告诉孩子"我爱你",但是别过多地表扬他们。一旦孩子有了自信,又有了内在的动力,他们就可以一次又一次地迎接挑战。

"叛逆"的收获

> 我喜欢挑战。
> 我坚持不懈。如果一开始不成功,我仍然会不断尝试。
> 我做事情的时候通常会越做越好。
> 我不需要总是去寻求表扬。表扬和奖赏对我来说并不是那么重要。
> 大人们对我做的事很关心:他们尊重我。
> 我知道我是被爱的。

为何有效？

"看，爸爸！看看我！看看我！快看快看！"

孩子们反复念叨让我们"看一看"，这已经让我们神经麻木了。我们的孩子们似乎需要某一种回应，于是我们应和道，"好样的！"或者"真棒！"试着数一数你一天对孩子说了多少遍"真棒"或是其他表扬的话。统计结果也许会令你大吃一惊。

当孩子们渴求我们的关注时，他们的本意并非是想要得到我们的表扬。他们想与我们分享他们做了什么，他们想得到认可。一句"看看我"并不需要一句"真棒"或"干得漂亮"来作为回应。你可以说，"我看见了！"如果我们过度表扬孩子，我们自己和孩子都会习惯于此。孩子们同他们喜爱的大人分享是很正常的。但是，他们常常会问，"你喜欢我的裙子吗？""我漂亮吗？""你喜欢我画的画吗？"这时，孩子们是在寻求来自外界的赞扬和认可。到了三四岁的时候，一些孩子已经习惯于寻求赞美，这个习惯可能会困扰他们的一生。在他们的青少年时期，他们可能会极其渴求同龄人的认可。当他们步入成年后，他们可能会怀疑自己的想法，过分依赖他人的观点（媒体、友人、配偶），并且时常需要上司的犒赏。

> 尽量少用模糊的赞美之词，例如：真棒，挺好，漂亮，聪明，好。

《用奖赏来惩罚》《无条件的养育》等书的作者阿尔菲·科恩指出，被表扬的时候，孩子和成人通常都不能发挥出他们的潜能。这是因为当一个人开始依赖赞美时，他会因为害怕失去外界的肯定而惧怕承担风险。

卡罗尔·德韦克博士关于毅力的研究发现，当孩子们形成了"成长型"思维模式的时候，他们更容易成功。这些孩子在面临挑战的时候坚持不懈，因为他们知道通过不断练习自己就能做得更好。说"你很聪明""你很漂亮"或是"你很擅长体育"之类的话会让孩子认为自己的这些特征是固定不变的。卡罗尔博士研究发现，那些认为自己并不能改变结果的孩子会在挑战面前畏葸不前，他们不去冒险而选择放弃。不用担心告诉孩子某件事情是困难的。事实上，孩子们很享受挑战，如果他们认为某件事很困难，他们反而会加倍努力去尝试。

海姆·吉诺特认为，有效的表扬来自于两个方面。首先，大人们要说明自己的所见所感（"你终于到顶了。瞧，你爬得多高啊。"）然后，孩子会回应此描述，他们会在内心里自我表扬（"看来我还是挺擅长攀爬的。"）描述性的表扬可以帮助孩子树立起健康的自信心。在阿黛尔·法伯和伊莱恩·玛兹丽施合著的《如何说孩子才会听，如何听孩子才肯说》一书中介绍了很多这方面的例子。

但是也不必走另一个极端，一句表扬的话也不说（当你的孩子接到了球的时候，你当然可以说："接得好！"）。表扬的关键在于适度和具体。较之于一句简单的"好""真棒""太棒了"，孩子们更需要大人的认可和描述性的反馈。

摘下成人的有色眼镜

孩子们似乎总是在寻求表扬。所以我们就用一句"真棒！"来满足他们。

孩子们实际上渴望的是我们的关注和认可。我们的关注和认可让孩子意识到他们被爱仅仅因为他们本来的样子，也让孩子们体会到在挑战和努力中所获得的内在的自我满足感。尽量少说空洞的赞扬，给出描述性的肯定。多评述少评价。

重过程轻表扬

四岁的海勒总是希望得到大人的肯定。她画小人，用两个三角形来做小人的身体。她努力模仿姐姐们的画作。几乎每一天，她都会画一个与之前完全一样的图画，然后问某个大人，"你喜欢我的画吗？"

"最重要的是你喜欢自己的画，"她的老师告诉她，"你喜不喜欢呢？"

与其表扬孩子——这代表着外界的赞许——不如重视孩子自己的感受和画画的过程。比起最后的作品，孩子们更重视画画的过程。同样，孩子在玩的时候也是如此，他们更重视玩的过程。和孩子谈一谈他们是怎么做的。比如，"这个烤炉是怎么做的？""我很好奇你是怎样把乐高积木搭得这么高的？"或者换一个问法："你是怎么想的？你喜欢自己的作品吗？"

重视过程也要求孩子以发展的眼光来看待自己。要让孩子们知道自己可以做得更好。如果我们说，"你真是擅长画画！"这句话可以被理解为：既然我已经画得很好了，我就不需要再努力了。对孩子说"你擅长某事"就像是把一个死板的评价贴在了孩子身上（类似于"你有一头棕色的头发"）。试着去评价他做事情的过程。"你在这幅画中加了很多细节。我看到你画了很长时间。"描述过程可以让孩子在以后做事情时全力以赴，并因此获得成长。

试试这个——加进你的工具箱

评述而不是评判

类似"哦，好样的，姑娘！太棒了！干得好！"这样的表扬是模糊的。小孩子并不总是能理解自己做的什么是"不错的""好的"或是"漂亮的"。例如，丹尼收拾完彩笔后被夸奖"乖宝宝"，他也许完全不清楚自己到底做对了什么。但是，如果爸爸这样跟他说："你知道把笔盖盖回马克笔。"丹尼就很清楚自己哪里做对了。或许，小丹尼也会为自己的能干、聪明和独立感到欣喜。

与其表扬，不如评述。评述是具体的。一旦掌握了窍门，评述也很简单。只要把你看见的说出来就行了。

别说…	说你看到的…
尼克，好样的！	你自己把秋千荡了起来。
你可真擅长做这个！	你爬到了攀爬架的顶端！
你真聪明。	你现在知道很多数字。你可以数到12。
你真漂亮！	你头上戴了一顶别致的帽子。

好样的，姑娘！	谢谢你啦，你整理了自己的玩具。
你真是一个好小子。	你知道把笔盖盖回马克笔。
这幅画真漂亮！	你用了很多种颜色。
真好！	你把飞机让给鲍比玩了。
太棒了！	你做到了。

孩子寻求的不是表扬，他们只是想要得到大人的认可：看看我！看看我做了什么！家长只要如实地认可孩子就可以了："你做到了。""瞧瞧你！""我看见了。""你知道该怎么做了。"让孩子告诉你更多的信息。

贵在坚持

坚持——冒险并坚持——是过程的另一方面。不要只是评价孩子的成绩（表扬），要注意到孩子为克服困难做出的努力。当孩子尝试去拼拼图，或者自己拉衣服拉链的时候，家长要鼓励孩子，也要告诉孩子他现在正做的事情是有挑战性的。"拉链可能有点难拉。我看到你正在努力。"通常，孩子们会享受挑战并且很高兴知道他们正在做一件有困难的事情。你的认可——而不是表扬——会帮助孩子增强毅力。

你可以给他讲他更小的时候的故事来强调这一点。例如，"我记得你原来不会骑三轮车，但现在你骑得很快！"你要记得，小孩子总是在不断面临新的挑战——学语言、系鞋带、荡秋千。曾经对他们来说很困难的事情（走路、咀嚼）现在变得很简单，这让孩子很受鼓舞。我的儿子迈尔斯喜欢听我讲他以前是怎样叫"妈妈"的："最早你说的是"姆哩"，然后变成了"妈呢"，最后你终于叫对了！"讲这些故事很有趣，同时也是在向孩子强调贵在坚持的道理。

避免虚假赞美

就像阿尔菲·科恩所说，当"你的声音变短变尖，故作多情，高低起伏，明显不同于你与朋友交谈时的语调"，你就明白自己是在虚意逢迎了。老师和家长经常故意说一些虚假的赞美，比如"我喜欢马丽娅收拾玩具的方式"。事实上，马丽娅在这里被当成了工具而不是表扬对象。你还记得自己小时候，当大人们挑选出一个"好"孩子做榜样时，你的感受如何？有几个孩子很可能会给马丽娅一个黑脸，这样的赞扬一定不会为她赢得他人的认可。"这样的赞扬是间接的挖苦，""幼儿学校"的简·沃特斯解释道，"'我喜欢马丽娅收拾玩具的方式'意味着，我不喜欢其他人收拾玩具的方式。跟孩子说话要直接。还不如说：'我看见地上还有一些玩具，现在让我们一起把它们收起来吧。'"

最后再说说表扬

"但是偶尔表扬一下孩子，说她很聪明或很漂亮，这样不好吗？"

最好不要。应该让你的孩子感觉到自己是聪明或漂亮的。孩子可以获得这种感受，但主要通过你对她一贯的疼爱，和仅仅因为她本来的样子关注她：她的想法、梦想、行为和独一无二的人格。"你很聪明"意味着什么呢？通常，我们还有另外的方式来表达相同的意思："你弄明白了。"——"你理解对了。"——"你真的很了解恐龙。"至于外表，尤其是小女孩的外表，在孩子小的时候，表扬越少越好。家长要转而关注孩子的思想、行为和想法。（更多内容参见**法则 19：男孩也可以穿芭蕾舞裙**。）

因此，家长要尽量避免类似于"真棒！"之类的模糊性表扬，把你观察到的描述出来。如果直接给他们贴上标签（聪明、漂亮、擅长运动）——一定要对这些表达进行具体的描述。

试试这么说

认可

你做到了。

瞧瞧你！

你知道该怎样做了。

你自己把大衣挂在了衣帽钩上。

你把所有的小卡车排成了一列。

你穿着一条漂亮的裙子。

你让大家轮流玩。

坚持、过程和努力

你非常努力要解决问题。

你花了很长时间搭积木。

哇！这看上去挺难的。你正在搭一座高塔，这并不简单。

我好奇这么高的塔你是怎么搭出来的。

你是怎样做到的？

你喜欢它的什么？

避免说的话

好样的！太棒了！（至少尽可能地避免）

多漂亮的一幅画啊！真美！

真好。

你很漂亮 / 美丽。

你真是个好姑娘 / 好小伙。

你真聪明！

你很擅长蹦跳 / 画画……（这会限制孩子的才能）

我真的喜欢马丽娅收拾玩具的方法。

家庭之外

在别人给出一个模糊的"真棒！"表扬以后，你可以在后面加上描述性的补充评述。于是"真棒，利亚！"变成了"真棒，利亚！你把自己的鞋子收放进了鞋柜。你知道怎样是负责任。"当你改变了总是说"真棒"的习惯时，你会发现自己也有所变化。先试着加入对过程和努力的描述，很快，你说"真棒"的次数就会减少。记住要优雅一些；通常，对于善意的赞扬最好的回答就是"谢谢"。

第六部分
难听话、好话和谎言

道德准则和麻疹一样,你需要清楚知道它们的存在。

——奥尔德斯·赫胥黎

法则 23　孩子不一定非要说"对不起"

两岁的丹尼在操场上撞倒了一个小女孩。他的妈妈吓得马上赶了过来。"快说'对不起!'"她命令道。"对不起!"丹尼复述了一下这句话。然后,他就没再理那个小女孩,而是继续玩自己的游戏。

"叛逆"的原因

> 只说"对不起"是一种逃避。采取行动,而不只是用言语敷衍。

孩子喜欢"对不起"这句话。这句话像魔法一样,可以使他们免遭批评。推倒别人了?手肘撞到别人了?踩到别人的画了?只要说声"对不起",孩子就可以轻松地逃避惩罚。这有点像在教孩子肇事逃逸一样。

我们需要教会孩子:待在现场,不要置身事外,让他们为自己的行为负责,让他们明白,自己的一言一行都会影响其他人。

首先,孩子们必须意识到他们做了什么。对你来说显而易见——你的孩子撞倒了别人——但是,你需要对孩子明确指出这一点。小孩子还很难理解事情的原因和后果。你的孩子想,"真的吗?是我蹦蹦跳跳(或是因为我骑三轮车和摆弄玩具)导致了这次意外?哦,我只是在玩。"告诉他们事实:"你拿着午餐盒乱晃,撞到了露西的手臂。看——你把她弄疼了。她正在哭呢。"

让孩子们置身事中也可以帮他们的同理心，体会受伤孩子的情绪。问问受到伤害的孩子"你还好吗？"花一点时间一起看一看她脸上的泪水，查看一下她受伤的红痕。你可以说："看——就是这儿在疼。她在哭呢。一定很疼吧。"然后采取行动帮助受伤的孩子。

一旦闯祸的孩子彻底明白到底发生了什么，就该让他行动起来。"你撞倒了莎拉，她还在伤心呢。给她拿一片纸巾好吗？"大多数时候，能做些实际的事情会让孩子的内心感觉好受一些。"紧急救援！虽然我不能给莎拉的腿止疼，但我可以帮她缓解疼痛。"孩子很擅长采取行动，他们大都很乐意跑去拿来毛巾、纸巾、冰袋、泰迪熊，或者叫来那个孩子的爸爸妈妈。

"叛逆"的收获

最终，你的孩子会真心实意地说"对不起"。现阶段，行动和观察能教会他更多深层次的技巧。强迫孩子说"对不起"则不能教会这些东西。

我的行为会导致一系列后果。有时我的所作所为会伤害到别人。

我能理解别人可能会有的感受。

我可以通过做一些事来弥补过错。

我有时间了解事实并感到懊悔。

我是真心想说"对不起"的。我对我的行为感到抱歉。

摘下成人的有色眼镜

孩子很少感到懊悔。很多孩子的心智还不足以让他们感到抱歉。不要强迫孩子去道歉，相反，让孩子们拿一片纸巾或找一个冰袋来弥补过错。学说"对不起"会让孩子逃避惩罚，但是"我不会再撞你的车了"可以有更好的教育效果，其他孩子也会更有安全感。要教孩子懂得礼貌，但不能过早地用成人的标准要求他们。

为何有效？

孩子有时可以骗过我们。他们可以模仿"对不起"这句话，甚至其他孩子哭的时候他们也会哭起来，但是大多数孩子并不能感受到懊悔之情。这也因人而异——可能你的孩子在这方面会成长得早一些——但大多数孩子的情感和认知能力并没有到达可以感觉到懊悔的程度。感到懊悔需要能从他人的角度看问题，并能很好地理解原因和后果之间的关联。孩子们这些方面的能力还在形成之中。让孩子们说"对不起"不能教会他们什么，只会误导他们形成一系列错误的想法：打了别人，说"对不起"就可以，然后继续去玩。

作为家长，我们希望自己的孩子善解人意。但不幸的是，"对不起"反而会阻碍孩子同理心的培养。威廉·戴蒙是孩子道德成长方面的知名研究者，也是《有道德的孩子》一书的的作者。他说，儿童道德意识的培养需要不断引导而非强迫形成。当家长表现得善解人意时，孩子也会学会富有同情心。

同情心是自然形成的，《成为你想成为的家长》一书的作者、儿童早期研究专家詹尼斯·凯泽和劳拉·戴维斯都是这样认为的。人们都担心这不可能，并坚持要求孩子说"对不起"，以此来教会他们要有同情心，但凯泽和戴维斯认为，只需要支持孩子的同情心就够了。把孩子们叫到一起让他们沟通，尊重他们的感受，孩子们将有机会展现他们的同情心。他们写道："那些有机会去帮助别人的孩子会自我感觉更好，往往会有更出色的表现。"

行动比语言更重要

有一次，我儿子扎克去他姥姥执教的"幼儿学校"玩，班里有一群三岁大的孩子。他和其他五个孩子一起玩跑步游戏，其中有一个叫查理的孩子，他个头高大，动作有些笨拙。查理跑步的时候经常过于兴奋会撞上其他玩伴。不可避免地，查理迎面撞倒了扎克。扎克痛得哭着扑向我。但接下来发生的事让我感到新奇，三个冰袋被送了过来，孩子们的小手指热切地伸过来。查理和其他两个孩子采取了行动。查理没有置身事外。他问扎克："你还好吗？"

这些孩子已经懂得采取行动的重要性，以及帮助别人的快乐。查理承担了自己的责任，没有离开。（同样，也没有人对他大发脾气。）直到扎克站起来，感觉好些了，查理才去继续玩耍。

"孩子并不感觉愧疚。""幼儿学校"的简·沃特斯说，"他们不会感到歉疚，但他们擅长采取行动。"

孩子们常有一些磕磕碰碰——不论有意的还是无意的。这给我们提供了很多机会来帮助孩子实践同理心和责任感。童年的磕磕碰碰大多都不严重。安慰受伤的孩子，但记住，从中收获最多的往往是闯祸的那个孩子。

做出保证

"对不起"可以让大人满意，但对小孩子们来说毫无意义。

两个孩子发生冲突时，情绪一定会爆发出来。但歉疚肯定不是情绪的一种。孩子很少感到歉疚。

闯了祸的孩子可能会害怕——害怕成年人对他发火——也可能会感到窘迫，或是因为伤到别人而生自己的气。受伤的孩子也会伤心、生气和害怕。因为疼痛而伤心，因为被人推倒而生气，因为震惊和始料不及而害怕。很可能，她特别害怕再一次受伤。"刚才这个孩子推倒了我，她还会这样做吗？""对不起"并没有解决这些问题。

对受到伤害的孩子来说，一个不会再推/踢/打她的承诺比起一句"对不起"更有意义，所以，与其费劲地让孩子说"对不起"，还不如

> 让孩子做主。帮助他们互相倾听对方的话，让他们自己对同伴的行为设立限制。

试着重建信任。例如："告诉他，'我不会再打你了！'"或是，"告诉他，'我不会伤害你的！'"大胆地问："你还会再打他吗？"保证两个孩子都听到了答案。如果还有任何疑问，大声地将保证重新和孩子们说一遍："雷切尔，杰克说再也不会把你往墙上推了。"如

果这真的是一次意外，孩子们可以做出这样的保证："我会小心的，这样我们就不会再撞在一起了。"确信事情不会再发生，这对孩子们而言非常重要，但"对不起"却没有什么用。

当你问"你还会再打他吗？"时，如果孩子拒绝做出保证或回答"会！"该怎么办？那就要定下严格的规矩。你可以晓之以理，动之以情："你还想打人，但是你不可以打帕克，如果你做不到，我会帮助你停下来。"安抚另一个孩子："我会保护你的。我不会让他打你的。"更多限制参见**法则2：只要没有伤害到人或物就没问题**。

是否意外？

"哦，这只是个意外。我知道她不是故意的。"

可能是这样。也可能不是这样。不要自认为很了解孩子的意图。这样说似乎惹祸的孩子很无辜，但事实是，我们往往不知道孩子的想法。我们的目的是教会孩子为自己的行为负责，但将一件事"大事化小"称之为"只是一次意外"，会让孩子逃脱责任。

孩子们的攻击性行为有时是故意的，而四岁以上的孩子也可能暗中伤人。孩子们这么做可能是因为对过去某次未化解的冲突仍心怀敌意。不论理由是什么，不要以为你知道原因，也不要认为孩子永远是无辜的。对自己的行为负责非常重要——不管是不是故意的。

真诚道歉做榜样

当然，最后我们确实希望听到孩子们说"对不起"，这是一种文化规范。但让孩子养成习惯的最好方式是树立一个榜样。我们可以教孩子机械地模仿"对不起"，但这却缺乏真诚。但当你能以身作则时，这句话就会变得有意义。巴里·布雷泽尔顿是《接触点》一书的作者，他也写过其他一些关于儿童成长的书。他说，榜样的作用是让孩子们知道怎么做事情才恰当，而不是让他们发现怎么做才会获得社交回报。因此，你可以自己说"对不起"，但是不要强迫孩子们这么做。

当你以身作则真诚道歉时，除了主动说"对不起"，还要制定计划保证以后会做得更好。例如："对不起，我弄坏了你的画。我不知道它对你很重要。下次我在回收之前会先问你的。"或是，"哦，对不起，我保证把你的自行车带来，但我却忘了。有什么办法可以帮我记住这件事呢？"

我就是这样教育迈尔斯的。一开始我也怀疑他知不知道如何说"对不起"。这种榜样的方法真的有用吗？后来，他五岁的时候狠狠地踩到了我的脚。"对不起，我不是故意的。"他真诚地说。我从没有要求他道歉，但却已经潜移默化地影响了他。现在应该道歉的时候，他很自然就脱口而出。

试试这个——加进你的工具箱

每次发生事故时试一试下面几个步骤。如果孩子们是故意的（伊娃推倒了杰西，而且这并不是偶然），那就应该用调解冲突的方式处理这件事。详见**法则 3：孩子需要冲突**。

如果只是个意外，一些孩子会本能地逃跑。把他们找回来。一手抱住闯祸的孩子这样说："你必须回来。本受伤了。虽然你可能不是故意的，但是他受伤了。"

日常事故处理

1. 把孩子们召集到一起。

2. 和闯祸的孩子说清楚发生了什么事——说得详细一些："你的自行车撞倒了她。"

3. 描述一下你看到的事实："她在哭。她的腿流血了。"

4. 关心受伤的孩子，示范同理心："你还好吗？"

5. 行动起来。"去拿纸巾过来！来，把创可贴递给她。"

6. 做出保证："詹姆斯不会再撞倒你了。他会在路边骑自行车。"

7. 在生活中做出表率，主动道歉说"对不起"。

发生其他冲突时

1. 问受伤的孩子："你喜欢他推你吗？告诉他！"
2. 把孩子们召集到一起，然后按调解孩子冲突的步骤去做。
3. 让闯祸的孩子做出口头承诺："告诉他你以后不会再推他了。"高声将这个承诺重新说一遍，确保孩子们全都听清楚："杰克说他不会再推你了。"
4. 如果有孩子拒绝做出承诺，你可以自己做出承诺："我会保护你的。"然后给孩子们设立限制，要求他们严格遵守。

看到自己的孩子流露出同情心是一件美妙的事。没有人强迫孩子道歉的话，孩子们大多会互相拥抱，还会主动把自己的零食拿出来分享。把情况解释清楚，告诉孩子如何做，然后你就会惊讶地发现，你的孩子会多么真诚地关心别人，他是那么富有同情心。

试试这么说

责任和行动

你必须回来。这个女孩受伤了。

可能你不是故意的，但是她受伤了。我们需要看看她的情况。

你跑得太快了，撞倒了她。

你还好吗？

看——她在哭。她的伤口在疼。

快去拿纸巾（冰袋、泰迪熊、枕头、创可贴）。

谢谢。这会让她感觉好一点。

孩子之间的保证

说"对不起"还不够，你要告诉杰西你以后不会再推他了。

你还会再推他吗？

伊娃，要是你想和杰西一起玩，你就必须遵守规矩：不许推他。

避免说的话

告诉他你很抱歉。

说"对不起!"

你的礼貌去哪儿了?

这只是个意外。

她不是故意的。

家庭之外

你没办法阻止别人要求孩子道歉。当家长发现孩子有失礼之处时,他们会迅速纠正,即使他们的孩子只有两岁大。有一天,我在图书馆看到一个母亲拉着一个大约只有 20 个月大的孩子。"那样做很没有礼貌,"她对孩子说,"你能理解妈妈的话吗?你不能那样对待别人。你必须向那个男孩道歉。"

如果别的孩子走过来说"对不起",你可以和他说"谢谢",然后告诉你的孩子:"他只是想知道你有没有事。"如果情况允许,你可以说得更深入一些。如果是你的孩子闯了祸,把孩子带回到事情当中。帮孩子采取关爱的行动并做出保证,这比一句"对不起"更有意义。

法则 24　允许孩子说难听话

五岁的吉莉安知道妈妈不喜欢听到"愚蠢"这个词，但她故意说这个词。

"在咱们家不许说这个词。"妈妈说。

吉莉安看着妈妈的脸，然后说："愚蠢的妈妈。"

不管你家把什么词界定为"难听"的话，许多孩子却非常享受这些词所产生的震惊效果。他们喜欢看你火冒三丈的样子。难听话总是带着力量，而小孩子想要感受这种力量。教给孩子一些社交规则，让他们学会正确利用语言的力量。通过改变时间和地点，你可以拯救自己的耳朵，同时给孩子自由表达的权力。

"叛逆"的原因

> 许多孩子喜欢说那些被家长禁止的话语，那就让他们说吧——但只许在浴室里说。

每个家庭对"难听话"的界定是不同的。一些家庭对那些让粗鲁的水手都觉得脸红的话也不禁止，也有一些家庭喜欢说那些难登大雅之堂的话。在另一些家庭里，诸如"愚蠢""呆子""闭嘴""无聊"之类的话也是不可以说的。不管你的禁忌语是什么，你有权要求孩子不说你不想听的话。但要当心。管得太严反而会事与愿违。

"傻子！"五岁的本说道。所有的小伙伴都笑了起来，老师的反应也很激烈。在一边，艾玛眼中闪过恶作剧的光芒："傻子—傻子—傻子—傻子—傻子。"她唱了起来。

言辞约束会带来两大主要问题。其中一个问题很实际：你控制不了孩子说出口的话。你没办法阻止孩子要说的话，就像你们没有办法强迫他入睡一样。另外一个问题与人的天性有关：禁止反而会让人产生一种打破禁令的冲动。孩子说了一句家长不许他说的话，他感到格外高兴。这种感觉太吸引人了。更何况你的反应肯定也让他感到很兴奋。

所以解决之道是，允许孩子说难听的话。保持平静的神情，不要做出反应。然后对孩子说："那些话是大人在非常生气的时候说的。如果你想那样说，就必须去浴室里说。"如果给孩子一个自由表达的空间，就会降低言辞约束带给孩子的那股刺激劲儿。

"叛逆"的收获

在规则允许的范围内让孩子自由表达可以教会孩子如何发现并有效运用语言的力量。

我可以说难听话，但那没有什么可令人兴奋的。没有人关注我。

我懂那句难听话的意思。它们并不神秘。

我知道有一些人，比如我的祖母，会因为这些话感到非常伤心。我不想让她伤心。

我非常生气的时候，说一个带劲的词有时会很有用。

恶毒的话是不一样的。我不可以给别人起外号或是恶语伤人。

为何有效？

三岁的埃里克词汇量很大。有一天他生妈妈的气了,他想用一种很不好听的话称呼她。他回忆了一遍他能想到的所有词汇,然后大声喊道:"你……你……你是个……辐射体!"

《成为你想成为的家长》一书的作者詹尼斯·凯泽和劳拉·戴维斯认为,诅咒是对语言力量的探索。小孩子可能会说"呆子""脑子进水"甚至是"辐射体"这样的词。稍大一点的学龄前儿童常会学大人们说的脏话。《孩子说脏话时应该怎样做》一书的作者蒂姆·杰伊说,学龄前的孩子对肢体语言和与大小便有关的粗话感兴趣是正常的,因为他们最初的几年一直在进行如厕训练。

当孩子在外面学会了一句难听话并试着对你说时,他们是在获取信息。"听到这样的话怎么应对才合适?这个词对别人有什么影响?"小孩子知道咒骂的话会让人情绪激动。他们一次又一次试着使用这些话,并观察其他人的反应。他们试图通过这种方式弄懂为什么这个词那么特别。有时小孩子语出惊人只是为了引起别人的注意。戴维斯和凯泽建议家长告诉孩子:"如果你想引起我的注意,你可以说'妈妈,我真的很需要你。'"

"幼儿学校"的主管斯蒂芬妮·罗特梅耶说,对于大人来说,说脏话是件严重的事,但对孩子而言却并非如此。如果成年人对脏话没有什么激烈的反应,孩子就会失去兴趣。"有时候一群孩子聚在一起说脏话也不要紧。他们不是为了伤害别人。他们就是在一起玩乐,一起分享快乐,"她说。但是有一点很重要,那就是应该让孩子们知道谁听到这些话会觉得不舒服,以及在怎样的时机和场合说这些话是不合时宜的。

语言的力量

难听话分为好几类。有的是语气强烈的话(咒骂的话),有的是关于身体方面的词语(关于屎尿的话),或者每个家庭有自己界定的难听话(如"蠢"或者"闭嘴")。 在指定的地点,这些话都可以让孩子自由去说。有些难听话更严重一些，需要用额外的方法去解决，这些话包括刻薄的话（比如起外号）和跟性相关的话。

摘下成人的有色眼镜

不许孩子说难听话是因为我们不想听到它们。言语需要控制，但不是要被审查。撤销"禁令"，你同样可以耳根清净。给孩子一些信息和一定程度的自由，教会她怎样说才得体。孩子理应可以想说什么就说什么——但是是在卧室里或是在浴室里。所有事都分时间和场合，甚至难听话也不例外。

骂人话 = 有力量的话

想一想成年人为什么要咒骂别人。为什么一些话被认为是粗俗、"难听"，而另一些话却优雅得体？大多数人在遇到困难时都需要一种有力的表达方式来发泄心情。如果我们一不小心被车门夹住了手指，或者手机掉进了马桶，即使是性情温和的妈妈也可能会蹦出一两句难听话。漫画《卡尔文和霍布斯》中，六岁的卡尔文说："如果你一句骂人的话都不会说，面对人生中的不如意会更加困难。"当然，一些人平时就喜欢骂骂咧咧，那么咒骂的效果就减弱了许多。只有控制住自己，只在压力过大或极度气愤的时候使用它，咒骂的话才能保持它的强烈效果。

记住这一点可以帮助我们在孩子骂人时保持客观心态。因为，当一个三岁的孩子大喊"你是个**！"的时候，如果我们把这句话当真，我们就会失去冷静。如果你的孩子踩到了你的雷区，赶紧走开。

我们家通常会对不得体的表达进行指导。但是，我的丈夫偶尔会失去冷静，每当这时，我三岁的儿子扎克马上就会沾沾自喜。他很喜欢听爸爸紧张的

> 如果你不希望孩子骂人，你自己也不可以骂人。给孩子示范说"糟了""过分"之类的词，或者试着用"惊天霹雳"这样的新词。

声音。他喜欢新词汇带来的力量和效果。所以他想要亲身实践一下。

一天早上，家里没有了棉花糖米酥。

"该死！"扎克大叫，"真该死！"

"你是从哪儿学的这句话？"我的丈夫问。

咒骂的话对孩子们来说并没有什么意义，但孩子们会被这些话所带来的力量吸引。如果你不希望你的孩子骂人，那你自己就不要骂人。这种方法只能持续到孩子上学为止，因为到了那个时候，他会从同龄人那里学会新的难听话。

厕所脏话

人的身体很奇妙，许多孩子都很喜欢厕所里的噪音和与之相关的词汇。与屎尿有关的脏话对一定岁数的孩子来说非常正常，而且他们觉得这样的话超级有趣。让一群四岁的小伙伴们聚在一起咯咯直笑也没什么不好——你可以把这看作是一种积极的社交方式。大多数大人并没有像孩子一样觉得这些话有趣，所以家长准备好转移谈话地点就可以了。

比如，"幼儿学校"的戴芙老师在教室的一个角落设置了一个"厕所聊天室"，当一小部分孩子特别想说跟大小便有关的粗话时，他们可以到这里来。戴芙老师把那个区域用积木隔开，然后对孩子们宣布说："在这里你们可以想说什么就说什么。如果你们想说跟大小便有关的话就在这儿说吧。"这个聊天室发挥了很好的作用，它为言语自由提供了一个安全而从容的空间。其他孩子和老师也不必听他们都说了什么。聊天角落的孩子们有说有笑，非常快乐。但渐渐地，他们对这个新事物失去了兴趣，别的游戏区域成了他们新的兴奋点。在家里你也可以这样做：划出一个特定区域，让孩子可以自由说笑。

每个家庭特有的难听话

在一些家庭，"闭嘴"是难听话，在另一些家庭里，则可能是"屁股"。如果你有一些不想听到的词，试着指出这类词都是什么。你不喜欢是因为它是伤人、骂人一类的词吗？或者是因为这个词跟大小便有关？给孩子做出表率，说那些你喜欢听的话，对于那些"难听话"，根据它们的类型酌情处理。

为成年人敲响警钟

与大小便相关的脏话或常见的骂人话让学龄前儿童很感兴趣,这是很正常的事,但是如果你的孩子开始说一些限制级的成人词汇,你就要小心了。这说明他正在接触不该接触的事情。你不可能从他的词汇表中除去这些成人词汇(如果他非要说的话,让他在卧室里说吧),但是关于性的脏话,连带其他警示信号,可能是性虐待的一种暗示。调查一下孩子是从哪里听到这个词的。如果这个词的来源令你担心——比如,一个年长一点的青少年或是小区里的某个成年人——你就要注意你家孩子的安全了。

恶意的言语

如果苏西喊萨拉"猪头",虽然事关语言,但是更多反映的是她的愤怒和伤心。她选用了什么词不重要("这样可不好,你不该说'猪头'!"),重要的是这个词所表达出来的心情。你可以说:"听上去你很生萨拉的气!发生什么事啦?"利用调解冲突的方法解决这件事。

如果被骂的人是你,又该怎么做?当充满恶意的言语从自己孩子的口中说出,这真的很伤人。深呼吸。无视他的语言,指出他的感受:"你不能再多吃一块饼干,这让你很生气。"更多内容请参见**法则 6**:"我恨你!"并没有针对性。

试试这个——加进你的工具箱

就算你不在家里骂人,有一天你的孩子也会知道这些骂人的话。如果不想听到这些话,你可以这样做。

变得迟钝

孩子们喜欢受到关注。如果孩子发现一句骂人的话就能让你暴跳如雷,那真是太有趣了!不要让他太兴奋。迟钝一点,保持冷静。用与平时一样的语气简洁回应即可。如果没办法保持冷静,走开就好。不要让孩子从你的反应中得到乐趣。

换个地点

如果孩子说脏话或者吃饭时说与大小便有关的话，给他一个选择，让他换个地方去说这些话。浴室是一个好地方。他也可以在卧室里关上门来说，或者出去说。允许他想说什么就说什么，不过要换个地方。这种方法保护了你的权利——你不想听见这些话——又可以避免掉入限制别人说话的陷阱。比如，你可以说："如果你想说那个词，那就去浴室里说吧。你想说几遍都可以，但是不可以在吃饭时说。"

给出信息

有一天，我五岁的儿子从学校回来。
"我学了一个难听的词，"迈尔斯说。他看了我一眼，眼睛闪闪发亮。
"为什么你觉得这个词难听呢？"我问。
"因为凯蒂不许我说。"
"这个词是什么？"我问。
"牵引，"他骄傲地说。

在孩子看来，难听的词汇具有非凡的力量，尤其是在他们不懂这些词的含义的时候。大多数孩子也确实不懂。对孩子而言，他们的用词受到严格的审查，但却没有人为他们做出解释。一群小孩子因为几个难听的词就乐得咯咯直笑，他们互相传递的却是错误的信息。记得小的时候，有一天，我在车里试着说了一个难听的词。妈妈沉默了一会儿，然后告诉我这个词是母狗的意思。我立时就感到非常失望。知道了一句话的意思会剥夺了这句话的魔力。

当你第一次听到孩子说了一句难听的话，帮助她从这句话的魔力中走出来。解释一下这句话的意思（参见**法则 26：性教育要从学前开始**）。告诉她："你随时可以问我那些词的意思，我会告诉你的。"和孩子交流，告诉他们这些词在哪些场合可以说，哪些人不喜欢听。消除它们的神秘感，给孩子更准确的信息。孩子喜欢学到更多东西——没有人喜欢活在不尴不尬之中。

求助科学

如果你的孩子对脏话感兴趣,这可能是因为他需要更多的信息,想知道自己的身体是怎样运作的,哪些是私密部位,哪些不是。找一本关于人类身体的书跟孩子一起阅读。告诉孩子哪里是消化系统,指出身体的哪些部位属于私密部位。教会孩子一些新词。告诉孩子"屁股"是"臀部"的别称。那"食道"这个词呢?孩子喜欢比较长的单词,说"食物消化道"这样的词会让他们觉得充满力量。用科学的方法可以减少淘气孩子的那股兴奋劲。

创造新的力量词汇

有一天,我六岁的孩子在早餐时间骂人,对此,我只是微微一笑。他新学了一句骂人的话"泡菜疹子",他在检验这句话的效果。

鼓励孩子创造属于自己的强有力的表达。如果孩子模仿你一不留神说出来的限制级词汇,你可以试试这样做:"这是个语气很强烈的词。妈妈非常生气的时候会这样说。你也需要一个语气强烈的词吗?"帮你的孩子想出一个只属于她的特殊单词。

这个年龄段的孩子富有创造力,拥有一个属于自己的词会让他们非常高兴。我知道有一家常说"糖果直升机"。我丈夫小的时候经常在生气时喊的词是"漏斗汉堡"!我的儿子扎克喜欢喊"削他!削他!"迈尔斯则更喜欢长单词:"泡菜疹子""布拉普冰冻",有时是"河马热能!"这些词让孩子感到有趣,同时既有力又可控。"这是我的专属词汇。"迈尔斯会这样和他的爸爸说。"你不能说这个词,它是属于我的。以后我说'泡菜疹子'的时候你就会知道我非常生气!"

用另一种语言的词作为替换也是很有效的方法。我见过一个六岁的孩子生气地用德语骂脏话。"Scheiss!"他用德语大叫。这是他自己的密码词汇。缅因州很少有人会讲德语,因此他使用这个语气强烈的脏话是相对安全的。很多孩子喜欢这个办法,因为这样更"真实"。

留意种族主义和性别歧视的苗头

如果你的孩子说了一些带有种族主义色彩或者其他歧视意味的攻击

性词汇，请予以密切关注。这可能是危险的信号。孩子到底是从哪里学到这个词的？他和谁一起玩？你关注你家孩子的安全了吗？如果孩子用歧视的话给别人起外号，挑起争端，你需要先解决冲突，然后弄清楚孩子到底是从哪里学到的这些话。

孩子说了其他脏话，大多数是因为他们的无知，因此大人应该提供信息引导孩子，并要设立严格的社交限制。比如，我的儿子迈尔斯喜欢虚构一些国家，给它们起名字。有一天，他给一个虚构的国度命名为"Nig-ger"。我告诉他这是一个真实的单词，并解释了它的意思。"对那些黑皮肤的人来说这是一个非常不礼貌的词。这个词侮辱性很强，所以人们，甚至是大人都再也不说这个词了。它非常伤人。"根据你家的种族背景，你可以用不同的方式来解释。

试试这么说

如果你想说那个词，就去浴室说吧。
你想说几遍都可以，但是不能在吃饭时说。
你知道这个词什么意思吗？我可以告诉你。
你随时可以问我那些词的意思，我会告诉你的。
咱们来聊聊那个词在什么场合可以说，什么场合不可以说。
听上去你好像对人的身体机能很感兴趣。
这句话是大人们在非常生气的时候说的。
你也需要一个语气强烈的词吗？你非常生气的时候会说什么呢？

避免说的话

在家我们不说这句话。
这个词不是你能说的。
不要再让我听到你这样说！
不许这样和我说话！

家庭之外

有时，把孩子打发到浴室并不是唯一的选择，你可能很难随时找到浴室这样的私人空间。但是你可以找一个私人空间来代替卫生间。让你的孩子出去，坐在车里，或找一个没人的角落让孩子说想说的话。另一种方法是推迟。"回家以后在卧室里你想说多少就说多少，但是现在在商店里你不可以说。"孩子如果知道他们还是可以做自己想做的事的，只是晚一点点，他们通常会配合的。不管你在哪儿，记得要关注孩子的感受。

法则 25 爱上孩子的谎言

如果你想在从一个三岁孩子口中听到"诚实"的回答，那你还得再等四年左右。虽然孩子们从两岁开始就会说谎，但大多数孩子是从四岁开始习惯性撒个小谎。想让孩子们真正理解道德、诚实和良心还要等些时日。

不要执着地去了解真相。当谎言出现时，利用它们引导孩子坦诚交流，提高他们的自我意识。小孩子说谎的原因有很多，但大多数是为了取悦父母——所以，不要为此生气。

"叛逆"的原因

小孩子说谎是为了表达他们的愿望并想控制自己的世界。

你的反应比孩子的谎言更重要。

当一个三四岁大的孩子第一次说谎的时候，所有人都会大吃一惊：

"我洗了。我洗过手了。"

"不，不可能，这儿根本没水。别对我说谎。"

当孩子说了谎，我们会气得跳起来。说谎让我们很不高兴。孩子们说谎时我们总想通过批评来教会他们诚实做人。

说谎是成长过程中自然而正常的一部分，尽管孩子说的不是事实，但这些谎言并没有恶意。如果你关注一下孩子们的谎言，你就会发现孩子们在努力哄我们高兴。"我该说些什么才能让妈妈高兴？她希望我洗过手了。我可以说，'是的，我洗过手了。'"孩子说我们想听的话让我们高兴。他们也会为了摆脱麻烦或得到自己想要的东西而说谎。孩子们说谎也可能是为了开玩笑或者为了验证什么而说谎。孩子们试图用自己的语言改变世界，使世界变得像他们心中幻想的那样。

摘下成人的有色眼镜

当一个小孩子"说谎"的时候，她是在尽最大努力说她应该说的话。这并不是一种道德危机。她在努力让你高兴，同时也在保护自己。她不是故意隐瞒事实来气你，也不是想"变坏"。惩罚不能杜绝谎言（孩子通过撒谎逃避惩罚）。相反，让你的孩子知道你喜欢他们说实话，孩子就会改正说谎行为来让你高兴。

小孩子的谎言其实是一种愿望或是一种情绪。说谎是孩子们通过语言控制自己的世界的一种复杂的尝试。家长需要意识到孩子为了说出正确的话所做的努力，同时教会孩子应该如何去做。

"叛逆"的收获

那些说谎时未被羞辱或没有受到惩罚的孩子会渐渐学到这些有意义的人生道理：

我的父母喜欢我说实话。这让他们高兴。
愿望是美好的，但却不能改变事实。
就算你做了错事，它也不会让你变成坏人。
我们很难承认自己错了或者做了错事，但是我能做到。
告诉父母一些事也没关系，就算是难以开口的事也可以。

为何有效？

我们有足够的理由喜欢这些"小骗子们"。心理学家维多利亚·塔尔瓦和其他专家正在做相关的研究，他们发现，孩子们通过说谎来使父母高兴。我们越了解说谎，就越会发现这是一种复杂的社交技能，通常是自我保护和取悦他人的一种结合。孩子们更改了他们的"故事"来哄大人们高兴。

孩子们会用他们认为最好的方式来回答问题，以此逃避惩罚，使人开心，并得到对他们最有利的结果。巴里·布雷泽尔顿说，要求三到六岁的孩子理解诚实的益处是不合理的。

想一想我们为什么推崇诚实。诚实的人际关系使我们可以生活在一个公正、互相关爱的集体中。谎言会伤害他人。但同样，过度诚实也是如此，这就是为什么许多成年人认为善意的谎言是一种关心和尊重。如果你想教会孩子诚实，在以身作则的同时也不要忘了关心同情他人。

惩罚不是道德教育的好方法。不论如何，道德关注什么是好的、正确的，以及众人和睦是一件多么美好的事。孩子们（还有成年人们）说谎的主要原因之一是保护自己免受惩罚。塔尔瓦的研究证明，惩罚不能杜绝谎言。相反，孩子们会变得更加善

> 说谎不会让孩子陷入道德危机。孩子的道德感会在该出现的时候展现出来。

于说谎。虽然孩子们会意识到说谎不好，甚至可能会因此受罚，但是他们不会停止说谎，反而会更加努力地使谎言不被看穿。他们说谎的本事反而会更上一层楼。

说谎的能力也意味着孩子们可以从他人的角度思考。"我弄洒了颜料。但是她不知道——她没看见这是我做的。"虽然这种从他人视角看问题的新技能最终可能以谎言的形式呈现出来，但这也是孩子学会设身处地为他人着想的重要一步。家长可以引导这种刚刚萌生的道德感，但不能操之过急。复杂的道德推理的形成需要大脑机能的进一步成熟。

小孩子有能力说谎吗？

多年以来，研究儿童心理的心理学家们认为六岁以下的孩子是不能说谎的。他们的认知能力还不足以让他们拥有说谎的能力。现在，人们普遍认为孩子确实会说谎，但最多是一些不经意的谎言。六岁以后的孩子才会有意识地说谎，此时，孩子们的心智已经发展到足以编出一个连贯的故事，即使如此，孩子们的道德观念也仍未成熟。

来自哈佛大学的精神病学家罗伯特·科尔斯对儿童的道德进行了深入研究。科尔斯在他的著作《孩子的道德智慧》一书中写道，儿童的道德推理能力要等到他们七八岁的时候才完全成熟。但是，成年人可以在这个过程中引导孩子，就像引导他们的情商发展一样。澳大利亚的研究人员凯·伯西证实，虽然孩子在两到三岁时就开始试着说谎，但是他们到了八岁才会完全理解什么是事实，并明白说实话会让人感觉更好一些。

孩子的谎言有自己的特点。两三岁的孩子会混淆事实和幻想。四岁及四岁以上的孩子可能会意识到他在说谎，但还不能理解诚实之类的复杂概念。

如果我们可以这样看待孩子说谎的行为，说谎这件事就显得不那么可怕了：这只是孩子取悦家长的一种尝试。孩子通过说话来尝试新技能，来保护自己不受伤害。当你这样想的时候，就不会那么生气了。你不会再觉得遭到了背叛，受到了伤害。你可以用积极的方式教育孩子——试着理解你的孩子——而不是因为孩子说谎而反应激烈。

谎言是孩子愿望的呈现

如果你停下来仔细倾听，就会发现小孩子从早到晚都在表达一些无害的愿望。我的儿子扎克想在家里吃黏黏的波普西克尔冰棒。因为他每次吃冰棒都滴得到处都是，波普西克尔冰棒已经被列入我家食品的黑名单。今天，扎克很想在屋子里吃一根。

"外面下雨了，"他说。

"不，没下雨。外面天气好着呢。"

"外面下雨了！是湿的！是湿的！我只能在屋子里吃。"

扎克只是在表达他的愿望，或者希望奇妙的想法能够实现。他说"外面下雨了"，这并不是在说谎，他只是在表达自己的愿望并试着通过语言控制自己的世界。

下面是一个在如厕训练时孩子常见的"谎言"：

"你刚才拉臭臭了吗？"父亲问。

"不，我没有！"两岁的孩子回答。

"我闻到了臭臭的味道，"父亲说，"我需要给你换尿布了。"

"不，我没有！"只是一种愿望。你的孩子可能在想，"我希望我没有。我还想继续玩。"

在这种情况下，试着解读孩子的愿望。透过孩子的语言发现他们内心真实的愿望，帮助孩子把真正的想法表达出来。例如："你还想继续玩。你希望自己没有拉臭臭。但是你确实拉臭臭了。我们稍微休息一下，然后马上回来接着玩。"

大多数家长对关于天气变化或者是拉臭臭的谎言并不在乎，但是对那些破坏规矩的谎言却难以接受。对孩子来说，这都是一回事。当她打破规定或者编故事来掩盖"罪行"的时候，小孩子同样是在试着表达愿望，满足自己的需要。

不要责备，不要设陷阱

"灯是你弄坏的吗？"

"不是。"

"别对我说谎。我看见你的乐高玩具飞机撞到了它。"

以上就是一种常见的谎言陷阱。我们已经知道孩子做了什么，但我们不由自主地询问孩子，希望得到"诚实"的答案。这会带来一场关于谁对谁错的较量，但这是没有必要的。如果你已经知道究竟发生了什么，就不要问："这是不是你做的？"

对小孩子来说，说"不"是为了试着保护自己并让你高兴。就像上面那个臭臭的尿布的谎言一样，这个孩子希望他没有把灯弄坏。他希望是别人把灯弄坏的。他可能是因为害怕受到惩罚。最重要的是，他不想失去你的爱。

"不"的意思可以是：

不——我希望我没有弄坏它。
不——我希望这个问题是别人引起的。
不——我不是坏孩子，我不是那种做坏事的孩子。
不——我会说我没做过，这样你就还会爱我。
不——我不想受罚。

没人喜欢受到责备，即使责备有理有据。当孩子陷入困境，不知道如何摆脱时，他们通常会通过说谎将自己与不好的行为划清界限。当孩子们感到陷入困境，他们就会这样回应。"我没做！"或是，"是棕色泰迪熊做的，不是我！"大人要教会陷在困境中的孩子该如何去做。说明情况，提出问题，引导他们正确解决问题。可以这样做：

"我看见灯在地上。"
"是呀，刚才它掉了下来。"
"据我所知灯可不会自己掉下来。"
"它就是自己掉下来的！我看着它自己掉下来的！"
"要是你弄坏了什么东西，你必须和我说。"
"我没有。"
"我猜你希望你没做过。"
"我希望我没做过。我就是稍微碰了它一下。我不知道它会坏。"

当你表示理解时，孩子通常会告诉你发生了什么。当我发现迈尔斯闯了祸，我刚说完："我猜你希望你没这样做过。"他马上就会把事情告诉我。这就像魔法一样，事情的真相会自动浮现出来。

引导而非责骂

有一天我看见三岁的扎克空手在玩。他的右手沾满了白白的光滑的东西，他一看见我，就赶紧把手往裤子上擦。我的丈夫刚刚粉刷了什么东西，他把刷子和油漆罐忘在了仓库里。

"那是什么？"我问。

"什么也没有。"

"看上去你动了爸爸的油漆，"我说。

"我没有，"扎克说。

油漆的痕迹在他的海军蓝裤子上非常显眼。

"嗯……"我说，"我们去看看。告诉我油漆在哪儿。"

扎克小跑到油漆罐旁边，把他用手指蘸油漆的地方指给我看。他帮我把弄脏的地方打扫干净。

在孩子说谎的时候，控制住你的怒气。就算你很生气，声音也要保持自然。孩子们说谎是因为他们希望父母不要生气（即使没有其他惩罚）。告诉他如何补救，让他懂得说实话会让你高兴。

不要抑制孩子的创造力

当孩子讲了一些明显不靠谱的故事时，不要担心对错。只要享受故事就好（我的独角兽住在树下，每天晚上她……），然后表扬孩子的创造力。"那后来独角兽做什么了？"这个年纪的孩子拥有天马行空的想象力，富有想象力的孩子可以创造出精妙的幻想世界。我们没有必要指出哪些故事是不"真实"的。如果闯了祸的孩子试图让她想象出来的朋友替她受批评，那就帮助她正确处理自己的错误。

试试这个——加进你的工具箱

不要忽视谎言

处于道德发展阶段并不是说谎的通行证。尽管两岁大的孩子可能分不清真话和假话，但是四到六岁的学龄前孩子已经懂了一些。当小孩子说谎的时候不要忽视这件事，而是要根据他们的年龄阶段具体引导，让他们对此形成正确的态度。

　　教会孩子如何处理问题和错误，如何化解尴尬的情绪，在年纪还小的时候练习坦白事实。孩子可能还没有完全形成道德推理能力，但是却可以开始养成好习惯。谎言通常和恐惧、嫉妒、挫折或羞愧等让人不舒服的感受有关，帮助孩子克服这些不好的心情。孩子们希望得到你的理解。越是在安全的环境中，孩子越能很好地练习，承认自己的过失，她长大后也越会成为一个坦诚的人。

化解谎言的步骤

　　1. 描述你所看到的。（我看到墙上有红色的蜡笔印。）

　　2. 提供信息。（墙不是用来写字的。如果你想用蜡笔，应该在纸上写。）

　　3. 说出孩子们的愿望。（我猜你希望事情是这样发生的。）

　　4. 换位思考。（我不喜欢犯错。要是我犯错了，我会不开心，我会希望是这别人做的。）

　　5. 如果条件允许的话，给孩子安排一个任务，让他弥补过失。（拿条毛巾或者拿把扫帚来。）

　　6. 一起解决问题。（我们可以做些什么来帮你记住它？写一个提示，"不要碰鱼缸"，把诱惑转移到其他地方，等等。）

　　用同理心来引导孩子，然后一起解决问题。你想让孩子知道到底错在哪里，并且以后不犯同样的错误。你也希望出现问题的时候孩子会告诉你发生了什么，即使（或者尤其）是让她感到难以开口的事情。保持冷静，开诚布公地与孩子交流："这种事发生的时候你随时可以告诉我。"所有这一切都有利于孩子正在萌生的道德能力的发展，并为孩子日后的成功奠定基础。

试试这么说

应对小孩子的谎言

你是不是希望……？

我知道你希望事情是那样的。

我知道你希望没做过这件事。

在没有人用电脑的时候很难忍住不去碰电脑。

我不喜欢出错。当我犯错的时候，我希望错误是别人犯的。你是不是也这么觉得？

犯错误的人心里也是很难受的。

做出补偿

要是你弄坏了什么东西，你必须和我说。

虽然很困难，但是把这件事告诉别人很重要。

你可以随时和我说。我不会生气的。我喜欢你对我说实话。

当你闯祸的时候，你需要帮忙弥补。

地板上又脏又乱，我们需要擦一下。

我们可以做些什么来帮你记住它？

避免说的话

你是不是在骗我？

别对我说谎！

我知道你没有说实话。我看到了。

家庭之外

你肯定会听到有人说："别对我说谎！"你也没有必要让孩子完全远离大人对这个话题的愤怒情绪。你的反应才是最重要的。在别人"不许说谎！"的说教声中，用冷静的方式处理谎言。

第七部分

敏感话题

勇气是一种力量,可以让你振臂而呼;勇气也是一种力量,可以让你凝神倾听。

——温斯顿·丘吉尔

法则 26　性教育要从学前开始

我儿子两岁的时候，我就开始对他进行性教育。当一些父母听说此事后，他们都倒吸了一口冷气。

"你是在开玩笑吗？"一个妈妈说道。

"哦，我的天哪，在他 13 岁之前，我是什么都不会说的。"

"我很高兴这还是一个遥远的话题。成人的话题……哎哟！"

当然了，我不会给一个两岁的孩子讲一些具体的细节，但是我们会在一起阅读相关的绘本，我会回答他的各种问题。另外，我也不知道该如何回避这些问题，因为迈尔斯两岁的时候，我肚子里正怀着他的弟弟扎克。

我看了看屋里的这些父母。其中有几个妈妈也怀孕了。他们到底跟家里的大孩子怎么解释这件事，或者怎么回避这件事呢？

"叛逆"的原因

小孩子对于新生命的降生和人类的身体结构非常感兴趣。诚实的回答可以帮助孩子培养起对人的一种健康的观点，并且开启父母和孩子之间开诚布公的交谈。

我在很小的时候也接受了性教育。在我的记忆中，我一直都知道宝宝是怎么来的。这恐怕要归因于20世纪60年代和70年代的性革命，它颠覆了传统的价值观念，很多出版物中都提倡要跟孩子开诚布公地谈论性问题，并且，我妈妈很认同这种观点。

我小的时候，妈妈很坦诚地告诉了我这方面的知识，所以我有可靠而真实的知识信息，并且我也并不为此感到难为情。等我到了八岁的时候，校车上和校园里涌现出很多对性方面错误的理解，而我已经可以从容应对这一切了。

"叛逆"的收获 —

当你一步一步对孩子进行性教育时，亲子关系就很容易建立起来。从孩子开始记事起，你就是一位"有问必答"的父母。你的儿子或女儿将会学到：

我信任自己的父母。他们给我的都是诚实的答案。

任何事情我都能问父母，甚至是困难的事或者私密的事。

有些事我们只在家里谈论。

我身体的一些部位属于私密领域。

我知道我是怎么出生的。我有这方面的知识。

随着我不断长大，我的身体会改变。

生命真神奇。

— —

为何有效？

很多专家认为，"性教育从孩子出生时就开始了。"这句话的意思是，我们从孩子一出生就告诉他们，他们的身体很好，他们身体的每个部分都有名称。性教育专家罗根·莱夫科夫经常出现在"早安美国"和"今日秀"的节目中，他说，即使是在和新生儿以及很小的孩子接触的时候，成年人也会传递给孩子一些关于人类身体的信息。我们要么认为人的身体很棒、很自然，要么认为人的身体很脏、是原罪的产物。奥巴马总统、莱夫科夫博士等等都支持在孩子不同的年龄阶段应该接受适宜的性教育。但是对于两到六岁的儿童而言，什么样的性教育算是合适的呢？

对于学龄前儿童而言，性教育主要就是对人体和人体各部分的认识。小宝宝是从哪里来的？男性和女性身体的区别在哪里？对婴儿的讨论会慢慢引向对人体部位的讨论，慢慢再引向对男女性别差异的讨论，然后再慢慢引向……总而言之，孩子对什么感兴趣，你就跟他讨论什么。

你希望你的孩子：

知道这些事情，并且能得到准确的信息。

不会为自己的身体感到尴尬。

明白哪些是人体的私密部位。

当她提出有关性或者敏感问题的时候就停下来。

摘下成人的有色眼镜

不要回避性教育问题。这绝不是要教给孩子一些乌七八糟的事情。把这看作是一堂生理课，而且是亲子坦诚交流的一个机会。孩子从中知道人体部位的名称，开始理解小宝宝、小狗、小猫是怎么来的。早点开始性教育可以让孩子知道，如果他有任何问题，他都可以来问你。这样你就有机会在以后继续与孩子分享你的知识和价值观念。

性教育要从小开始

我五岁的时候，被家中书架上的一本书深深吸引。这本书里有很多图片，封面是紫色的，里面的故事充满了神奇色彩，让人难以相信（我怎么可能比一个铅笔画的句号还小呢？）。这本书就是安德鲁·安德瑞和斯蒂文·赛普合著的《宝宝是从哪儿来的》。书中文字典雅，循序渐进地介绍了受精和受孕的过程。作者从花开始说起，然后说到鸡、狗，最后才是人类。等故事讲到人类的时候，我已经知道什么是卵子，什么是精子，它们在哪里汇合在一起，小宝宝又从哪个通道生出来。这没什么可奇怪或者可怕的，反而让人觉得很自然，很神奇。

> 如果孩子已经长到可以问问题，她也就长到可以接受诚实的答案。

幸运的是，这本出版于1968年的书在1984年的时候再版。现在，你还能在网上书店里找到它。立体的图片很好地展示了书中的内容，不需要你很费劲地去解释那些生理事实。书的作者非常了解学龄前儿童，他们知道这个年纪的孩子想知道什么，就在书中呈现什么，仅此而已。

当然了，现在有很多关于学龄前性教育方面的书，但是此类书大都倾向于以卡通的形式呈现书中的内容，仿佛跟性相关的话题总是让人感到尴尬，所以只能以卡通书的形式展现出来。这会让学龄前儿童有些难以理解，卡通并不能真正帮助他们理解这些问题。有趣的卡通图书更适合年龄大一点的孩子（小学生），他们会欣赏到书中的这份幽默。对于学龄前儿童，坚持简单的原则，但是要早一点开始。

性教育越早越容易

小孩子不明白为什么大人会对身体的某些部位大惊小怪。三岁的孩子对性不会有任何尴尬的感觉，因而让谈论这个话题更为容易。这个岁数的孩子特别注重事实。如果跟孩子谈论有关性的问题会让你紧张的话，那就早点开始这个话题。这样你就可以练习说那些让你难以启齿的词，比如"阴道"或者"精子"，并且孩子会对此表现得十分宽容。

进行健康的性教育的机会到来得很早。"如果你六岁的孩子过来问你一些问题，并且得到了诚实的回答，那么她就知道自己在青春期的时候可以跟你无话不谈。如果她在六岁的时候还不能跟你谈论这些问题，那么她以后也不会来跟你说这些私密的话题。"在一年级担任性教育课的戴芙·巴里尔老师说道。早点讨论人体和性会让每个人都轻松一些。虽然青春期看似还很遥远，但是等到那个时候，如果你已经打好了性教育的基础，你会省力很多。

早点进行性教育，你就会掌控孩子所接受到的关于性的信息。你的孩子可能会遇到性知识丰富的伙伴，也可能会遇到很无知的伙伴，这些孩子有人目睹过自己弟弟或妹妹的出生，有人在碰到这类问题时被家长告知"别作声"，但是却无比渴望弄清楚到底是怎么回事。如果你不对自己的孩子进行性教育，那么肯定会有人来做这件事。为什么不让自己成为那个受孩子欢迎的权威呢？

有问必答

劳拉从幼儿园回来，肚子里装了一堆关于性方面的问题，她的妈妈感觉要爆炸了。

"那个词是无知的人用来形容已婚夫妻的，你不许再说这个词！"

我们中的大多数人接受的基本都是这样的性教育。没有什么例子可以效仿，最简单的方法就是缄口不言。你要相信，自己会找到一个方法来解决这个问题的。找一本书，如果你觉得难为情，先练习一下，大声说出一些人体解剖学方面的词汇，最重要的是，要让自己成为一个孩子可以求助，并且欢迎孩子问问题的父母。这不是讲座，只是一个讨论，接受他们的好奇心。其实想要鼓励孩子问问题，认真倾听孩子的问题就好。

试试这个——加进你的工具箱

在家进行性教育

你在杂货店买东西，前面有个孕妇把一瓶意大利面酱放在结账处，这个时候，你的孩子突然问道，"宝宝是怎么进到她肚子里的？"

对这样的问题过后再给孩子解答，你没有必要在公共场合给孩子讲什么卵子、精子、性交等等。延迟回答他的问题，但是不要回避问题。

"那是一个很重要的问题，亲爱的，我们在回家的路上再说这个事情。"

让孩子知道你听到了他的问题，并且认为这是一个好问题，你计划跟他说这个事情，"这是一个很大的问题，我希望我们能有足够多的时间来说。等我们回到家，我就告诉你关于小宝宝的事情。"即使跟孩子解释关于生宝宝的这些生理问题让你觉得难为情，你也要信守诺言。一旦你从杂货铺回到家中，把牛奶放进冰箱，就要直接回答他的问题。

当然了，如果你在公共场合也能自如地回答关于性方面的问题，那就告诉孩子。尽快解决孩子的问题最好，这能充分抓住教育时机，并培养一种健康的、鼓励提问的氛围。

弄清问题

弄清楚孩子想知道什么，只要回答他的问题就可以，不要给他过多的信息。你可能以为自己正在进行一个大讨论，但是孩子往往只需要一个简单的回答。孩子提出的关于性方面的问题往往都有误导性。

"你问宝宝是怎么出来的，你是想知道宝宝是从哪里来的吗？"弄清楚孩子真正想问什么，她想弄清楚什么事情。她可能还不关心宝宝是怎么进到妈妈肚子里的，只是想知道宝宝待在肚子里的什么地方，从什么地方出来。对一个问题，给出一个简单的回答，然后停下来看看孩子是不是还有更多的疑问。

当孩子提出关于性方面的问题时，你可以问她："你是怎么想的？"这样的问题会给你争取一点时间，让你理清思路，帮助你弄清楚她对这个事情的理解程度。如果她回答说，"宝宝是从医院里抱来的"，那么你就能知道从哪里入手来回答她的问题了。

承认你的紧张

如果这个话题让你有些不安，孩子可能会知道这一点。你要做好心理准备，承认自己的紧张情绪。告诉孩子，"我小的时候，我们是不谈论这些话题的，我不知道该怎么跟你说，这让我感觉有些紧张。"大多数孩子会观察你的身体语言和说话的语气，所以不要掩饰。告诉孩子这件事对你来说也很难。如果可能的话，把这件事看作是一件让大人和孩子都受益的事，你正在给孩子示范一种开诚布公的关系。这样有一天，孩子也会把自己认为很难说出口的事情跟你一起分享。

男孩和女孩：性教育要涉及两种性别

"你的阴茎呢，妈妈？"

很多孩子知道男孩有阴茎，而女孩没有。记住，告诉孩子，女孩子也有自己独特的性器官。男孩和女孩都要知道，两个性别都有自己独特的性器官，不要总是关注对方没有的。你可以说："男孩和女孩的身体构造是不同的，男孩有阴茎，女孩有外阴。""男人和女人都有乳头，但是女孩的乳头会发育成乳房。""女孩身上有三个小洞洞，男孩子身上有两个，每个人都有小便和大便的洞洞，但是女孩子有一个专门生宝宝的洞洞。""女孩有一个子宫，以后小宝宝就在子宫里面长大。"

男孩子也应该了解女孩子的身体结构，反之亦然。告诉你儿子有关阴茎的事情很正常，但是告诉他女孩子的外阴或者阴道似乎有些尴尬。但是我们要告诉孩子异性的身体结构是什么样的。比如说，很多小孩子在厕所里会看到妈妈的月经血，这让他们非常担心。不管男孩女孩都给一个简单的解释，如果他们继续追问，就多告诉他们一点。"女孩子长大以后就会有月经。月经是红色的，因为里面主要是血，但是一点也不疼。女性的身体就是这个样子的。"

强调公共场合和隐私部位

这是个比较难办的事情。对那些喜欢在公园里面突然就脱裤子光屁股的孩子来说，很难分清公共场合和私人场合。我儿子六岁的时候在游乐场被蚊子叮了，他当众把裤子脱了挠痒痒。教会孩子区分公共场所和私人场所涉及两个方面的内容：私人场合和隐私部位。

私人场合：你愿意在杂货店脱下衣服吗？在医生的诊室呢？在厕所或者你的房间呢？在家里的客厅光溜溜的是可以的。说出一些具体的地方，问孩子问题，帮助孩子弄清楚什么是公共场所，什么是私人场合。

隐私部位：隐私部位就是游泳衣所遮盖住的部位。不断跟孩子强调，谁可以碰他们的隐私部位，谁不可以，也可以把孩子自己包括在里面。这是教会孩子什么是善意的身体接触，什么是不好的身体接触，也

借此教会孩子，如果他不喜欢别人摸他的时候他该怎么做。记住，孩子们有的时候会玩扮演医生的游戏，大多数的时候，这类游戏都很单纯，是孩子渴望探索知识的一种表现，但是如果孩子之间年龄差距比较大（比如一个九岁的孩子和一个五岁的孩子一起玩），你就要注意是否存在力量上的不均衡。

只限于成人

跟孩子强调，性交和其他性行为只限于成人。孩子可以知道这些事情，但是他们也要知道他们要在成年以后才能有这样的行为。"等你长大以后，你的身体就准备好了。小男孩和小女孩不能有性行为。"这些信息也是一种安全教育，让孩子警惕性虐待。

书本是好朋友

想让孩子多了解一些关于小宝宝和人体结构的知识，书本是最好的帮手。书中会给出相关的词汇和图片，帮助你说出那些难以出口的词，另外书中还会给出一些你所不知道的内容。对于你不知道的内容，直接跟孩子说，"我也不知道"，然后找本书来。不过，跟孩子一起阅读之前，你要先看一下书的内容。虽然很多书标注适合学龄前儿童阅读，但实际上更适合小学生。书的内容不要太复杂，有基本的信息即可，找那些既有一定信息，又能让孩子自如接受的书。记住，你不仅仅是在提供信息，你还在传达一种态度。现在关于性教育的书很多，你可以选择一本适合你家孩子需求以及你家风格的书。

父母还需要找一些稍微有点深度的资源，这样你就可以更好地应对学龄前阶段可能出现的跟性相关的问题，包括扮演医生、手淫、媒体信息以及性虐待。网上有很多免费的书，比如《从出生开始：性教育指南》《五岁之前》，这两本书都是由美国性教育委员会出版发行的，里面有很多有用的信息。

重复

很多家长也会跟青春期前的孩子坐下来谈论"成人话题"，但是，这样的谈话经常是一次性的。结果，每个人离开房间的时候都是面红耳赤，长舒一口气，这件事终于过去了。但是这种做法会导致很多问题没有得到解答。

如果你把性教育当作是人生中需要持续学习的一个事情，你的孩子在不同的年龄阶段就会提出很多有意义的问题。即使你已经对五岁的孩子解释了一切可以解释的内容，但这件事还是没有结束。孩子在不同的年龄阶段会接收他们当时需要的信息，因此他们需要不断地回顾这些信息。比如，很流行的"我们的一生"（our whole lives）性教育课程，就是针对不同的年龄段而开设，并且倡导终生的性教育学习。

这个方面的话题无穷无尽。一个三岁孩子的关注点可能是在小宝宝身上，一个五岁的孩子可能对领养或者家庭的类型有些困惑。随着孩子开始使用网络、看电影，媒体信息变得越来越重要。这些都是系统性的性教育的一部分。

如果你能帮助孩子在学龄前接受并理解她的身体结构，那么在她的成长过程中就会对人体形成一个健康的观念。"孩子不应该为自己的身体感到羞愧，""幼儿学校"的创始人珍妮特·斯托克说道，"人体是美丽的——每个身体都是如此。"

学龄前性教育

1. 宝宝是怎么来的

这是学龄前儿童性教育的中心点。这是一个很自然的话题，又是跟孩子有很大关系的话题。

小孩子周围经常会有很多小宝宝，妈妈们也可能会怀孕，他们会看到很多宝宝的照片。告诉孩子们小宝宝是怎么孕育和生长的，在哪里成长，又是怎么生出来的。在孩子小的时候可以谈论卵子和精子，男性和女性怎样分别贡献一样东西来孕育宝宝。

2. 身体部位

孩子需要知道自己身体部位的准确说法——肚脐、鼻子、外阴等等。他们需要知道身体每个部分的功能是什么（这个洞洞是用来小便的，这个洞洞是用来大便的，这个洞洞是以后宝宝出生的通道），也要告诉孩子异性身体各部分的名称，两性身体有什么不同。孩子也需要知道他们的身体会随着他们长大而发生变化，以后他们会看起来像成年的男性或女性。

3. 隐私部位和安全

孩子可能一时难以区分哪些部位是隐私部位，哪些是可以触摸的。告诉孩子什么是隐私部位，哪些部位别人可以摸，哪些部位不可以。告诉孩子隐私部位就是游泳衣盖住的地方，如果有人触摸他们的隐私部位，他们需要立刻告诉你。

4. 让孩子好奇的一些问题

孩子提出一个问题，说明他有知道答案的需求。鼓励孩子提问。尽你最大的努力探索他感兴趣的问题。不要回避这些问题——这个年龄的孩子会对宝宝的身体非常感兴趣，他们也会认为性交、亲吻或者其他性行为是很恶心的事情。

试试这么说

对问题的反应

我很高兴你问了这个问题！

那是一个很大的问题，让我想一想。

这是一个很重要的问题，我们一会儿在车上再谈论它。

我想我们需要很多时间来说这个问题。我们到家后我会回答你的问题。

回答问题

你是怎么想的？

你在问（根据孩子的具体问题补充）。你想知道什么呢？

每个人都有一个小便和大便的洞洞。女孩还有一个洞洞，是长大以后生宝宝用的。这个洞被称为阴道。

我想知道你为什么问这个问题。

我回答了你的问题吗？

你还有其他问题吗？我们找本这方面的书看看吧。

这种行为很私密。在房间里可以有，但在操场上不行。

避免说的话

小宝宝在她的胃里长大。

宝宝是爱的结晶。

是天使（仙鹤……）把宝宝送来的。

那很脏。

好女孩不应该问这些问题。

这很复杂，你还理解不了。

这个跟你无关。

（沉默）

家庭之外

小孩子往往会让你措手不及。你可能希望孩子在家里跟你在一起或者没有别人的时候，再问这些很隐私的关于性方面的问题，但是她可能不会这么做。孩子不分时间和场合，都会说出很多让你抓狂的话。

有时候，别人家的孩子也可能问你一些关于性方面的问题。如果这样，你要确保自己没有越界。最好要尊重其他孩子父母的意见。可以这样对孩子说："这个问题是要回家问你爸爸妈妈的。"

有时候，也可以简单回答一下孩子的问题。但是无论你怎么做，都要告诉提问孩子的父母。"我想告诉你查理问了我家狗狗阴茎的问题，我是这么说的……"如果别人家的孩子问你关于性方面的问题，你要尽快私下跟他的父母交流一下,但是千万不要让任何人感到难为情。比如,不要在他们的孩子面前说这件事:"菲比问了我关于性方面的问题,我告诉她你会解答她的疑惑。"

我六岁的侄子罗宾来看他的表弟时,告诉我,他太爱迈尔斯宝宝了,他想跟他结婚。然后他停顿了一下,问道:"男孩子可以跟男孩子结婚吗?"因为我很清楚我哥哥嫂嫂的价值观念,所以我直截了当地告诉了罗宾我的看法。遇到这种情况,该如何回答,你需要自己判断一下。

你可以跟其他家长一起分享你对早期性教育的观点,告诉他们你很愿意探讨这个话题。有的时候,一些家长很愿意让他们相信的家长来跟自己的孩子讨论关于性方面的话题。如果你的姐姐认为她无法自己跟孩子说这些事情,想让你跟她的女儿讲一些基本的知识,那就邀请孩子的父母一起,找一本相关的书,读给你的侄女听。但是只有当别人主动邀请你的时候,你才可以这样做。

法则 27 与死去的小鸟做朋友

我妈妈的冰箱里经常会有一只死去的蜂鸟,或者是一只红色或蓝色的鸦鸟。如果一只偶然飞进屋子的知更鸟死在家里,我妈妈便会把纤细的小鸟放进一个带拉链的塑料袋,保存在冰箱里,并带到幼儿园给她三岁班里的孩子们看。第二天的时候,孩子们会自己检查小鸟那一动不动的眼睛,并用一根小棍子温柔地拨弄小鸟的羽毛。

"它什么时候会飞走?"他们会问。

"叛逆"的原因

学龄前儿童的一个主要任务是开始理解死亡的概念。

通常来说,三四岁的孩子开始提出一些关于生与死的问题,并对此感到困惑。孩子们经常会把对于死亡的了解融入他们的想象游戏中。比如:

"我们都会死去的,我们会沉入深蓝色的大海,变成很小很小的小人。"

"我把我的骆驼放进一个笼子里,但是它的腿会掉在地上,然后它就死了。"

"索菲的小狗死了,它吃了老鼠药。什么是老鼠药?我正在吃老鼠药……啊啊啊！"

"爷爷去天堂了。他什么时候才会回来呢？"

对死亡的探索是学龄前儿童情商发展重要的一部分，也是这个年龄阶段重要的任务之一。在这个岁数，孩子还不明白死亡的终结性，经常以为死去的小鸟会重新振翅飞翔，或者爷爷会从天堂回来。在幼儿园的时候，孩子们可能会开始问这些问题，但是一直要过好几年，他们才可能会真正面对人终有一死这个事实。要接受孩子为此做出的努力，并尽量给出平和的、适合他们年龄阶段的解答。

莫妮卡是一对五岁双胞胎的妈妈。一天，她看到路边有一只死去的浣熊。一连几天，那只浣熊的尸体一直待在那里，每次她带孩子们外出的时候都会开车从浣熊的死尸旁边经过。她不忍心让孩子们看到这一幕，所以，每次经过时，她都想尽办法转移孩子的注意力，不让他们看到那只死去的浣熊。

对于成年人来说，死亡这个话题让我们觉得很纠结。当孩子问，"我会死吗？"这让我们不得不直面我们自己的死亡。有的时候我们想回避这个问题来保护孩子，因而绕开路边浣熊的尸体。但是幼儿园时期的孩子已经开始思考死亡这个事情，他们自然很想知道一些答案。有很多孩子在很小的时候会失去爷爷奶奶或者姥姥姥爷。有的时候，他们的宠物也会死掉。在孩子必须应对死亡所带来的巨大悲痛之前，家长最好告诉孩子一些关于生命循环和死亡的基本知识。这可以从死去的小鸟开始。

"叛逆"的收获

当你诚实回答孩子关于死亡的问题，帮助她探究死去的动物和植物之时，你就是在帮助她为人生中的变化做准备。

所有生命都有生和死的时间段。树木、小鸟、宠物和人，都是如此。

我之前见过死去的动物，我知道死亡看起来是什么样子的。

我可以跟我的父母探讨这些很重要的话题，他们总是很诚实地回答我。

不用害怕死去的东西，他们只是生命的一部分。

即使有一天我的父母死了，也总会有人来照顾我。

有一天我也会死去，每个人都是如此。

为何有效？

"即使是对那些非常健康的、从来没有生过大病的孩子来说，死亡也有着强烈而持续的含义。最终，这些问题还是会来到。"《孩子的精神世界》一书的作者罗伯特·科尔斯说道。

在孩子的生活中，死亡以多种形式出现，从书中和电影中的人物到路边被踩死的蚂蚁，我们经常与死亡不期而遇。儿童成长专家艾伦·格林斯基认为，关于死亡的谈话可能是一种禁忌，但是学龄前儿童开始思考这个问题也很正常，他们需要一些信息。

如果孩子对这个问题很着迷，那就尽力给她一些客观的回答。如果一个孩子很健康，却经常玩死亡主题的游戏，这可能会让父母感到不安。就像孩子对于秋千、画画或者超级英雄极度着迷一样，对死亡的关注也是孩子成长的一部分。记住，宗教学者还在努力想弄清楚千禧年的终极意义呢，所以，孩子如果有疑问，想要自己弄清楚这些问题也都是正常的。记住你的育儿目标。你可能希望你的孩子：

跟你谈论死亡或者其他很难理解的问题时，不会觉得局促。

培养一种对生命轮回和死亡的理解。

全方位经历人类的各种情感，表达她的想法和感情。

知道你的家族关于死亡的习俗和信仰。

随着时间的推移，培养起一种健康的面对死亡的态度。

不要强求孩子。如果孩子不想谈论死亡或者不想参加葬礼，不要勉强。以后她会有很多机会来探索这个主题的。

> 👓 **摘下成人的有色眼镜**
>
> 孩子对死亡感兴趣一点都不奇怪,这是一种很健康也很正常的现象。你可以直接回答他们的问题或者解释一下生命的轮回。在孩子面对失去亲人所带来的悲伤之前,和他们一起研究一下死去的虫子或者小鸟,可以帮助他们比较温和地接触死亡这个话题。

探索死亡,感受安全

有一天的早饭时间,我丈夫正想着喝杯咖啡,我在想冲个澡后带孩子们按时出门。而此时,我三岁的小儿子扎克正在思考关于死亡的问题。

"我们都会死吗?"他问道。

"是的,所有的人最终有一天都会死的,所有有生命的人和物都是这样。"我回答道。

"我也会死吗?"扎克继续问。

"是的,但是现在你只需要好好活着。"

"但是我还是会死的?"很明显,他一根筋地在想这个问题。

"是的,扎克。"

他停顿了一下,然后把勺子伸进麦片里面。"你也会死吗?"他问道。

我生活中一直听到的话回想在我耳边。我回答道:"是的,亲爱的,但是可能不会是今天,我还计划要活很长时间呢。"

和扎克不一样,他喜欢在吃早餐的时候抛出大问题,我小时候大多是在晚上问我妈妈有关死亡的问题,通常都是在睡觉前,当她给我掖被子,跟我亲吻道晚安的时候。对一个小孩子来说,独自留在一个黑乎乎的房间有点像做最后的告别。我至今还记得,当我最爱的那个人每天晚上消失在黑暗中时,自己内心那种荒凉的感觉。

"你会死吗?"我会在妈妈要离开的时候问她,"你什么时候会死?"

"我不知道,"她很认真地回答,"但是我希望自己能活很久很久。"

她没有给我虚假的保证——这很重要。那个时候的我能够明白她的意思,她希望能跟我一起分享生活,越久越好。有的时候,父母感觉很难对孩子说"我不知道",我们想对孩子说,"我会永远陪在你身边",但这不是事实。所以,你可以说,"我会永远爱你,我会尽最大努力长久地陪伴你。"或者,"无论发生什么事情,我都会永远爱你。"真理是仁慈的,哪怕孩子岁数还小,他们也会接受。

会有人照顾你的

即使孩子问,"你会死吗,妈妈?"你也要做好心理准备面对一个现实:她这么问,并不完全是因为关心你。通常情况下,孩子是在为自己考虑。孩子内心深处的问题是:"那么谁来照顾我呢?"

当我出差的时候,扎克会问我他怎么吃饭。"爸爸会给你喂饭的,"我说道。他的保姆珍妮也会照顾他。"哦,这么多喂饭的人!"他松了一口气。当他知道有人会满足他的需求,他就感觉好多了。

让孩子知道,总是会有人照顾他们的。"如果我不在这里,妈咪会照顾你们。""但是如果妈咪死了呢?"不要被这样的问题吓着,平静地告诉孩子:"我们已经制定了一个照顾你的计划。如果我和妈咪都发生了什么意外的话,杰基姨妈和迈克叔叔会照顾你们的。"对你来说,这样的问题可能很变态,但是小孩子通常会从简单的确认中得到安慰。

你也可以进一步探讨这个问题。比如说,珍妮弗和葛瑞格有三个孩子,分别是五岁、四岁和三岁,他们都想知道父母都死了到底该怎么办。他们知道凯莉姨妈会照顾他们。"但是我们怎么找到她并告诉她呢?"他们很想知道。珍妮弗把自己的通讯录拿给他们,告诉他们可以请一个大人帮他们找到凯莉姨妈的电话号码,并给她打电话。一个切实的计划让孩子感到放心。

大人也会哭

我小的时候有一本图画书叫《大人也会哭》，作者是南希·哈森。我惊奇地发现大人们也会为了各种各样的事情哭泣——即使是他们很幸福的时候也会哭。在现实生活中，我也一直在观察。爸爸在听某首乐曲的时候会流泪，妈妈见到她爱的人时会流泪。

很多年以后，我的朋友丹的爱犬死了，他们把它埋葬在秋千和花园之间的院子里。丹难过至极，我拥抱他的时候他忍不住哭了起来。"我不知道该怎么跟孩子们说，我不能让他们看到我流泪。"丹也有两个孩子，一个五岁，一个六岁。"你可以让他们看到你流泪，让他们看到你为此伤心难过也是一件好事情，告诉他们你爱小狗鱼可，并且想念它。"我安慰他道。

他按照我说的做了。对丹来说，能跟孩子们一起分享自己的感情，并知道这不会让孩子们感到困惑，的确是一件令人欣慰的事情。就这样，这一家人在一起讨论关于死亡的话题，表达他们对去世小狗的思念之情。

如果你需要哭泣，不要在孩子面前表现得那么坚强，也不要回避孩子。他们对情感的理解有一部分来自于对你的观察。如果你在经历一段艰难时光时经常会流泪，确保让孩子们明白：情感会慢慢发生变化的，你不会一直哭下去，但你现在感觉很难过。

伤心的孩子

这一章的内容针对的主要是那些对死亡感兴趣，但又没有真正经历过痛失亲友的孩子。但是如果一个孩子的爷爷、父母、兄弟姐妹或者家里的亲戚去世了，她的需求会很不一样。她可能会很难过，或者感觉很生气、害怕或者愧疚，她会以为在某种程度上，她要为死亡负责。如果看到一个孩子这样面对失去亲人，你要记住，孩子表达悲伤的方式跟成年人是不一样的。面对强烈的情感，孩子可能深陷其中，也可能游离其外，一会儿感到深深的悲伤，一会儿又开心地玩耍。艺术疗法对很多伤心的孩子很有效果，很多其他方法也能帮助家人缓解亲人离世带来的悲伤。

试试这个——加进你的工具箱

家长要接受死亡

如果你像前面所说的莫妮卡一样，想尽办法不让孩子看到路边浣熊的尸体，那么在跟孩子谈论死亡这个话题前，你需要先整理一下自己的信念。孩子们的问题会很直接而且让人不安。很多父母自己面对死亡话题时就感觉不舒服，想要回避这个话题。想想你自己的信念和恐惧。作为父母，你在帮助孩子理解这个问题之前，首先要理顺自己对死亡的看法。

生命的轮回

如果孩子能理解轮流玩耍的规则，那么就可以从这个角度来帮助孩子理解生命轮回的道理。"每个人到一定的时候都会死的，生命的机会就会轮给其他人。而现在是我们活在这个世界上的时间段。"

看看家里的老照片可以帮助孩子以一种不那么可怕的方式来看待生命和死亡。"这是你的曾祖母，她已经去世了，但是她活着的时候，她有一个小男孩，名字叫亨利，也就是你们的爷爷。"

树木花草的轮回提供了一种探讨死亡的安全方式。走在树林，看看那些枯萎的树木、砍伐后的木材，还有树桩。观察花园里凋谢的花，或者花束中干枯的花朵。跟孩子强调说明，所有的生命都处在生死轮回的交替之中。

从虫子和死去的小鸟开始

面对死亡是一件大事。在孩子痛失至亲或心爱的小狗之前，最好从跟孩子没有情感联系的小动物开始进行死亡的探讨。一只老鼠、一只小鸟，或者一条虫子都可以。只要有机会看到某个死去的东西，就给孩子时间来问问题，并且引导他们理解死亡的含义。然后，当孩子真正面对一个宠物或者爷爷的离世时，她就能较好地应付这一切。她已经接触过死亡，用自己的眼睛观察过了。她已经了解过关于死亡的一些最基本的问题，现在，她可以尽情释放自己的悲伤。

找一只死虫子，这很简单，因为一场大雨之后路边经常会有虫子的尸体。虫子不会激发孩子太多的情感，但这是一个谈论生与死的好机会。什么让一个东西存活？我们怎么知道一个东西已经死了？给孩子简单、具体的信息。"死的动物不再吃东西，也不动弹了。"或者，"这只虫子已经死了，它不会伤害任何人了。看，我们可以用这个小棍子戳戳它，但是它不会感到疼痛。"

孩子经常想要改变死亡的现实，他们会去找医生帮忙。比如，一些幼儿园的孩子正在想办法帮助死去的泰沙复活——泰沙是养在教室里的宠物老鼠。

"她需要去看动物医生，"三岁的米罗说。

"她可能会醒过来的。我说的是可能。"三岁的布莱克说。

"死的时候她肯定很难过，"五岁的肯特说。

"如果我给她一点水，她可能会活过来，"五岁的赫雷说。

对死去的动物要温和，要表现出我们应有的敬意，但是做研究没有问题。考虑到死去的动物有细菌，最好不要直接用手接触，但是可以认真观察动物的尸体，用一根小棍子把它翻过来，用棍子轻轻地触摸它。如果是一只小鸟，看看它的翅膀、鸟冠和喙。孩子们看到它不动了，会感到很有趣。

"它很软，我能吹动它的羽毛，"三岁的麦迪森说。

"它的眼睛睁着，但是却是死了，"另外一个孩子补充道。

"我们在研究！"

路边的动物死尸也是很好的教学道具。早晨在路边发现被压死的小松鼠，或者从树上摔下来的鸟宝宝，不要绕道走开。跟孩子说一下。如果你从旁边经过，停下来看一看。它是怎么死的？它还能爬到树上吗？它跟你家里的毛绒松鼠玩具一样吗？一只真正的松鼠是什么样子？孩子们总是担心会被小动物伤到，告诉他们，"不会的，死了的动物不会伤害任何人了。活着的东西可能会伤害别人，但死去的东西不会。"

你可能希望为死去的小动物办一个小小的仪式，并安葬它。这样的仪式会给孩子留下深刻的印象。仪式不仅展现出我们情感的一面，还给孩子树立了一个对活着和死去生命表示尊敬的榜样。猫尾儿是一只猫，被火车撞死了。从处理猫尾儿的后事中，孩子们学到了很多。仪式之后，麦克斯、美伊和美特欧帮助妈妈把猫尾儿埋葬在后院里，它是用一块洗碗布包起来的。葬礼后一星期，孩子们开始讨论猫尾儿，想知道它现在在哪儿。"它去了天堂，"美特欧说。"它可能在医院里，"美伊说。"它在地底下，"麦克斯说。他们请求妈妈把猫尾儿挖出来看看。"好吧，就这一次，"她同意了。他们一起把坑刨开，发现猫尾儿的尸体还是静静地躺在地底下。

关注存在的事实

一群三岁的孩子正盯着一只死去的主红雀看。

"它吃什么？"一个孩子问。

"它什么也不会吃了，"安迪说。

"是的，"老师回答道，"它死了。死了的动物不需要食物了。"

"这是一只死——死——死鸟，"司科特说道。

"这只鸟不会再吃东西，也不会拉臭臭了，它也不会再飞起来了，也不会再坐在枝头唱歌了。"老师说道。

花时间给孩子讲解一些简单的，但是现实存在的死亡事实。让孩子知道死去的动物不再吃东西、不再呼吸或者奔跑，再也不会这么做，可以帮助他们理解死亡的终结含义。大概到了小学阶段，孩子才能充分理解生与死之间的具体差别。

宗教问题

"你死了以后会发生什么？人死后都去了哪里？为什么我们会死？"

如果你有宗教信仰，那就跟孩子自由分享你的信仰，但是要简单，切实回答孩子的问题。孩子还没有上学，宗教的神秘性会让他们困惑。当小孩子听说"爷爷在天堂"，她会以为爷爷出门去了，正在另外一个地方生活。像《水虫子和蜻蜓》之类的书可以帮你跟孩子解释精神转换的一些观点。

如果你的一些观点非常现世，也可以跟孩子分享。如果你对这个问题也不是特别确定，可以直接告诉孩子，"谁也不能确定，"或者，"我不知道，但是我是这么想的。"不管你的信仰是什么，让孩子知道对于死后的事情，不同的人有不同的观点。她也肯定会遇到其他家庭谈论天堂的事情或者对死亡有不同的阐释。

跟小孩子谈论死亡的话题

要简单。只回答孩子当时问的问题。

在孩子失去亲人之前跟孩子探讨死亡的问题。

从死虫子、小鸟或者其他小动物入手来了解死亡。孩子在失去亲人或者宠物之前就可以开始理解死亡的事实和死亡后身体的状态。

给孩子具体解释活着与死去的区别。告诉他们死去的动物（人）不会再活动、思考、呼吸、吃东西或者去厕所。

用"死的"或"死了"这些词来描述死亡，避免委婉语。

不要把死亡与睡觉或者离开联系在一起。生病的孩子经常会错误地认为他们会死去。如果你的家人认识某位病危的人，告诉孩子严重的疾病跟平时的小毛病是不一样的。

跟孩子一起阅读图画书。可以是世俗的，也可以带有宗教色彩。大人要提前读一下，确保适合你的家人。

尽量保持冷静和客观。

阅读资源

很多优秀的儿童图书关注的是悲伤这个主题，包括失去亲人或宠物引起的悲伤。也有一些图画书措辞温和，以提供信息的模式呈现生死之间的轮回。一些书先从植物的枯萎、动物的死亡入手，然后慢慢讲到人的死亡问题。你可以看一下玛格丽特·怀兹·布朗的《一只死去的小鸟》（她也是《晚安，月亮》的作者），拜伦·梅伦尼的《一生》，或者派特·托马斯的《我想你：初识死亡》。

读这些书可以让我们开诚布公地谈论死亡。如果你的孩子没有经历过失去宠物的悲伤，那可以找一本这方面的书给她读一读。在聊天当中你就可以把自己的宗教观点或者世俗观点解释给她听。对于大一些的孩子（八岁以上），娜塔莉·巴比特的经典作品《不老泉》帮助了几代孩子来接受生命的变化和死亡，是帮助孩子理解生命的佳作。

试试这么说

讨论动物的死亡

这只鸟死了。

这个身体已经凉了而且僵硬了，它不会再飞了，也不会再唱歌了，也不会再吃东西了，也不会再拉便便了。

它被一辆车撞了，它的身体被撞断了。

你可以用一根棍子来感觉一下它的身体。轻轻碰碰它。

如果你愿意我们可以把它埋起来。

讨论人类的死亡

她\他死了。

所有活着的生命都会死。

是的，有一天我也会死。是的，有一天你也会死。

每个人都会轮到死的那一刻，也会轮到活在世上的时间段。

现在轮到我们活在这个世界上。

我不知道什么时候我会死，但也可能不要等很长时间。

只要可能我都会陪在你身边。

不管发生什么事，我都会永远爱你。

总会有人照顾你的。

某个东西死后会发生什么？我相信……

让我们找一本这方面的书看看。

避免说的话

嘘！我们不讨论这个，这个话题不好。

不要担心，我不会死的。

我会永远陪着你的。

为什么你说这么多关于死亡的事情呢？想点别的开心事。

家庭之外

关于死亡的对话经常是在私底下进行的，但是一些文化上的冲突还是会存在。一些人不喜欢死亡这个话题，一些人认为跟孩子谈论死亡是不合适的，一些人害怕他们的宗教或者世俗观点不被人倾听和尊重。

如果你遇到一只死虫子或者在操场上看到一只死松鼠，有几家的孩子围在一起观看，一定要注意自己的言行，不要轻易说出自己的观念。坚持事实（它死了。它不会再吃东西了。），并且接受别人提出的任何信仰。孩子们通常会以他们在家里学到的知识来开玩笑。"它现在在天堂里了，"一个孩子可能说。"不，"另外一个说，"它会被埋在地底下的。"或者，"松鼠没有天堂可去，只有人才能去天堂。"保持中立，并提醒所有的孩子："不同的家庭对这些事情会有不同的想法和观点。"

第八部分
现实生活中的"叛逆法则"

你有敌人了?恭喜你。这说明你已经开始有了自己的坚持。

——温斯顿·丘吉尔

法则 28　在游乐场树立几个敌人

我的朋友瑞秋说:"最让我感到头疼的是,孩子们在一起的时候,家庭之间的育儿理念不同。"

还有一位家长说:"我认为自己非常独立,我尽量不让其他人的观点影响我的决定和行为。但是同时,我也觉得自己很难认同他人的观点,自己的观点也很难被别人接受,这让我感觉压力很大。在公众场合,家长的各种消极言论充斥在孩子的周围。"

无论你如何抚养自己的孩子,你都不可能让所有的人都满意。成为父母就意味着在一定程度上要形成一套新的社会关系——不管是在你的家庭内部,还是在社区里面。如果你希望成为一个对孩子有影响力的父母,那么就不要总是很努力地去取悦别人。你为自己的孩子设立限制时要坚守这样的原则;当你遇到其他的父母时也要这样——不用总是费力地去取悦别人,尽自己最大的努力,坚持自己认为对的去做。

"叛逆"的原因

> 如果你是一个"叛逆"父母,你的风格就不可能被所有人喜欢。

有了孩子之后的前两个夏天,我经常带着儿子去游乐场,我总是感觉其他家长的眼光如芒刺在背。在养育孩子方面,他们看起来都是那么得心应手，而我好像完全是一个新手妈妈。

当我推着迈尔斯去荡秋千的时候，如果有别的孩子来了，我就会感到巨大的压力，我到底要不要把秋千让出去？其他家长是如何想的？如果他们不认同长时间轮流玩耍的想法怎么办？如果迈尔斯非要从滑梯底部逆行而上，而其他家长坚持孩子只能从上往下滑，这该怎么办？在公共场合，我感到自己在育儿方式方面势单力薄，这让我非常吃惊。我的那些勇气和坚定都跑到哪里去了？

在这种情况下，家长很容易慌了手脚。我们会感到尴尬，我们希望自己在别人眼中能胜任父母的角色，我们希望能与人为善，尽量不惹麻烦。脱离公众，特立独行实在太难了。在公园里，你是否让孩子荡秋千玩个够而不是立刻让给别人？在祖母家，你是否让孩子玩那些被禁止的超级英雄游戏？无论你使用什么方法，在公共场合按照叛逆法则教育孩子都很困难。

"叛逆"的收获

不管你处于什么立场，只要孩子信任你，他就会有所收益。养育孩子并非是一个赢取欢迎度的竞赛。你要尽可能坚持自己的原则。你的孩子会因此学到：

我的父母不会抛弃我，他们会在公共场合维护我的权利。

不同地方会有不同的规则，这没关系，只要规则清晰就好。

并非所有孩子都会遵守我设立的限制，我可能需要一个大人的帮助。

不同家庭有不同的处事方式。世界上什么样的人都有。

从家庭开始，从小事做起

如果你刚刚开始尝试叛逆法则，请先在家里试一下，这可能会更容易些。关注这些新的方法，以及你与自己孩子的关系。先私下里尝试，避开那些批判的眼光。当你逐渐获得自信，并准备充分，你就可以在公众场合施行叛逆法则了。不仅如此，只要有人否定孩子的权利，都会引起你的注意。我再次提醒大家，孩子拥有：

自由随意玩耍的权利。
自行选择玩伴的权利。
自己选择游戏道具以及游戏主题的权利。
玩的时候不被打扰的权利。
感到安全的权利。
自己的东西不被拿走（被迫分享）的权利。
随意活动并尽情支配自己身体的权利。
户外活动的权利。
充分感受并表达自己情绪的权利。
随便提问并了解周围事情的权利。
对他人行为进行限定以此来捍卫自己的权利。
被倾听，被尊重，权利应该得到成年人持续支持的权利。
按照自己独特的节奏成长，即是遵循儿童成长自然规律的权利。

只要你开始支持这些权利，它们就会成为一种生活方式。在你的家庭中实践这些法则，你就会越来越有自信心。当你对自己的实践充满热情的时候，即使在外面，你也会发现自己不愿放弃。

成为一个"叛逆"父母

如何开始的小贴士

1. 从分享开始

按次序轮流分享,这对于各年龄段的孩子来说都很容易理解。你可以花一两天的时间在家里施行这一叛逆法则,很快就会有效果。尽管一些孩子会为了某个玩具争执不休,但是在日常生活中,这种做法一定会带来很大改变。先在家里尝试,然后再在跟别人家孩子玩的时候尝试。

2. 选择一到两个叛逆法则

关注当下你正在努力克服的困难。我的妈妈说:"如果有什么事让你感到烦恼,那就应该试着去改变。"所以,从这些苦恼开始。不要在一开始就试图改变所有的事。如果你的孩子精力过剩,喜欢疯闹和喊叫,那么就选择一些"激烈的活动"来消耗他的体力;如果你四岁大的孩子喜欢在饭桌上说难听话,那就在自由表达方面践行叛逆法则。在各种选择中,写信最容易实施,并且见效较快。当你能自如运用一个法则后,再开始下一个。

3. 关注黄金叛逆法则

如果你记不住该说什么,那么就想想黄金叛逆法则:只要没有伤害到人或物就没问题。这条法则基本上适用于大多数情境。如果孩子的游戏让你感到不舒服,那就试着换换游戏的时间或者场所。别忘了设立合理的限制:"有什么样的情绪都可以,但是行为需要限制。"

4. 与爱人或者其他支持者分享你的育儿理念

你可以与他人一起分享实践叛逆法则时的各种感受,让别人知道你正在尝试新的方法,并向他们解释本书中的建议。并非每个人都喜欢阅读育儿书籍,但是你拥有的支持者越多,叛逆观点就越容易被接受和采纳。把书放在手边,让你的伴侣可以随时阅读。

5. 寻找有相似理念者的支持

如果自己的育儿理念能得到其他家长的认可,那感觉就太爽了。发现理念相似的家长,大家聚在一起,让孩子们一起在家中玩耍或者在户外活动,一起实践叛逆法则。你会在一些理念比较前卫的幼儿园门口发现这样的家长。另外，别忽略了老年人，许多"叛逆"理念在几十年前是非常流行的，诸如，不为孩子的玩耍设置条条框框、允许孩子疯玩等等。

6. 坚持自己的原则

作为家长，你必须坚决维护自己的孩子，这在养育孩子的过程中非常困难，但却非常非常重要。从现在开始，确定什么对你最重要。一旦进入学龄阶段，你需要知道什么对孩子最好，是少一点家庭作业、换一个新教师、特别加餐，还是延长课间休息时间？你必须变成狮妈或者虎爸，坚决保护孩子的权益。积聚勇气，与已经建立起来的教育系统做斗争并不是一件容易的事。但是这么做的时候要保持礼貌，你慢慢就会发现有越来越多的叛逆家长在支持你。

7. 保持信心

许多叛逆观点在孩子十几岁甚至更大一些的时候还会发挥巨大的作用。尝试新的事物并不容易，但是为了孩子的现在和未来，这些努力是值得的。如果孩子们喜欢你的养育方式，那么当他们自己成为父母的时候，也可能会照旧实施这些理念来养育自己的孩子。因此，你今天的坚持会让子孙后代在未来获益。

试试这个——加进你的工具箱

无论你如何养育自己的孩子，你一定会遇到文化上的冲突。一旦你遵循叛逆法则，比如，不分享也可以、社交拒绝、疯玩以及武器游戏，你就有可能与其他父母的育儿理念产生冲突。冲突不可避免。我们的文化理念主张要尽量避免冲突，所以你会发现，哪怕是轻微的争吵，家长们也会迅速行动，帮助孩子们解决冲突。

在公共场合

两岁大的伊莎贝尔和妈妈正在参观儿童博物馆，她与另外一个小男孩都看上了同一个玩具。但是，还没等伊莎贝尔的妈妈来得及帮助孩子们协调，对方家长已经把自己的孩子叫开了。他们严厉地对自己的孩子说:"你必须要分享,如果不分享,我们就不在这玩了。"伊莎贝尔最终拿到了她一直抓住不放的玩具。

那么,在公共场合,如何践行"不分享也没问题"的哲学呢?由于另外一对父母迅速离开,因此你就没有机会跟孩子说清楚。因为很多家长坚持让孩子分享,所以你有时很难表达自己不同的观点。

公共场合叛逆育儿小贴士

1. 迅速行动

父母们会迅速采取行动来避免矛盾和尴尬。所以,如果你有想法要表达,就必须迅速行动。蹲下来,让自己和孩子一般高,迅速让他们协调自己的矛盾。如果你这样做,其他父母一般也就不会参与干涉了。

2. 大声说出你的观点让所有人都能听到

在管教孩子的过程中养成大声表达的习惯。大声说出来,让其他父母和所有孩子都能听到。这样既可以对自己和自家的孩子强化自己的观点,又可以让别人也知道,你非常清楚自己养育孩子的方法,并对此非常自信。这样,别人也不需要猜测你的想法和行事背后的原因,而那些赞赏你的做法的家长也可以学习你的育儿模式。

你所说的话不仅仅是针对自己的孩子。别小声嘟囔。要把自己的信息大声传达给其他孩子和家长。"我看到你想从他的手里拿走那个球,他还没有玩够呢,他不想给你,他这样做没有什么不对,我不能帮你把那个球从他手里拿出来。"

如果可能,迅速总结你观察到的形势("我知道你们两个都想玩这个玩具"),之后,坚持孩子们的权利("你可以一直玩,直到玩够了")。如果你在公开场合表明自己的态度,那么其他家庭就会明白你的立场。"哦(他们可能想),那个妈妈并没有生我的气,我不需要强迫凯蒂现在就分享,我不用紧张。"大部分成年人都希望大事化小,小事化了。如果他们了解了你的态度,反而提出相反的观点,那么他们就是在制造矛盾——这是大部分家长都不愿意做的。

3. 解释你的观点

选择合适的时机,有礼貌地与其他家长交谈,解释你的行为,寻求他们的理解和帮助。"我们正在想办法帮助凯蒂停止抢玩具,谢谢你支持我。"或者,"我们正在努力让尼克控制自己,我正试着帮助孩子们互相交流一下,请你别介意。"一旦其他家长意识到你正在尝试帮助孩子解决矛盾,或者正在尝试控制自己孩子的行为,他们一般会缓和下来,留下来观望,给你一些空间和机会。人天生就有帮助别人的意愿。

4. 任其发展

并不是所有情况下都能实施叛逆法则。这也不要紧。某些情况可能根本不值得你花力气去尝试,或者,有的时候,你自己也觉得精力不足。并不是每次育儿机会都会如你所愿顺利进行。

5. 设置不同的规矩

如果你自己家能够制定出在家中和在公共场合不同的规矩,你可能会感觉更自如一些。例如,在家里玩玩具枪是可以的,但是在公园不行。在大多数场合,我们都可以轮流玩直到玩够了,但是在儿童博物馆不行——因为那里有太多的孩子都在排队等着呢。在实践中发现怎么做最合适,尽可能提前为自己的孩子设置合理的预期。

6. 解释给自己的孩子听

如果事情并未按照我们的预期发展,或者你在某些情况下改变了自己的育儿方法,那么一定要和自己的孩子讲清楚。告诉他们,"对于轮流玩玩具的时间安排,有些家庭遵循不同的原则。"或者,"我们在家里并不是这样做的,是吗?在家里,你能够一直玩,然后再分享。但是在外边玩和在家里不一样。"我们不需要一直纠结于这件事,但是,不同的情况下,跟孩子解释清楚,你的孩子会对此表示理解的。

在朋友的家里

"我的孩子去别的孩子家里玩,她叫别人停下来,可是那个孩子根本不听。怎么办?"

每个孩子都习惯按照在自己家里养成的风格行事,如果发现别人家与自己家的习惯不同,她会感到奇怪。实际上,这不要紧。因为孩子们很快就会发现,在贝恩的家里你需要脱下鞋子,在凯蒂家你可以吃曲奇,同时,孩子们也会迅速地明白,不同的家庭遵守不同的原则。

如果你的孩子习惯为玩伴设立限制，那么她在朋友家也会如此。"嘿！我说'停下'呢，你怎么不听我的话呢？我不喜欢你那样推我。"如果需要，她会寻求大人的帮助。你在家里的日常强化练习让孩子可以应对此类社交情境。你也可以把自己的方法讲给其他家长。

在自己的家里

不同家庭的育儿方法会有很大差异，有时，育儿理念的不同甚至会破坏夫妻之间的关系。不过，即使父母的育儿理念不同，也可以达到很好的育儿效果。如果你们不赞同彼此的育儿风格，那就达成一致，互相支持。虽然爸爸对于睡觉时间的安排跟你的观点不一样，但是尽量支持他的做法。在重要的事情上尽量达成一致，在小的方面则求同存异。父母之间的差异可以给孩子更开阔的视角来看待社交中的各种关系。父母之间适度的差异是没有问题的——孩子们会认识到这些差异的存在。

如果夫妻一方非常忙，没有时间来阅读关于儿童成长方面的书籍，请不要就此断言她对孩子不关心。你可以在另一半面前分享自己的心得——或者你可以做得更好，在她面前践行这些新的育儿方法。你可能会听到她说："你在哪里学到这些的？太有效了。"也许，她也会变成一个叛逆的家长。

在亲戚的家里

家庭关系最难处理。亲人不同于陌生人，你离不开他们。朋友可能会分享你的观点，但是家人不一定。很多父母在育儿过程中会受到来自于双方父母、姨婶、叔舅等的压力，你可能不喜欢自己被抚育长大的方式，或者不喜欢你的大家庭对待你的孩子的方式。孩子的表现也会让你感到很有压力，你会希望他们能够表现得更完美一些，特别是在假期家庭聚会的时候，但这几乎是不可能的事情。

这一切很难改变，所以，在大家族环境下养育孩子绝对会是一个挑战。下面的一些建议可能会有所帮助：

支持你的另一半。 当去亲戚家拜访的时候，你们一定要相互支持。提前向你的另一半寻求帮助，当她需要帮助的时候，你也要如此。

设置预期。提前告诉孩子在外婆家可能会发生的情形，在去之前可以模拟一下这些情境。比如外婆可能受不了大声说话，那么可在去外婆家前在家里练习小声说话。

放松心情。让那些不悦耳的话语如流水滑下小鸭的后背一样从你耳边流过。如果你知道自己不喜欢父亲教育孩子的观点，那就想办法别让这些话影响你，不要被此激怒。

目光放长远。有的时候，我们会因为孩子的事被激怒，而孩子实际上没事。除非真的发生严重的问题（辱骂、打骂），否则的话，孩子们通常不会因为去别人家拜访而受到伤害。他们不会注意到大人们感受到的问题，而更多的是记得杰克叔叔或者娜娜阿姨家有趣的事情。那些问题往往是大人们在自寻烦恼。

在家里练习。你越是习惯自己的育儿方式，你就越容易在其他人面前显示出育儿的自信。时间和实践会让我们不断进步成为更好的父母。

试试这么说

在我们的家里，我们……

如果你觉得没问题，那么我觉得也可以。

当别的小孩那样做的时候，你看起来有些担心，但是在我家，这些都没问题。

雅各布还在玩秋千，你看起来好像有些不高兴。

雅各布，等你玩完，那个小女孩想玩。

孩子们在等待的时候是最困难的，对我来说，多玩一会儿再轮换是可以接受的。

我们 10 分钟后回家。

我知道这与你们养育我们的方式不太一样。

我们在家里边就是这样做的。

每个家庭都有自己的风格。

避免说的话

让我告诉你该怎么解决这个问题。

你需要 / 你的孩子需要……

法则 29 搞砸了

你不需要完全遵守本书中所讲的这些理念。我自己做不到,也没有人能做到。亲子关系千差万别,孩子也不都一样,而且,有的时候,我们只是比别人在育儿上多花了点精力。

"幼儿学校"的家长在把自己和老师进行比较的时候,往往会感到沮丧:"你们是怎么做到的呢?我永远也无法让他那样做,而你们却那么轻轻松松就做到了。""幼儿学校"的主管斯蒂芬妮·罗特梅耶鼓励家长们说:"每天,我们和你们的孩子待在一起的时间只有两个半小时,而其他的时间都是你们在陪伴他们,没有人会一直都处于育儿的最佳状态。"

这些老师,基本上都有二三十年的教学经验,天天跟这么大的孩子打交道,而父母们往往只是这个领域的新手。

不要对自己太过苛责,尽自己的最大努力,做最好的自己就可以了。

"叛逆"的原因

育儿并不仅仅是遵循一本育儿规则大全——或者一本叛逆育儿书籍。抚养孩子没有万能妙方。

本书中所提到的方法和技巧都奠基于孩子的成长规律之上——孩子

们如何理解世界，如何成长。这是75位幼儿教育专家在近40年的授课实践中经验和智慧的汇集。如果你不喜欢自己被抚养长大的方式，何不试试这套新的模式。叛逆法则的这些新理念可以帮助你减轻日常育儿的压力。

谁也不可能永远不犯错误。如果你有精力，请尝试我们的新技巧。别忘了，随着时间的累积，育儿也会变得越来越顺利。采用这些方法，你会发现自己大喊大叫少了，没有那么沮丧了，你会更加理解孩子的需求，跟孩子在情感方面的交流也会更加开放。随着你采用这些新的理念、方法和技巧，你的家庭就会养成一些新的习惯，你也将你们的家庭关系中构建令人终身受益的积极模式。对于学龄前儿童奏效的这些育儿理念也会帮助十几岁的青少年以及更大一些的孩子。你将持续为自己的家庭打造合理的教育框架。

"叛逆"指南

只要没有伤害到人或物就没问题。
游戏是孩子最好的老师。
不能伤害别人——不管是身体还是感情。
孩子会沉浸在自己的兴趣里，这是孩子最理想的学习状态。
什么是最重要的：他的行为还是你的反应？
信任孩子在玩耍中的选择。
有什么样的情绪都可以，但是并非所有行为都能被接受。
首先关注行为背后的情绪和情感。
所有的行为都是一种暗示，孩子们正在尽力满足自己的需求。
不要人为地促进孩子自然成长的速度。
摘下成人的有色眼镜，调整你的期望。
孩子会在适合自己的时间阶段做好相应的准备。

"叛逆"的收获

这些是家长的收获,母亲、父亲、老师、祖父或者照顾孩子的人都会从中有所收获。这本叛逆法则的书也将会让你的生活在多方面受益。

我并非总是有时间或精力按照自己的方式养育孩子。这很正常——没有人能做到这一点。

当事情让我觉得烦躁时,我可以做出改变。我有方法可以选择。

孩子的需求并不是我的整个世界,我也有自己的需求和权利。

我可以逐步尝试这些观点。新习惯的养成需要时间,但是,我相信终有一天习惯会成自然。

我没有必要亦步亦趋。借鉴这些集体智慧让我对养育孩子满怀信心。

今天的努力终将获得回报。冲突解决的模式、开诚布公的交流和亲子之间的信任,在孩子青少年时期仍会发挥作用。当孩子成为父母的时候,他们很可能会把这些育儿方法传承下去。

最后,祝愿你满怀信心走上育儿的康庄大道!

原书附录

给成人推荐的书

游 戏

Bos, Bev, and Jenny Chapman. *Tumbling over the Edge: A Rant for Children's Play*.Roseville, CA: Turn the Page Press, 2005.

Cohen, Lawrence J. *Playful Parenting.* New York: Ballantine Books, 2001.（劳伦斯·科恩:《游戏力》，中国人口出版社）

Elkind, David. *Miseducation: Preschoolers at Risk.* New York: Knopf, 1987.

——. *The Power of Play: How Spontaneous, Imaginative Activities Lead to Happier, Healthier Children.* Cambridge, MA: Da Capo Press, 2007.

Hirsh-Pasek, Kathy, and Roberta Michnick Golinkoff. *Einstein Never Used Flash Cards: How Our Children Really Learn—and Why They Need to Play More and Memorize Less.* Emmaus, PA: Rodale Press, 2003.

Jones, Elizabeth, and Gretchen Reynolds. *The Play's the Thing: Teachers' Roles in Children's Play*. Rev. ed. New York: Teachers College Press, 2011.

Paley, Vivian Gussin. *A Child's Work: The Importance of Fantasy Play*. Chicago: University of Chicago Press, 2005.

冲突调解

和孩子一起学习更多冲突管理技巧的优秀图书：

Bailey, Becky. *There's Gotta Be a Better Way: Discipline That Works!* Oviedo, FL: Loving Guidance, 1997.

Faber, Adele, and Elaine Mazlish. *How to Talk So Kids Will Listen and Listen So Kids Will Talk*. Rev. ed. New York: HarperCollins, 1999.（阿黛尔·法伯和伊莱恩·玛兹丽施：《如何说孩子才会听，如何听孩子才肯说》，中央编译出版社）

情绪和孩子成长

Dreikurs, Rudolf. *Children: The Challenge*. Rev. ed. New York: Plume, 1990.（鲁道夫·德雷克斯：《挑战》，生活·读书·新知三联书店）

Faber, Adele, and Elaine Mazlish. *Liberated Parents, Liberated Children: Your Guide to a Happier Family*. New York: William Morrow, 1990.（阿黛尔·法伯和伊莱恩·玛兹丽施：《解放父母，解放孩子》，上海社会科学院出版社）

Galinsky, Ellen. *Mind in the Making: The Seven Essential Life Skills Every Child Needs*. New York: William Morrow Paperbacks, 2010.

Ginott, Haim, Alice Ginott, and H. Wallace Goddard. *Between Parent and Child: The Bestselling Classic That Revolutionized Parent-Child Communication*. Rev. ed. New York: Three Rivers Press, 2003.（海姆·吉诺特等：《孩子，把你的手给我》，京华出版社）

Goleman, Daniel. *Emotional Intelligence: Why It Can Matter More Than IQ*. Rev. ed. New York: Bantam, 2010.（丹尼尔·戈尔曼：《情商》，中信出版社）

——. *Social Intelligence: The New Science of Human Relationships*. New York: Bantam, 2007.

Greenspan, Stanley. *Building Healthy Minds: The Six Experiences That Create Intelligence and Emotional Growth in Babies and Young Children*. Cambridge, MA: Da Capo Press, 2000.

Kurcinka, Mary Sheedy. *Kids, Parents and Power Struggles*. New York: William Morrow Paperbacks, 2000.

Turecki, Stanley, with Sarah Wernick. *Emotional Problems of Normal Children: How Parents Can Understand and Help*. New York: Bantam, 1994.

活跃游戏、打闹游戏和男孩

Carlson, Frances. *Big Body Play: Why Boisterous, Vigorous and Very Physical Play Is Essential to Children's Development and Learning*. Washington, DC: National Association for the Education of Young Children, 2011.

DeBenedet, Anthony T., and Lawrence J. Cohen. *The Art of Roughhousing: Good, OldFashioned Horseplay and Why Every Kid Needs It*. Philadelphia: Quirk Books, 2011.（安东尼·迪本德等:《亲子打闹游戏的艺术》，中国人口出版社）

Gurian, Michael. *The Wonder of Boys: What Parents, Mentors, and Educators Can Do to Shape Boys into Exceptional Men*. New York: Tarcher, 1996.

Hodgins, Daniel. *Boys: Changing the Classroom, Not the Child*. Flushing, MI: Selfpublished, 2009.

Pollack, William. *Real Boys: Rescuing Our Sons from the Myths of Boyhood*. New York: Random House, 1998.

Thompson, Michael, and Teresa H. Barker. *It's a Boy! Your Son's Development from Birth to Age 18*. New York: Ballantine Books, 2009.

Tyre, Peg. *The Trouble with Boys: A Surprising Report Card on Our Sons, Their Problems at School, and What Parents and Educators Must Do*. New York: Three Rivers Press, 2008.

力量游戏和武器游戏

更深入探索力量游戏包括武器游戏益处和目的的图书：

Edmiston, Brian. *Forming Ethical Identities in Early Childhood Play*. New York: Routledge, 2008.

Jones, Gerard. *Killing Monsters: Why Children Need Fantasy, Super Heroes *and MakeBelieve Violence*. New York: Basic Books, 2002.

Katch, Jane. *Under Deadman's Skin: Discovering the Meaning of Children's Violent Play*. Boston: Beacon Press, 2002.

Kindlon, Dan, and Michael Thompson. *Raising Cain: Protecting the Emotional Life of Boys*. New York: Ballantine Books, 2000.

Kirsh, Steven. *Children, Adolescents and Media Violence: A Critical Look at the Research*. 2nd ed. Thousand Oaks, CA: Sage Publications, 2011.

Levin, Diane E., and Nancy Carlsson-Paige. *The War Play Dilemma: What Every Parent and Teacher Needs to Know*. 2nd ed. New York: Teachers College Press, 2005.

表扬和道德发展

Bronson, Po, and Ashley Merryman. *NurtureShock: New Thinking About Children*. New York: Twelve, 2009.

Coles, Robert. *The Moral Life of Children*. New York: Atlantic Monthly Press, 1986.

Damon, William. *The Moral Child: Nurturing Children's Natural Moral Growth*. New York: Free Press, 1988.

Kohn, Alfie. *Punished by Rewards: The Trouble with Gold Stars, Incentive Plans, A's, Praise, and Other Bribes*. New York: Houghton Miff in, 1999.

———. *Unconditional Parenting: Moving from Rewards and Punishments to Love and Reason*. New York: Atria Books, 2005.

Riley, Sue Spayth. *How to Generate Values in Young Children*. Raleigh, NC: Boson Books, 2005.

性教育

Davis, Laura, and Janis Keyser. "Learning about Bodies. " Chap. 17 in *Becoming the Parent You Want to Be: A Sourcebook of Strategies for the First Five Years*. New York: Three Rivers Press, 1997.

Rothbart, Betty et al. *Right from the Start: Guidelines for Sexuality Issues, Birth to Five Years*. New York: Sexuality Information and Education Council of the United States (SIECUS), 1998 (free booklet online http://www.siecus.org/_data/global/images/RightFromTheStart.pdf).

亲子教育

涉及大部分话题的综合类优秀图书：

Davis, Laura, and Janis Keyser. *Becoming the Parent You Want to Be: A Sourcebook of Strategies for the First Five Years.* New York: Three Rivers Press, 1997.

Rogers, Fred. *You Are Special: Words of Wisdom for All Ages from a Beloved Neighbor.* New York: Penguin, 1995.

推荐给孩子的书

愤 怒

Riana Duncan, *When Emily Woke Up Angry*

Edna Mitchell Preston, *The Temper Tantrum Book*

Thierry Robberecht, *Angry Dragon*

Maurice Sendak, *Where the Wild Things Are*（莫里斯·桑达克:《野兽国》，贵州人民出版社）

Norma Simon, *I Was So Mad*

Linda Urban, *Mouse Was Mad*

Rachel Vail, *Sometimes I'm Bombaloo*

恐 惧

Dr. Seuss, *What Was I Scared Of?* (sold alone or in *The Sneetches*)

Ed Emberley, *Go Away, Big Green Monster!*（爱德华·恩贝尔利:《走开，绿色大怪物！》，河北教育出版社）

Mercer Mayer, *There's a Nightmare in My Closet*

Martin Waddell, *Owl Babies*（马丁·韦德尔:《小猫头鹰》，明天出版社）

普遍情感

Eric Carle, *The Grouchy Ladybug*

Dr. Seuss, *My Many Colored Days*

Ed Emberley and Anne Miranda, *Glad Monster, Sad Monster*

Mem Fox, *Tough Boris*

Cherryl Kachenmeister, *On Monday When It Rained*

Ezra Jack Keats, *Peter's Chair*

Robert Kraus, *Leo the Late Bloomer*（罗勃·卡鲁斯：《阿虎开窍了》，明天出版社）

Jeanne Modesitt, *Sometimes I Feel Like a Mouse*

Fred Rogers, *Making Friends*; *The New Baby*

Ann Herbert Scott, *Sam*

Judith Viorst, *Alexander and the Terrible, Horrible, No Good, Very Bad Day*（朱迪斯·维奥斯特：《亚历山大和倒霉、烦人、一点都不好、糟糕透顶的一天》，新星出版社）

分 离

Audrey Penn, *The Kissing Hand*（奥黛丽·潘恩：《魔法亲亲》，明天出版社）

Judith Viorst, *The Good-bye Book*

Karma Wilson, *Mama Always Comes Home*

Jane Breskin Zalbin, *Don't Go!*

早期性教育

Andrew C. Andry and Steven Schepp, *How Babies Are Made*

Joanna Cole, *How You Were Born*

Lennart Nilsson, *Life* or *A Child Is Born* (Kids are fascinated by the stunning photos.)

Mark Schoen, *Bellybuttons Are Navels*

适合五到八岁孩子阅读

Laura Krasny Brown and Marc Brown, *What's the Big Secret?*

Robie H. Harris, *It's Not the Stork!*

早期死亡教育

Margaret Wise Brown (author of *Goodnight Moon*), *The Dead Bird*

Robie H. Harris, *Goodbye Mousie*

Bryan Mellonie, *Lifetimes: The Beautiful Way to Explain Death to Children* (secular)

Fred Rogers, *When a Pet Dies*

Doris Stickney, *Water Bugs and Dragonflies* (spiritual)

Pat Thomas, *I Miss You: A First Look at Death*

Judith Viorst, *The Tenth Good Thing About Barney*

Barbara Walsh, *Sammy in the Sky*

适合八岁以上孩子阅读

Natalie Babbitt, *Tuck Everlasting*（娜塔莉·巴比特:《不老泉》，二十一世纪出版社）

Leo Buscaglia, *The Fall of Freddie the Leaf*（利奥·巴斯卡利亚:《一片叶子落下来：关于生命的故事》，南海出版公司）

致 谢

在此,我要感谢我的代理商乔艾乐·德博格(Joëlle Delbourgo),她从一开始就信心十足,相信大家已经可以接受这本书。同时,我要感谢塔彻/企鹅出版社的整个团队,特别是莫莉·布鲁伊利特(Molly Brouillette)和我的编辑萨拉·卡德尔(Sara Carder)。我要特别感谢萨拉:她独特的视野成就了此书的"叛逆"思维。

我还要特别感谢我的试读读者团队。作为孩子的父母和祖父母,他们在百忙之中抽出宝贵的时间,阅读了本书开始的几个章节。他们是:伊丽莎白·戴尔(Elizabeth Dell)、安妮·唐(Anne Donn)、凯西·费(Kathy Fey)、布拉德·格拉克(Brad Gerlach)、克莱尔·赫特根·关(Clare Hurtgen Kwan)、乐奇·麦基恩(Lucky McKeen)、萨拉·帕耶特(Sarah Payette)、坦妮娅·施拉姆(Tanya Schlam)、泰·施密特(Ty Schmidt),以及赞恩·凯思林·施瓦格(Zane Kathryne Schwaiger)。同时,我要感谢我的写作小组"妙笔生花"(Powerfingers)的成员:马尔迪·林克(Mardi Link)、卡莉·诺佳(Cari Noga)、安-玛莉·欧门(Anne-Marie Oomen),以及特丽莎·斯考伦(Teresa Scollon)。你们就是我叛逆的收获。

对于"幼儿学校"(School for Young Children,缩写SYC)的老师们,我要给予热情的拥抱和特别的感谢!他们给了我灵感、建议,并欢迎我走进他们的教室。我也要特别感谢SYC读者评论团队的成员:

戴芙·巴里尔（Deb Baillieul）、乔安妮·弗朗茨（Joanne Frantz）、安吉拉·拉蒙特（Angela LaMonte）、安·里格尼（Ann Rigney）、苏珊·罗希尼奥（Susan Roscigno）、斯蒂芬妮·罗特梅耶（Stephanie Rottmayer）、珍妮特·斯托克（Janet Stocker）和简·沃特斯（Jan Waters）。在这里，我要特别拥抱一下斯蒂芬妮，她对这本书的创作给予了无穷的热情和付出，无论何时，只要我遇到困难，向她求助，她都是有求必应。同时，我要感谢哥伦布第一普救教会（First Unitarian Universalist Church of Columbus），在过去的42年里，他们一直在支持SYC的教学项目，而且他们的支持会一直持续下去。当然了，如果没有SYC富有远见的两位创始人，这本书永远不可能问世：我对李·罗（Lee Row）和珍妮特·斯托克的感激和敬意永无止境。

此外，我还要感谢艾莉森·伯恩斯（Alison Burns）、珍妮特·威德曼·唐斯（Jeannette Wildman Downes）、玛格丽特·豪格（Margaret Hoagg）、埃瑞尔·洛夫（Ariel Love）和克鲁兹·帕尼亚瓜（Cruz Paniagua）。如果不是你们悉心照顾我的孩子，我不可能全身心伏案写作，这本书也就无从说起。最后，感谢我的两个孩子和我的丈夫里克（Rick），你们就是我的灵感！

图书在版编目（CIP）数据

不分享也OK／（美）希瑟·舒梅克（Heather Shumaker）著；
姜贵梅译．— 上海：上海社会科学院出版社，2017

书名原文：It's OK Not to Share and Other Renegade Rules
for Raising Competent and Compassionate Kids

ISBN 978-7-5520-2082-3

Ⅰ.①不… Ⅱ.①希…②姜… Ⅲ.①家庭教育
Ⅳ.①G78

中国版本图书馆CIP数据核字（2017）第180351号

Copyright © 2012 by Heather Shumaker
This edition arranged with Joelle Delbourgo Associates, Inc.
through Andrew Nurnberg Associates International Limited

上海市版权局著作权合同登记号：图字 09-2017-534 号

不分享也OK

著　者：	［美］希瑟·舒梅克
译　者：	姜贵梅
责任编辑：	周　霈　杜颖颖
特约编辑：	陈朝阳
装帧设计：	主语设计
出版发行：	上海社会科学院出版社
	上海市顺昌路622号　　　　邮编200025
	电话总机021-63315900　　销售热线021-53063735
	http://www.sassp.org.cn　E-mail:sassp@sass.org.cn
印　刷：	河北鹏润印刷有限公司
开　本：	710mm×1000mm　1/16
印　张：	23
字　数：	270千字
版　次：	2018年3月第1版　2018年3月第1次印刷

ISBN 978-7-5520-2082-3/G·491　　　　　　　　定价：46.80元

版权所有　翻印必究